D1450771

CHUTE ET POUVOIR
est le deux cent quatre-vingt-dixième livre
publié par Les éditions JCL inc.

Données de catalogage avant publication (Canada)

Lajoie, Pierre

   Chute et pouvoir

   (Collection Témoignage)
   Autobiographie.

   ISBN 2-89431-290-3

   1. Lajoie, Pierre, 1940- . 2. Pouvoir (Sciences sociales). 3. Hommes d'affaires - Québec (Province) - Biographies. 4. Québec (Province) - Politique et gouvernement - 1960- . 5. Québec (Province) - Conditions économiques. I. Titre. II. Collection: Collection Témoignage (Chicoutimi, Québec).

HC112.5.L34A3 2003   338.092   C2003-940797-7

Chute et Pouvoir

COLLECTION
TÉMOIGNAGE

© **Les éditions JCL inc., 2003**
930, rue Jacques-Cartier Est, CHICOUTIMI (Québec) G7H 7K9
Tél. : (418) 696-0536 – Téléc. : (418) 696-3132 – www.jcl.qc.ca
ISBN 2-89431-290-3

PIERRE LAJOIE

Chute et Pouvoir

LES ÉDITIONS JCL

Illustration de la page couverture :

Verrière de la Bibliothèque de l'Assemblée nationale
GUIDO NINCHERI
Je puise mais n'épuise (1915)

La verrière représente la chute Ouiatchouan de Val-Jalbert au Lac-Saint-Jean, mais elle constitue avant tout une allégorie de l'inépuisable richesse du patrimoine documentaire, richesse constante (et même croissante) en dépit de son utilisation permanente.

Nous reconnaissons l'aide financière du gouvernement du Canada par l'entremise du Programme d'aide au développement de l'industrie de l'édition (PADIÉ) pour nos activités d'édition. Nous bénéficions également du soutien de la Sodec et, enfin, nous tenons à remercier le Conseil des Arts du Canada pour l'aide accordée à notre programme de publication.

Gouvernement du Québec – Programme de crédit d'impôt pour l'édition de livres – Gestion SODEC

Imprimé au Canada

À Marcelle,
Ann, Marie-Hélène,
William et Vincent.

Remerciements

Je veux rendre hommage et remercier très sincèrement tous les artisans de l'ombre qui m'ont si généreusement prêté main forte pour rendre à terme cet ouvrage.

P. L.

Table des matières

Chapitre 1
La condamnation

Non, pas de croustilles, pas de boisson gazeuse et pas de message commercial à la télévision. Ce n'est pas la conclusion d'un film dans lequel le condamné prend le chemin de la prison. Je ne suis pas assis dans la douce quiétude du salon familial. Non. Impossible de changer de chaîne avec la télécommande. L'action se déroule ailleurs. Quelques respirations profondes pour m'assurer que je suis bien éveillé, que je ne rêve pas.

Je suis assis sur un banc d'accusé dans un palais de justice. La clameur d'une salle bondée à craquer est réelle. C'est bien moi qu'une foule de visages aux expressions variées, dont certaines lugubres, scrutent pour détecter des manifestations d'état d'âme. En ce vendredi 2 juin 1995 vers quinze heures, le maillet du juge a produit un bruit qui avait quelque chose de solennel dans la salle du Palais de Justice de Chicoutimi. Ce claquement sec contribue à rendre la scène encore plus surréaliste. *Deux ans moins un jour.* Deux à trois secondes de silence lourd ont suivi le prononcé de la sentence; mais la débâcle des murmures s'est amorcée. Lente au début, mais assourdissante lorsque tous les commentaires s'y sont joints. Que de décibels!

Les années ont passé et je me perds encore en conjectures sur les sentiments qui animaient la horde de curieux, de jouisseurs à la recherche de sensations fortes. Certains se délectaient carrément qu'il y ait eu condamnation réelle avec peine de prison, d'autres avaient besoin d'un cran de plus pour satisfaire leur avidité; ils iraient partager cette victoire pour meubler leur vie trop vide; ils s'en léchaient les babines, quoique la sentence fût un peu légère à leur goût; j'aurais dû être puni plus sévèrement. D'autres, plus modérés, estimaient que justice avait été rendue.

Cette horde comprenait heureusement quelques sympathisants du genre de ceux qui adhèrent à la croyance voulant que l'on reconnaisse l'arbre à son fruit. Ils savaient d'instinct, cet instinct qui sert de boussole aux gens de gros bon sens, que quelque chose était allé trop loin. Plus que trop loin : au-delà du point de non-retour.

Dehors, comble de l'ironie, un soleil chargé des promesses du printemps brille, majestueux. Il nous rappelle à la réalité d'un faisceau de lumière tranchant la pénombre de la salle d'audience. Les humains, dans leurs pièces de théâtre, leurs actions grandioses comme celles qui le sont moins, ne peuvent pas travestir la vérité qui transcende tout, que ce soit à travers les élucubrations d'un ivrogne ou à travers les propos d'un juge, protagoniste dans un processus qui a déraillé. D'accord pour le soleil, mais je suis là au cœur de cet aboutissement d'événements. Je ne ressens pas encore la douleur de la blessure que l'on vient de m'infliger. Une sorte d'engourdissement post-traumatique me la cache encore. Pour combien de temps?

Cet avant-midi, nous aurions dû être acteurs dans une autre variante de la pièce de théâtre. Nous aurions dû assister aux présentations présentencielles et au prononcé de la sentence. Mais le juge Marcel Simard d'Alma, un collègue du président du tribunal et une de mes connaissances, était décédé. Ce matin, on chantait son service funèbre. Les événements ont donc cascadé vers l'après-midi; tout juste quelques minutes avant le party de nomination du juge Jean-Claude Beaulieu. Le prononcé de la sentence n'était, somme toute, qu'un incident banal qui prenait place sans malice pendant cette journée-là. Les cochons vont à l'abattoir, il y a des naissances, les fleurs poussent, les enfants sont heureux la plupart du temps, il y a des décès, chacun vaque à ses occupations, et la vie continue. La mienne s'engage dans un épisode pour le moins inattendu.

Aux premiers rangs de la horde, mes deux filles : Ann et Marie-Hélène. Par chance! Des proches et des sympathisants faisaient un écran, si diaphane fût-il, entre moi et les jouisseurs du stade. Il faut vraiment avoir traversé une situation semblable pour comprendre pourquoi la sympathie est placée aussi haut dans la gamme des sentiments nobles de l'esprit humain. Jusqu'à mon dernier jour, je me souviendrai de ce contraste très saisissant; de la sympathie d'un côté et, à quelques mètres, l'excitation malsaine devant le malheur qui venait de fondre sur moi.

Le juge, document à la main, s'apprête à lire ma sentence. Mon avocat, Me Martin Tremblay, porte à l'attention de la cour le fait que je ne représente aucune menace pour la société et demande une sentence assortie de travaux communautaires, comme pour tout criminel d'habitude qui a un peu de vécu. Le substitut du procureur de la Couronne, Me Paul Roy, estime que je n'ai pas droit à une peine dans la société; il recommande une peine exemplaire. Je me demande aujourd'hui à quoi pouvaient bien servir ces deux effets de toge, puisque la sentence était déjà écrite sur le document en face du juge. Le magistrat, même si ses explications adressées aux jurés avaient probablement contribué au verdict de culpabilité, n'a probablement pas perdu tout sens commun. Il se sent obligé de commencer par se disculper : il n'a pas le choix. Les jurés m'ont trouvé coupable de vol et de fraude, sauf en ce qui a trait aux chefs d'accusation relatifs à l'UQAC. Il élabore sur la notion de crime économique et informatique en mettant l'emphase sur le fait que ces « crimes » sont aussi graves que les autres. Puis, même s'il admet être conscient de la perte de réputation dont je suis victime et des souffrances infligées à ma famille, il crache la sentence : « Deux ans moins un jour. »

Mon avocat et mes connaissances s'éloignent de moi... Ou bien on leur demande de s'éloigner, car les préposés sont familiers avec l'acte suivant. On me montre la porte des condamnés.

Cette déchirure me rappelle étrangement une scène : en 1975, j'étais le président du Parti libéral du Québec. Des centaines de personnes venaient de m'applaudir chaleureusement au salon Rouge de l'Assemblée nationale, parce que j'avais fait ce que je faisais de mieux dans la vie, servir la société et certaines causes. Ces personnes pensaient que je continuerais et elles m'applaudissaient. J'annonce ma démission comme président du PLQ. Des centaines de personnes me tournent le dos... De héros à moins que rien en une fraction de seconde.

Les gardiens de la paix m'encadrent... ils s'approprient mon corps qui vient de se voir retirer sa liberté civile.

Cette déchirure, cette tranche de vie se déroule à l'intérieur d'une minute. Ma perception n'arrive pas encore à s'ajuster à ce qui semble s'imposer comme un fait. Il y a un aspect qu'il m'est impossible de croire. Après deux ans et demi d'enquête et un procès qui fut un des plus longs des annales judiciaires québécoises, je suis démoli financièrement, socialement et psychologiquement.

Non, je ne suis vraiment pas devant mon téléviseur, je ne suis pas en train de m'extirper d'un mauvais rêve; ce rêve que l'on refuse dans une demi-conscience. Ce genre de rêve dont on sort en intimant l'ordre à notre conscient de reprendre le contrôle.

Le juge se retire. Il a mentionné lors du prononcé de la sentence être conscient des souffrances infligées à ma famille. Non! Il ne saura jamais; ce n'était que des mots qu'il se sentait, pour une obscure raison, obligé de prononcer pour combler un vide.

Les gardiens me poussent vers les coulisses de ce théâtre. Ils s'estiment obligés de s'y mettre à deux. Dans le cubicule, Marie-Hélène. J'ignore par quel chemin elle a pu passer; cet endroit est interdit au public. Elle ne peut même pas m'embrasser. On la fait sortir. La porte se referme dernière moi.

Le docteur Claude Gagnon, qui m'a supporté tout au long du procès, m'offre une prescription. Il doit se douter de l'ampleur du choc qui est infligé à un organisme, même en santé, dans une telle situation.

Un garde me dit:

« Retirez votre cravate. Il va falloir vous passer les menottes et les chaînes aux pieds.

— Pourquoi aux pieds? je demande.

— On n'a pas le choix, reprend-il. C'est le règlement. »

Je le comprendrai rapidement, je n'ai, à toutes fins utiles, plus de droits. Je n'ai plus que d'éventuels privilèges.

Des chaînes aux pieds comme les abuseurs d'enfants, les violeurs, les meurtriers... pour protéger la société de quelqu'un qui pourrait récidiver dans quelque crime. Oui, la société peut dormir sur ses deux oreilles; elle est protégée des criminels...

Le garde m'enseigne comment cacher mes menottes avec mon veston. Camouflées ou non, je les porte, ces menottes. Le symbolisme, l'ignominie reliés à ces « bracelets » sont pires que l'instrument physique servant de contention. Combien parmi vous ont eu le privilège de porter des menottes de criminel? Je ne le souhaite à personne, c'est une expérience qu'on n'a pas le goût de partager.

Nous sortons dans la cohue et nous grimpons dans le fourgon cellulaire qui me conduira au Centre de détention de Chicoutimi.

La porte émet un claquement sinistre. Depuis ce jour, des fourgons semblables, j'en rencontre tous les mercredis entre huit heures et dix heures sur la route : entre le Saguenay et le Lac-Saint-Jean, sur la Côte-Nord, dans le parc des Laurentides... Chaque fois, j'ai un pincement au cœur et je me demande si celui ou ceux qui s'y trouvent se sentent comme je me sentais cet après-midi de juin 1995.

Nous montons la côte Saint-Sacrement vers la rue Price. Nous passons devant le monastère des sœurs cloîtrées du même nom. Le Vendredi saint, pendant les délibérations du jury, j'y étais allé pour prier. Le silence de leur chapelle m'avait réconforté.

Le fourgon recule devant l'entrée de la prison. Il y a foule. Le gardien me répète : « Cachez vos menottes. Je suis plus grand que vous, je vais passer le premier. » La presse radiophonique et télévisuelle hurle des questions, les caméras essaient de m'avaler. Cliquetis des photographes. Je suis l'événement médiatique le plus extraordinaire qui soit arrivé depuis fort longtemps pour nourrir les journalistes. Avec le recul du temps, je me laisse aller à imaginer leur excitation en revenant à leur salle de nouvelles.

Des fenêtres grillagées à l'étage, des voix fusent : « Câlissez-lui la paix, gang de charognes! » Les détenus invectivent ceux qui s'acharnent sur moi. Un journaliste à qui j'ai pourtant fourni plusieurs sujets de reportage et d'informations leur rétorque : « Tâchez de lui faire peur. » Mais il y aura moins à craindre à l'intérieur qu'à l'extérieur.

On m'accueillera dans une nouvelle confrérie, une confrérie où, je l'apprendrai, à condition de respecter certaines règles, on se tient les coudes.

J'arrive à un mauvais moment : changement de quart des préposés et des gardes. Des détenus qui ont travaillé à l'extérieur sur le terrain réintègrent l'édifice. Fouille intégrale pour tous. Humiliation.

On confisque ma ceinture et la chaîne en or que je portais au cou, et on m'explique les règlements : heures des repas; à la cantine, on passe sa commande le dimanche soir pour livraison le mardi... Je n'ai rien apporté. Je n'ai même pas de brosse à dents. Je croyais dur comme fer que je retournerais coucher à la maison ce soir.

Un gardien ouvre et ferme les portes, et nous montons ainsi jusqu'à ma *wing* (aile), au troisième étage. Je suis dans un état second. Nous entrons dans une salle. Une trentaine de détenus me dévisagent. Un grand gars à longue chevelure noire s'avance et me tend la main : « Si vous avez besoin de moi, je suis là. » Premier geste amical. Un peu de réconfort, de chaleur humaine. Les scribouilleurs qui s'acharnaient sur moi et qui sont pourtant toujours prêts à défendre les grandes causes humanitaires, à condition qu'elles demeurent abstraites, pourraient en prendre de la graine. Il s'agit de Mohawk, le leader de l'aile où je me trouve. Un support certain. Sa mère se meurt d'un cancer. À ma sortie, j'irai la visiter. Elle ira bientôt rejoindre un de ses fils, frère de Mohawk, au paradis.

La salle est étroite; une table de billard et un seul banc que l'on s'arrache. Les moins chanceux ou ceux qui savent le moins s'imposer doivent se contenter du rebord des fenêtres. C'est laid et ça pue. Et il fait chaud; dans les trente à trente-deux degrés; on étouffe littéralement. Entre deux colonnes, sur le mur, le téléphone... Constamment utilisé. On ne peut téléphoner qu'à frais virés. On téléphone à sa famille, à sa blonde, à son avocat... À longueur de journée. Il y a le téléviseur ouvert de huit heures à vingt-deux heures trente, la seule distraction, le seul lien avec le monde des humains libres.

Je partage ma cellule exiguë avec Fille, l'ami de Mohawk. Il me demande si je veux occuper le lit du haut ou celui du bas. J'opte sans hésiter pour celui du bas : à

17

moins d'un mètre du plafond, la chaleur doit être intenable. De ma couche, je peux toucher le calorifère le long du mur en face. Les espadrilles de l'occupant du haut, faute d'espace de rangement, sont déposées sur ce calorifère. Elles dégagent une incroyable puanteur : ou j'arrête de respirer, ou je m'éloigne de la senteur. Aucune des deux possibilités ne m'est permise. Il ne me reste qu'à respirer cet air vicié.

Et commence ma vie de détenu.

Le lendemain, je veux me laisser pousser la barbe, car je n'ai évidemment pas de rasoir, pas même un de type jetable. Une gardienne me dit : « Ne faites pas ça. Ce serait vous laisser aller, laisser aller l'image que vous avez de vous-même et que vous avez toujours montrée. » Je l'écouterai, elle doit avoir raison. Ma carrière de barbu est de courte durée.

Autour de moi, des petits voleurs, des vendeurs de drogue, des messieurs d'un certain âge qui ont préféré la prison à l'amende pour conduite avec facultés affaiblies. Et on trafique. On troque. Chocolats, stupéfiants, alcool, tylénols, sexe : tout s'échange. Moi, je n'ai jamais fumé ; j'achèterai trois paquets de cigarettes que je pourrai échanger contre du jus de raisin, un Sprite, du chocolat et un Coke.

Les cigarettes ont vraiment la cote. Tout ça dans une atmosphère où la morosité et l'ennui dominent. Parfois, surtout la nuit, on connaît des montées de désespoir. Un détenu panique, il n'en peut plus ; il secoue la porte de sa cellule, hurle, cogne sur les murs. Les autres lui crient toujours la même chose : « Fais ton temps ! » Faire son temps, il n'y a rien d'autre à faire. Faire son temps et regarder l'unique téléviseur que le gardien éteindra à vingt-deux heures trente, au beau milieu du film de la soirée...

J'ai lavé des planchers avec délectation : prisonnier, on

en arrive à un point où la corvée de ménage, la serpillière et le seau deviennent des loisirs, au même titre que la sortie quotidienne de quarante-cinq minutes.

Ma conjointe et moi recevons de nombreuses manifestations de sympathie. Le mois précédent, un professeur de l'UQAC m'a envoyé une lettre très gentille, dans laquelle il souligne l'importance de mes engagements pour la cause régionale : il me réconforte et me souhaite bon courage. À mon arrivée au Centre de détention, il me fera porter un panier de fruits. On ne me le remettra pas : le règlement l'interdit, mais ce règlement n'interdit pas aux gardiens de s'en régaler.

Je me sens loin de ma résidence du lac Kénogami, de ma conjointe Marcelle, de Marie-Hélène, d'Ann et de tous mes proches. Si seulement j'avais mon cellulaire. La prison n'est pas un endroit pour les hommes d'affaires, ni pour aucun humain en fait! L'angoisse me tord : un profond sentiment d'abandon. Par le troc, j'obtiendrai un peu de papier et un stylo pour écrire des lignes où mon désarroi éclate. Encore aujourd'hui, je ne peux les relire sans frissonner.

Je me regarde et je me demande, heure après heure : « Comment ai-je pu en arriver là? » Le fait que je sois là protège-t-il vraiment la société de mes crimes?

J'ai fréquenté et eu comme voisins de banquets les Pierre Elliott Trudeau, René Lévesque, Brian Mulroney, Lucien Bouchard, Johnny Weismuller et des présidents de multinationales. J'ai été le secrétaire exécutif du premier ministre Robert Bourassa, le président du PLQ, le président des premiers Championnats du monde de canoé-kayak à avoir lieu en Amérique, j'ai été membre du très sélect Beaver Club... Président pendant douze ans de LMB, j'ai été non seulement invité à l'Economic Club de New York, mais mon nom était imprimé sur le livret d'invitation, ce qui représente un insigne honneur. J'ai partagé la table et les soirées de nombreux hommes d'État africains... Bref, j'ai été un des principaux promoteurs du Québec inc.

Et ce soir, je me retrouve entre les murs sales d'un centre de détention. Que s'est-il donc passé? Par quelle pente fatale ai-je donc dérivé jusqu'ici?

Si j'avais pu parler, à ce procès, voilà ce que j'aurais raconté.

Pierre Elliott Trudeau, Pierre Lajoie,
respectivement président d'honneur et président de
la Traversée internationale du lac Saint-Jean en 1968.

Chapitre 2
Mes origines

Le 3 octobre 1940, je naissais à Port-Alfred, ainsi nommé en l'honneur de J.-E.-Alfred Dubuc, industriel bien connu du Saguenay–Lac-Saint-Jean, fondateur d'une usine de pulpe à Chicoutimi et second propriétaire du village de Val-Jalbert. Un de nos premiers penseurs, visionnaires et artisans de l'économie régionale.

J'étais le cinquième d'une famille de neuf enfants. Mon grand-père Lajoie était l'entrepreneur le plus en vue de Charlevoix. C'est d'ailleurs lui qui a payé les cloches de l'église de Pointe-au-Pic; elles sonnent encore aujourd'hui. Il possédait une Buick que conduisait un chauffeur, ce qui, à l'époque, n'était pas commun. Ma mère, Anabelle Murray, descendait d'une des grandes familles de Charlevoix à l'intérieur desquelles, depuis la Conquête de 1759, s'étaient mêlés les sangs anglais et français.

Lorsqu'il arriva au Saguenay, mon père travaillait comme commis à la Banque canadienne nationale. Mais la Consolidated Bathurst allait ouvrir sa papeterie et offrir des salaires beaucoup plus alléchants. Mon père quittera donc la banque pour y travailler comme papetier.

De mon enfance, je ne retiens que des souvenirs heureux, sauf un: croyant me faire plaisir, un de mes oncles s'entêtait à m'inviter à la pêche où je m'ennuyais royalement. Toute mon existence, je conserverai une aversion pour ce sport trop passif.

Je fus un étudiant attentif et sans histoire. Prélude annonçant mes activités communautaires futures: de la première année jusqu'à l'université, je fus systématiquement président de ma classe. Cependant, très tôt, l'école n'arriva pas à absorber mon surcroît d'énergie. Je me cherchai donc du travail tout en continuant mes études. À quinze ans, j'allai travailler pour l'entreprise Grenon et Frères. En principe, je devais y démouler les tuyaux de béton après la fabrication. On me promut rapidement peintre. C'était mon premier travail. J'allais par la suite effectuer des livraisons pour Sears et le Canadien national. Un détail : je ne possédais pas de permis de conduire. À l'époque, on s'en formalisait moins. Heureusement!

Après avoir travaillé pour la Consolidated Bathurst, à l'âge de dix-sept ans je devins serveur au bar de l'Hôtel Commercial qui appartenait à monsieur Georges Abraham, celui-là même qui allait, par la suite, devenir le propriétaire du légendaire restaurant George's Steak House de Chicoutimi. À la fermeture, il avait l'habitude de remettre une grosse bière à chacun de ses serveurs. Je ne buvais pas, et je n'ai jamais bu : ce qui devait d'ailleurs m'attirer toutes sortes de remarques et me placer dans des situations cocasses dans le monde des affaires ou de la politique. Entre autres, ce président alcoolique de compagnie qui, en m'entendant commander un Perrier citron comme apéritif, me lancera : « Tu veux me saouler! Tu veux me faire boire! » J'ai dû faire une fausse confession, lui raconter que j'avais exagéré la veille et que mon foie demandait grâce... Comme je ne buvais pas, donc, j'empilais les grosses bières dans la penderie de ma chambre, où ma mère puisait pour abreuver les visiteurs.

À proximité du port de mer, le bar de monsieur Abraham était très fréquenté des matelots. J'y ai donc appris l'anglais; et j'y ai appris davantage : j'y ai développé une soif insatiable de connaître et de m'ouvrir au vaste monde, l'habitude de respecter des hommes en provenance de toutes les cultures.

Au Saguenay–Lac-Saint-Jean, la mentalité était assez fermée à l'époque : la population de cet ensemble urbain, qu'on appelle aujourd'hui arrondissement La Baie, appartenait probablement à une sous-culture où l'étranger paraissait moins étrange qu'à Chicoutimi, à Roberval ou à Dolbeau.

De ma carrière de *waiter*, j'allais passer à celle d'imprésario et d'artiste.

À la fin de mon adolescence, l'organisation trois fois l'an de spectacles de variétés allait occuper une bonne partie de mes loisirs. Nous présentions au Palais municipal deux spectacles le même soir : le premier de vingt et une heures à vingt-trois heures et le second de vingt-trois heures à une heure du matin. Les spectacles mettaient en scène successivement plusieurs artistes différents, ce qui exigeait des efforts considérables de recrutement et de coordination. Les profits allaient au base-ball et au hockey mineur. Nous y avons produit des vedettes qui allaient faire parler d'elles plus tard. Je me souviens, entre autres, des Kambos, un groupe qui peu après allait faire les beaux jours de *Jeunesse d'Aujourd'hui* sous le nom de Gendarmes et dont le chanteur était Guy Harvey. Nous obtenions des auditoires de cinq cents à six cents personnes, des jeunes, pour la plupart, que des autobus ramenaient vers leur foyer à la fin du dernier spectacle.

Bientôt, j'allais vouloir monter moi-même sur scène. Je serais l'animateur, le maître de cérémonie comme on disait à l'époque. J'avais de la débrouillardise et le sens de la mise en scène. J'allais faire des imitations et du *lipsing*. Sur les scènes du Saguenay et du Lac-Saint-Jean, je personnifiais Michel Louvain, Marc Gélinas, Pierre Lalonde, Joël Denis... Sans conteste, mon grand succès fut l'imitation du chanteur noir Al Johnson. J'entrais sur scène le visage maquillé de noir à chaussures, portant des gants blancs, sous un éclairage que mes cours de chimie m'avaient inspiré : électrodes dans des bacs d'eau salée... Ce système, que mon frère Jean actionnait et que j'ai conservé, fonctionne encore.

Pendant ces années, j'étudiais et je poursuivais un rêve : l'enseignement. Ce rêve allait devenir une réalité en 1962. Pas dans des circonstances idylliques toutefois. À l'institut Lachenais de Roberval. Il s'agissait d'un mélange de centre d'accueil pour délinquants, d'orphelinat et d'établissement de pédopsychiatrie. Le gardiennage y prenait souvent le pas sur l'enseignement. Nous nous retrouvions avec tous ces enfants dont personne ne voulait. J'allais pendant trois ans y prendre des leçons de vie, des leçons de compassion qui me marqueraient à jamais et feraient que, même au cours de ces années où les charges professionnelles et les soucis d'ordre personnel seraient les plus lourds, je ne pourrais jamais m'empêcher de consacrer des heures au bénévolat.

Tout le monde est vaguement au courant de l'adage qui suggère qu'il y a plus de joie à donner qu'à recevoir. Ce n'est pas que les gens refusent de croire à cette maxime, mais une grande majorité d'entre nous sont trop absorbés par la nécessité de gagner leur vie ou par des objectifs centrés sur eux-mêmes pour vraiment essayer. Ce sont les messages les plus simples de l'univers qui sont porteurs des plus grands potentiels de satisfaction, autant pour soi que pour les autres. Il y a toutefois une barrière à l'entrée, il y a un prix à payer. Il faut arracher du temps à la vie et accepter de détourner le point focal de nos activités, soit la satisfaction de nos propres besoins ou de ceux de notre famille immédiate, pour consacrer nos meilleurs talents et notre activité à satisfaire les besoins élémentaires des autres.

Peu, très peu de personnes acceptent de payer ce prix pour goûter les joies de servir leurs semblables. Le sentier de la recherche de sa propre satisfaction est plus tortueux et probablement plus pénible.

Pour ma part, j'estime avoir pénétré dans le vestibule de cette grande vérité du service des autres. J'ai éprouvé autant de joie, sinon davantage, à m'engager dans des causes humanitaires qu'à « brasser de bonnes affaires ». Parfois, je me laissais aller à imaginer l'immense satis-faction que devaient ressentir les personnes qui consacrent totalement leur vie au service de leurs semblables. J'ai donc pénétré dans le vestibule; mais je ne suis pas allé plus loin...

Chaque jour de notre vie, nous sommes confrontés au triste spectacle du cortège des misères sociales et hu-maines, des maux qu'il serait si facile d'éliminer, de rayer de la surface de la terre. Combien de recettes de bonheur avons-nous envie de crier à la face de la société dans nos périodes de rêverie semi-consciente... mais personne ne nous écoute. Pourtant, que deviendrait notre société si cent pour cent des personnes consacraient ne serait-ce que deux ou trois pour cent de leur énergie au service désintéressé des autres? Si nous allions jusqu'à cinq pour cent?

Cette grande vérité est si simple, si accessible, si universelle qu'elle constitue l'essentiel de tous les grands principes religieux de toutes les cultures. Je n'ai rien inventé, je me suis juste payé un avant-goût.

Comme chaque rose comporte des épines, il y a toujours des détracteurs qui vous prêtent des intentions douteuses lorsqu'ils vous voient vous adonner au service des autres. On vous soupçonne de poursuivre des objectifs non avoués, obscurs... et pervers tant qu'à y être. Les épines ont toutefois leur utilité, elles font payer le prix pour se saisir d'une rose.

En 1963, la vie allait me donner le privilège d'épouser Marcelle, la mère de mes filles. Elle m'a accompagné et m'accompagne encore au milieu des bonheurs et des tribulations. La naissance de ma fille aînée, Ann, en 1964, allait nous combler de joie et coïncider presque avec mon entrée dans l'équipe professorale du Collège Notre-Dame de Roberval.

J'y enseignerai au secondaire avant de devenir directeur des étudiants. Fait à noter : au début de ma carrière à la Commission scolaire de Roberval, cet organisme était à court de fonds. Les enseignants durent attendre pendant plus de quatre mois leur première paye! Une préfiguration de la Russie de Boris Eltsine.

J'imagine mal la même situation aujourd'hui. C'était tout de même l'emploi idéal pour laisser libre cours à mon esprit d'initiative et pour organiser les loisirs des jeunes, un peu comme je l'avais fait pendant mon adolescence : Cité étudiante, Olympiades sportives, journal, radio scolaire... Je nageais dans ce monde juvénile, plein d'enthousiasme et de projets. Heureux marié, heureux nouveau père, je ne demandais rien de plus à la vie. Mais le destin laisse parfois peu de répit. Le mien, cependant, semblait bien décidé à ne pas me laisser m'installer dans le confort.

Nous étions, à l'époque, en pleine structuration de ces fameuses commissions scolaires régionales qui allaient bientôt quadriller le Québec et révolutionner l'enseignement secondaire, prélude à la création des Collèges d'enseignement général et professionnel (CÉGEP). La toute jeune Commission scolaire régionale Louis-Hémon me fit une offre que je ne pouvais pas refuser : la direction de l'enseignement professionnel. À vingt-six ans, je me retrouvai cadre supérieur au siège social de cet organisme, à Dolbeau, avec un salaire et des conditions de travail fort enviables.

Dans le domaine de l'enseignement professionnel, tout était à faire dans le comté Roberval qui était le seul du Québec à ne posséder aucune maison dispensant ce type de formation. C'était des années d'effervescence : toutes les audaces étaient possibles. Des années d'optimisme et d'abondance. Il suffisait d'entreprendre et de persister pour que l'on vous fournisse les ressources nécessaires à la réussite de vos projets.

En plus d'assumer les responsabilités qui relevaient directement de mon poste, je me démenai pour que l'Externat classique de Jonquière dispense, à Roberval même, les cours nécessaires à l'obtention du baccalauréat ès arts.

Bien que j'eusse choisi de travailler en pédagogie, à travers le tourbillon de mes activités professionnelles, je commençais à appréhender la trame du développement régional. Des gens ayant accès à un vaste éventail d'options de formation seraient les acteurs privilégiés de ce développement. Je scénarisais la dynamique induisant le développement régional, mais en même temps le constat du trop petit nombre de protagonistes aptes à jouer selon un scénario cohérent assombrissait mes souhaits bien intentionnés.

Mes réussites de ces années-là ne passèrent pas inaperçues. Je m'étais déjà fait la réputation de quelqu'un *qui fait arriver les choses...*

La Traversée internationale du lac Saint-Jean cherchait un président exécutif, et surtout exécutant... Pas un président d'honneur, je vous l'assure! J'allais l'apprendre à mes dépens... J'ai travaillé fort toute ma vie, mais je crois, sincèrement, n'avoir jamais autant travaillé qu'au cours des années 1968, 1969 et 1970, alors que j'ai œuvré à titre de président bénévole. Le terme bénévole est réservé à ceux qui ne reçoivent pas de rémunération; comment, dans ces conditions, désigne-t-on quelqu'un qui, non seulement ne reçoit pas de rémunération, mais qui doit absorber certaines dépenses à même ses ressources personnelles?

Les gens croient à tort que les organisateurs de tels

événements n'ont qu'un effort intense de quelques semaines à fournir annuellement. Faux. La Traversée, à l'époque, c'était douze mois de soucis et de travail acharné. Il fallait non seulement courir les athlètes à travers le globe, mais nous devions de plus nous entendre avec les diverses fédérations sportives nationales, obtenir des permis de séjour pour des gens qui ne venaient pas toujours de pays amis... Sans compter la fameuse promotion! Il ne suffit pas de présenter un événement, il faut aussi y attirer les gens.

Le succès de la Traversée dépend bien sûr de la rigueur de la logistique déployée et de la somme colossale du travail fourni par une armée de bénévoles; il dépend en dernier lieu de la température. Si le soleil se fait prier, les surplus fondent; si la pluie entre en jeu, le bilan financier bascule dans le rouge. Alors que le mérite des ressources humaines, bien que très souvent exceptionnel, est relégué au second plan par les humeurs de dame Nature.

À ce sujet, une anecdote. Je me rendais à Joliette pour y rencontrer des clubs sociaux. L'hiver québécois nous servait une tempête dont il a seul le secret. Poudrerie, visibilité nulle. De peine et de misère, j'avais réussi à traverser la réserve faunique des Laurentides. Sur l'autoroute 40, c'était pire. Je continuais. À six kilomètres de mon lieu de destination, je me retrouve dans le fossé. Plus rien à faire. Je me rends à une cabine téléphonique et je rejoins l'organisateur du souper. Il me dit : « Pauvre monsieur Lajoie, avez-vous vu la tempête? On n'aura pas un chat...» Je lui ai répondu : « Je suis venu pour faire une présentation, je vais la faire. Venez me chercher. » À dix-huit heures, il n'y avait que cinq ou six personnes dans la salle. Nous nous sommes assis et nous avons fait la liste des propriétaires de quatre sur quatre que les personnes présentes connaissaient à Joliette; nous nous sommes transformés en taxis : une heure plus tard, la salle était pleine.

Ce travail bénévole me forçait à l'ingéniosité, à l'improvisation constante et à une très grande patience dans les relations humaines... Non seulement il y avait des athlètes à satisfaire, mais surtout il y avait ces journalistes-vedettes du sport qu'il nous fallait chouchouter. Dans certains cas, nous devions même rédiger les articles pour que ces messieurs puissent profiter sans contrainte des plaisirs et des à-côtés de la Traversée. Sans parler des entourloupettes politiques, dont une que je peux mentionner sans trop me faire d'ennemis après tant d'années.

L'honorable Gabriel Loubier était ministre du Tourisme et des Loisirs dans le cabinet unioniste du très honorable Jean-Jacques Bertrand. Bon vivant, il adorait les festivités populaires bien arrosées, dont la Traversée. Je lui téléphonai en exagérant à peine l'état difficile de nos finances. Il eut tellement peur que la Traversée cesse ses activités qu'il puisa à même le budget déjà réservé au Carnaval de Québec afin de renflouer nos coffres...

Beaucoup de travail, donc, mais aussi beaucoup de rencontres intéressantes. En 1968, Pierre E. Trudeau était notre invité d'honneur. Un de ses bras droits, monsieur Jean Prieur, l'accompagnait. Je l'ignorais à l'époque, mais ce géant désinvolte était sur le point de passer dans l'équipe de Robert Bourassa et il allait avoir sur ma destinée une influence déterminante.

Pendant ces périodes au service de la collectivité, je percevais le tissu du développement régional, les retombées économiques, l'exposition de la région dans le monde, les opportunités que saisiraient des centaines de personnes pour faire quelque chose de positif pour la région, notre milieu, notre cadre de vie, notre espace nourricier. J'éprouvais du plaisir et du goût à y contribuer, à orchestrer les événements, à visualiser les pluies de retombées économiques. Comme bien des gens à l'époque, je commençais à jongler avec le constat que les nombreux fils de fermiers ne pourraient pas tous travailler sur la ferme, qu'il n'y aurait pas non plus de place pour tous dans les scieries, les papetières, les alumineries... Où travailleraient ceux qui ne pourraient pas être absorbés par l'économie régionale? Quelle pourrait être ma contribution pour influer sur ce constat?

Graduellement, un des champs d'engagement de ma vie prenait forme : contribuer à intensifier l'activité économique régionale pour que ce terreau de vie puisse retenir le plus possible de gens en région. Beaucoup en parlent... Beaucoup le souhaitent.

Chapitre 3
Le pouvoir

Pendant ces années de bénévolat à la Traversée, je continuais à gagner le pain de ma famille et à améliorer mon sort. En 1968, j'avais abandonné mon directorat à la Commission scolaire régionale Louis-Hémon pour entrer chez Lemieux, Morin, Bourdages, Doucet, Simard & Associés à titre de directeur du développement. Ma tâche consistait à trouver des contrats pour cette firme d'ingénieurs. Je parcourais la province dans tous les sens et y faisais du même coup mon apprentissage du monde des grandes affaires et des gros projets.

J'avais une énergie inépuisable. J'étais de caractère liant et toujours de bonne humeur : je me ferai rapidement dans ce monde des amitiés qui perdurent encore. Je me confortais dans ma croyance inaltérable que la plupart des personnes sont d'un naturel collaborateur lorsqu'on leur présente avec limpidité un projet pour lequel il y a un potentiel et des intérêts mutuels. Quelque part il est dit : « Parlez au cœur de l'homme et il vous répondra avec son cœur. Demandez et vous recevrez. » Ce sont là deux paradigmes universels, toujours d'actualité, même dans le monde des affaires. Bienheureux ceux qui savent harmoniser toutes leurs activités, à la lumière de ces deux phares. Je m'en suis servi intensément ; les gens, plus souvent qu'autrement, sont le reflet de votre approche.

Je nageais dans un tourbillon de déplacements et de signatures de contrats avec enthousiasme et ne songeais nullement à la politique partisane. Cependant, la politique, elle, pensait à moi.

Jean Prieur avait laissé l'entourage de Trudeau pour se joindre à l'équipe de Robert Bourassa qui était dans la course à la chefferie du PLQ. En deux temps, trois mouvements, je me suis retrouvé dans le camp bourassiste. J'y travaillais pour Jean Prieur et l'éminence grise du parti à l'époque, Paul Desrochers. Bourassa allait remporter la course, c'est de l'histoire connue, et je repris le chemin de Roberval où m'attendaient ma famille et mon emploi de directeur du développement.

Peu après la victoire de Robert Bourassa, on annonça les élections d'avril 1970. Le téléphone sonna un soir à ma résidence : au bout du fil, le nouveau chef du PLQ. Je serais son candidat dans le comté de Roberval; il n'y en avait pas d'autres. J'exprimai à mon interlocuteur à quel point j'étais honoré de cette marque de confiance, mais je lui opposai un refus. Ma jeune famille – mon aînée Ann avait quatre ans – et mon travail de directeur du développement me comblaient. Lorsque je raccrochai, je pensais en avoir fini avec cette histoire. C'était mal connaître la détermination de Robert Bourassa.

Le lendemain, c'était au tour de Jean Prieur de me téléphoner pour la même raison. Dès qu'il avait joint l'équipe de Robert Bourassa, nous avions fait quelques parties de chasse et étions devenus d'assez bons amis.

Puis ce furent les organisateurs locaux qui se mirent de la partie. Avancer qu'ils ont fait pression est un euphémisme : le futur premier ministre avait besoin de moi comme député et même comme ministre! Je ne pouvais me dérober. On organisa une réunion monstre au Théâtre Diana de Roberval dans le but de me tordre les bras. Je m'y suis rendu pour refuser publiquement et pour demander aux libéraux provinciaux de consacrer leur énergie à trouver un autre candidat.

Ce soir-là, j'ai déçu pas mal de gens. J'avais mes raisons. Mon expérience de la chose politique était assez limitée; en fait, j'avais travaillé dans l'équipe de Robert

Bourassa lors de la course à la chefferie et, antérieurement, en 1966, j'avais prononcé des discours assez remarqués pour Laurier Simard, coloré maire de Port-Alfred, un ancien unioniste devenu libéral indépendant, qui se présentait dans le comté Dubuc.

Je ne possédais même pas une carte de membre... Mais si je manquais d'expérience politique, j'avais une bonne connaissance des réalités du comté. En effet, il existait une telle division à l'intérieur même du parti entre les membres des deux extrémités de la circonscription qu'un gars de Roberval ne m'apparaissait pas avoir une chance très élevée d'être choisi comme candidat. En outre, de nombreux candidats plus âgés et plus aguerris piaffaient en coulisse, dont le très capable Robert Lamontagne de Saint-Félicien, qui allait d'ailleurs se faire élire et devenir vice-président de l'Assemblée nationale, en plus de produire le Rapport Lamontagne, une tentative intelligente pour revaloriser le travail des députés. Robert Lamontagne a été un excellent choix et il a rendu de fiers services à ses concitoyens dans l'arène provinciale, aussi bien que dans les arènes régionale et municipale. Il s'est engagé, tout au long de sa fructueuse et utile carrière, dans plusieurs organismes, dont le Jardin zoologique de Saint-Félicien.

Je continuai donc à m'affairer pour ma firme d'ingénieurs, tout en suivant la politique de loin.

On s'en rappelle, les élections de 1970 se terminèrent par une victoire libérale. Mes activités politiques se bornèrent à étudier la liste des nouveaux ministres; dans les journaux comme tout le monde. Puis ce fut la crise d'octobre qui allait marquer la psyché collective des Québécois.

Vers la fin de cette période, Bourassa et Prieur recommencèrent à jouer du téléphone : on me voulait à Québec dans l'entourage du PM. J'opposai à nouveau un refus.

Mais cette fois, je n'y échapperai pas. Je me trouvais dans le bureau de l'honorable Jean Marchand, en compagnie d'ingénieurs anglophones, afin de défendre les intérêts de la Saint-Raymond Papers.

À l'époque, et j'aurai l'occasion de revenir sur la question, le monde de l'ingénierie francophone était plutôt frileux : écoles, arénas, bouts de routes, églises ou sous-traitance pour des firmes anglo-canadiennes satisfaisaient les ingénieurs d'alors. Les papetières et les minières, entre autres, nous étaient fermées, et nous ne cherchions pas à pénétrer ces marchés.

Le téléphone personnel de Marchand sonna. Il me tendit l'appareil avec un sourire narquois. Ce sourire m'a toujours laissé croire que c'était probablement un coup monté. Le premier ministre Bourassa me donnait pratiquement l'ordre de le rencontrer le soir même. Je devais me rendre à Montréal par un vol régulier, alors que l'avion du gouvernement me ramènerait à Québec.

À 21 heures 30, je pénétrais dans le saint des saints : son bureau. On me proposait le titre de secrétaire exécutif, c'est-à-dire d'homme à tout faire du premier ministre. Je détenais tout de même deux mandats précis : des dossiers particuliers au développement régional et le triage – *screening* – des députés et de certains ministres qui demanderaient à voir Bourassa... Avec le recul du temps et un regard extérieur, je m'occupais des ressources humaines.

Le glas de la vie de famille qui m'était très chère venait de sonner. Ma conjointe est demeurée positive et fort compréhensive pendant la durée de cette tranche de notre vie ; elle estime même avoir vécu une belle expérience. Prendre épouse et fonder une famille implique aussi élever les enfants à deux : un père et une mère. Il est facile d'imaginer la déception d'une épouse-mère qui réalise que finalement elle élève seule sa famille. Entre autres, elle reçoit une valise de vêtements sales qu'il lui faut refaire avec des vêtements propres... et vogue le mari-père. Il y a bien sûr le téléphone, mais ce moyen de communication ne remplace pas un père le soir pour les devoirs et les autres tâches de père.

Dorénavant, j'allais vivre dans mes valises et au bureau du premier ministre, situé d'abord dans l'édifice du Parlement, puis à l'intérieur du Bunker. Près du pouvoir et pour le pouvoir. Somme toute, une existence un peu factice.

Contrairement à ce que certains politiciens déclarent, le pouvoir existe. Mais ce ne sont pas les élus qui l'exer-

Mme Marcelle Lajoie, M. Robert Bourassa,
Mme Andrée Bourassa et M. Pierre Lajoie.

cent, ou très peu. Tous les chefs de parti, qui deviendront par la suite premiers ministres, jouissent certes d'un certain charisme : ils inspirent confiance et peuvent ainsi aller chercher des votes afin de faire élire leur parti. Ils détiennent également le pouvoir de nommer les ministres, ce qui n'est pas une mince tâche. Mais ministres et premiers ministres n'ont guère de prise concrète sur les décisions qui modifient les réalités sociales ou économiques des citoyens. Que dire des députés ?

Les ministres ont du prestige et des privilèges, je vous l'accorde : limousine, compte de dépenses, grenailles à distribuer à leurs électeurs, gardes du corps, avion gouvernemental... Et ils impressionnent une foule de gens. Ils sont détestés par une autre foule de gens qui ne comprennent pas les mécanismes du pouvoir et qui les considèrent, à tort, responsables de ce qui va bien ou mal dans la société.

Ceux qui ont prise sur le réel, ce sont les éminences grises : Paul Desrochers, Jean Prieur, Jean-Roch Boivin, Louis Bernard et leurs homologues, ainsi que les chefs de cabinet des ministres et les hauts fonctionnaires comme les sous-ministres ; tous ces gens n'ont de compte à rendre à personne d'autre qu'à l'organisation. Ces personnes sont positionnées plus haut, de quelques barreaux dans l'échelle ; aussi, leur vue du panorama social porte-t-elle plus loin. Enfin, plus loin que le regard de ceux qui doivent activer des machines dans des usines et dont la vue est limitée. Les éminences grises voient certaines facettes du vrai portrait de la société et y réagissent.

Il y a les foules qui besognent au quotidien. Occasionnellement on leur offre un divertissement qui s'efforce sincèrement d'être solennel et important : une élection. Les élus jouent sur la scène du théâtre de marionnettes, alors qu'une bonne proportion des personnes constituant cette foule ne voient pas les fils qui soutiennent et activent les marionnettes. Les bonnes gens qui ont vu les fils ne vont plus voter. Certains autres ne veulent pas croire qu'ils voient les fils. Il y a ceux qui actionnent les marionnettes, et il y a ceux qui donnent des instructions aux manipulateurs de marionnettes. Les éminences grises voient cette réalité, ne s'en offusquent pas et ne portent aucun jugement de valeur. Elles instruisent les manipulateurs qui assurent l'intervention opportune des marionnettes... Les éminences grises ne sont ni morales ni amorales, de la même manière qu'une génératrice ne se soucie pas de quel côté du système de valeurs se situent les choses qu'on fait avec l'électricité.

Un pauvre élu, peu importe son grade, passe son temps à se justifier ou à se demander ce que tel grand patron de la finance, tel groupe d'intérêts ou ses électeurs vont penser du projet de loi, suggéré et élaboré la plupart du temps par des fonctionnaires, que l'Assemblée nationale ou la Chambre des communes s'apprête à discuter.

Un ministre est fort ou faible. S'il a un caractère fort, ses sous-ministres lui présenteront deux ou trois options sur une décision fondamentale pour lui laisser l'illusion qu'il décide... Si le ministre est faible, il sillonnera la province dans sa limousine et acceptera des fonctionnaires la seule option possible. « On n'a pas d'autre choix!.. On ne peut pas faire autrement... » est la phrase la plus fréquente dans les relations entre les élus et les hauts fonctionnaires.

Quant au personnel politique, il jouit, encore plus que les hauts fonctionnaires, d'un pouvoir injustifiable et très réel. J'en suis un bon exemple. Je venais de passer d'un revenu de plus de 40 000 $ par année – ce qui était imposant à l'époque – à un salaire de 18 000 $ – léger recul dans l'échelle des salaires, n'est-ce pas? Je n'avais jamais été élu par personne, je ne possédais même pas de carte du PLQ, et je décidais qui des députés libéraux verrait ou ne verrait pas le PM! C'est beaucoup. Sans parler de l'influence que j'exerçais par le seul fait de téléphoner du bureau du premier ministre.

J'ai une anecdote savoureuse à ce sujet. Les gens d'un certain âge se souviendront de Maurice Bellemarre, unioniste de la première heure, ministre dans plusieurs gouvernements de l'Union nationale, parlementaire redoutable dans l'opposition. Il méritait bien sa réputation de vieux lion rugissant. À l'Assemblée nationale, on ne se frottait pas impunément à lui. Lorsque je devins secrétaire exécutif de Robert Bourassa, il avait abandonné la politique active et avait hérité d'un poste élevé dans un ministère. J'avais une demande à lui formuler. Jeune blanc-bec, je tremblais un peu à l'idée de la rebuffade que cette terreur de la Colline parlementaire pouvait me servir. Ce fut tout le contraire. « Monsieur Lajoie, me dit-il en substance, quand une demande vient du bureau du premier ministre, on s'empresse de dire oui! »

Face à cette absence de pouvoir, les élus réagissent de trois façons. Certains, des députés surtout, comprennent vite : ils laissent les fonctionnaires travailler et décider, et se laissent aller aux plaisirs de l'emploi : nombreuses réceptions, libations à peu de frais au Restaurant de l'Assemblée nationale, prestige du pseudo-pouvoir auprès de l'autre sexe, honneurs, voyages... Par contre, il faut qu'ils absorbent rapidement le contenu du cours patinage artistique 101 : réussir à noyer le poisson, à dire élégamment n'importe quoi, lorsque les gens de la presse les cernent dans un coin, pour répondre à des questions précises.

D'autres, les meilleurs, se rebiffent et sont profondément malheureux. Une anecdote à ce sujet s'impose à moi. Le député libéral Omer Dionne (Compton), père du député

Marcel Dionne (Chicoutimi), réalisait à sa grande consternation qu'un projet « libéral » de réforme de la carte électorale allait l'amputer d'un segment « facile » de son comté. Il allait voter contre cette proposition. Nous nous sommes organisés pour que le brave député (des nôtres) soit à l'extérieur au moment du vote... Frustré, le brave monsieur.

Un de mes mandats consistait à recueillir les confidences de ces déçus du système lorsqu'ils prenaient conscience qu'ils n'étaient plus que des machines à voter et à faire des déclarations pensées et formulées par le personnel politique. Leur désarroi était profond.

Il existe aussi une troisième race d'élus, si je peux m'exprimer ainsi : ceux qui échappent à la machine bureaucratique et arrivent à la vaincre pour imposer des réformes cruciales. Tous partis confondus, des ministres comme René Lévesque, Paul Gérin-Lajoie, Claude Castonguay, Gérard D. Lévesque, Guy St-Pierre et Camil Laurin étaient de cette trempe. Ils représentent vraiment une minorité.

Cet étrange système a mutilé plusieurs élus, généralement par la racine. Voici une petite anecdote au sujet de Gérard D. Lévesque qui avait interdit au sécateur de toucher à ses racines de régionaliste : un jour qu'il présidait une réunion de l'OPDQ, à laquelle assistaient une dizaine de ministres, toujours avec son sourire à vous scier les jambes, il lance avant d'ouvrir officiellement la réunion. « J'ai tel problème à Maria en Gaspésie... Qui parmi vous, messieurs, peut me régler rapidement ce problème? » Quelqu'un finissait par répondre à sa requête. La réunion pouvait commencer...

Cette troisième race d'élus comporte une variante, composée de la même fibre, mais qui comporte certains attributs en moins et d'autres en plus.

Les attributs que cette variante de la troisième race possède en moins tiennent dans l'étoffe du batailleur de ruelles, le goût de tirer du poignet sur la place publique (débats télévisés stériles avant les élections). À l'Âge des cavernes et au Moyen Âge, on aimait bien les chefs qui pouvaient terrasser physiquement leurs opposants. Aujourd'hui, on a conservé ce penchant pour celui qui a la plus grande gueule, la plus grande trappe dans un débat, comme si cette habileté était le gage d'une saine gestion des affaires de l'État. Enfin, on évolue à la vitesse qu'on peut. Ces personnes ont peu ou pas d'atomes crochus avec les magouilleurs du pouvoir, toutes catégories confondues. Or, les magouilleurs du pouvoir ont le plus souvent accès à bien des leviers qui pourraient être utiles à la promotion des idées de ces politiciens : des rendez-vous manqués. Lesdits magouilleurs sont précisément mauvais *peddlers*. Ils n'ont pas le boniment facile.

Les attributs qu'ils ont en plus ou en trop – je ne sais plus : la classe, beaucoup de classe; des projets d'amélioration à très long terme pour la société; une dialectique inattaquable; un sens de l'éthique et de l'équité; une vision sociétale ne sombrant pas dans le socialisme qui veut tout dévorer par la base au nom de l'égalité. On peut choisir une explication : ils ont trop de classe pour l'âge mental de l'électorat, ils sont en avance sur leur temps ou la société ne les mérite pas encore. Voici quelques exemples de ces personnes mal aimées : les Claude Ryan, les frères Johnson, les Rochon et quelques autres...

Amusons-nous un peu. Voici un exemple d'échelle de classement des politiciens. Au haut de l'échelle il y a Claude Ryan et, au bas, il y a le cofondateur du Parti québécois. Les autres s'accrochent quelque part sur cette échelle de classement.

Pour ma part, j'étais un *doer* : j'aimais faire arriver les choses; j'étais un mercenaire de téflon sur lequel la peinture ne collait pas vraiment. Faut-il absolument avoir une couleur, bleue ou rouge, pour contribuer à l'avancement d'une société, à la réalisation d'une tâche? Je continuais, dans le fond, à mener des dossiers et à rencontrer beaucoup de gens comme je l'avais fait à titre de directeur de l'enseignement professionnel de la CSR Louis-Hémon et à titre de président de la Traversée internationale du lac Saint-Jean. Mais l'atmosphère était parfois assez lourde dans les officines du pouvoir au début des années 1970. Ce furent des temps troublés.

Je ne ferai pas l'histoire de la crise d'octobre. Des historiens s'en chargeront, en se servant notamment des témoignages que certains ont livrés. Mais il importe de dire quelques mots sur l'atmosphère qui régnait dans les bureaux du premier ministre Bourassa consécutivement à cette crise.

Jusqu'en octobre 1970, Robert Bourassa se déplaçait comme tout citoyen. Il déambulait dans la rue librement et les gens qui l'accompagnaient travaillaient directement pour lui: personnel politique et personnel de soutien. Après octobre 1970, changement radical et inévitable: la sécurité était devenue une obsession. Des gardes du corps l'encadraient en permanence et la SQ avait mis sur pied un service de renseignements qui devait informer les autorités sur les individus et les groupes suspects. Souvent, nous en faisions des gorges chaudes: les rapports *confidentiels* nous informaient sur ce que nous avions lu dans la presse du matin! Ça démontrait tout de même un état d'esprit.

Autre fait: le PM avait déménagé ses bureaux de l'édifice du Parlement au célèbre Bunker, moins accessible, plus facile à protéger. Nous parlions peu de cette crise entre nous, mais elle flottait dans l'air, elle était omniprésente. Le PM était jeune, ainsi qu'un bon nombre de ses conseillers. Nous voulions continuer à changer le monde dans la foulée de la Révolution tranquille initiée par Jean Lesage et reprise par Daniel Johnson dans les années 1960. Et voilà que d'autres jeunes, de la même origine ethnique, avaient également voulu changer les choses en utilisant des moyens qui nous apparaissaient – et nous apparaissent toujours – inacceptables. Qui les avait engendrés? Bien malin celui qui pourrait le dire.

Nous ne représentions plus l'avant-garde? Avions-nous abandonné nos idéaux? On avait assassiné un ministre de ce même gouvernement, un ministre senior, devant le bureau duquel nous passions encore chaque jour, et on avait enlevé un diplomate: que restait-il du Québec dont nous rêvions?

À cette crise, il faut ajouter la grève du Front commun en 1972, à l'issue de laquelle les trois chefs syndicaux, Louis Laberge, Marcel Pepin et Yvon Charbonneau allaient

Réal Patry, président de l'ACIQ, Daniel Johnson et Pierre Lajoie.

être emprisonnés. Pendant quatorze jours, nous avons alors vécu dans le Bunker comme des assiégés.

Des milliers de personnes entouraient l'édifice du Parlement et l'édifice G. Au Québec, 240 000 concitoyens des secteurs public et parapublic avaient cessé de travailler et défilaient dans les rues. Il s'agissait de la plus importante grève que l'Amérique du Nord ait jamais connue. Nous regardions par les fenêtres et nous apercevions les visages de parents, d'amis, de confrères. Ce n'était pas des bandits ni des délinquants de carrière, mais des gens que nous avions côtoyés, auprès de qui nous avions travaillé.

L'atmosphère dans les bureaux du PM était irréelle. Heureusement, à travers ces turbulences, Bourassa projetait une image de calme et de sérénité qui rassurait tout le monde. S'il n'avait pas prise totale sur les événements, il en donnait l'impression.

Tout n'était pas morose. Pendant ces jours d'*incarcération*, nous travaillions très fort, mais cela ne nous empêchait pas de nous livrer à certaines gamineries qui auraient pu mal tourner... Au plus fort de la crise, un des sous-ministres aux Transports et futur président de la Régie olympique, Claude Rouleau, habitait aux appartements Laurier, à proximité du Parlement. Nous lui téléphonons pour lui signifier que le PM souhaitait le rencontrer sur-le-champ. Aux nouvelles télévisées du soir, il avait aperçu une foule déchaînée qui entourait la Colline parlementaire. Il ne voulait rien savoir. Nous retéléphonons pour insister. Il se décide à venir. Une auto banalisée de la Sûreté du Québec va le chercher. Le conducteur et l'agent qui l'accompagnent le font monter dans la valise arrière et l'enveloppent dans une couverture grise. Et ils entrent, sans encombre, dans le sous-sol de l'édifice : à cette heure, il n'y avait plus un seul gréviste! Mais Claude l'ignorait.

Nous l'attendions dans le stationnement intérieur. Le

véhicule stoppa et nous nous mîmes à brasser l'auto en criant; deux d'entre nous avaient déniché une plaque de tôle sur laquelle nous frappions avec une masse : un vacarme d'enfer. Heureusement, notre copain était jeune et en santé, sinon, c'était la crise cardiaque assurée. Nous avons mis fin à son supplice. Le conducteur a ouvert la valise. Claude est sorti en tremblant, sûr qu'il était de se retrouver face à des grévistes enragés qui lui feraient un mauvais parti... Nous allions être punis sur-le-champ : l'ascenseur qui nous ramenait vers les étages supérieurs tomba en panne. Nous y fûmes coincés pendant plus de deux heures : les réparateurs de la compagnie Otis refusaient de franchir la ligne de piquetage, même s'il n'y avait pas de piqueteurs!

Comme toutes les crises, celle-là allait se régler, et le temps nous amener avec beaucoup de heurts vers les élections de novembre 1973. Le slogan en était : Bourassa construit! Une trouvaille de Jean Prieur qui faisait référence au chantier de la Baie-James annoncé en 1971.

Le PM avait surmonté la crise d'octobre et la grève du Front commun; la Baie-James donnait des emplois à beaucoup de Québécois; l'attitude ferme de Bourassa à la conférence constitutionnelle de Victoria lui ralliait un bon nombre de nationalistes : nous voguions vers une victoire assurée.

Mon mandat était précis et très exigeant : accompagner monsieur Bourassa en auto, en train, en avion, en autobus, en hélicoptère, vingt-quatre heures sur vingt-quatre, et voir à ce que tout baigne dans l'huile. C'est-à-dire le tenir informé – entre autres, l'attaché de presse, monsieur Charles Denis, téléphonait à l'avance aux journaux pour qu'ils nous communiquent les manchettes avant qu'elles ne soient imprimées –, s'assurer que ses ordres se rendent aux bonnes personnes, ménager les susceptibilités de tous ceux qui souhaitaient le rencontrer en privé, tout en les éconduisant, s'assurer, par contre, que le chef rencontre bien ceux qu'il voulait voir et... s'assurer qu'à chaque endroit où nous descendions, dans un coin, un verre de lait et une soucoupe de biscuits attendaient le PM. Il fallait aussi lui remettre à temps son éternel chandail qu'il échangeait immanquablement contre son veston chaque fois que nous quittions une salle : l'automne était avancé et Bourassa était particulièrement frileux. Il faut admettre, à sa décharge, qu'il ne s'agissait pas d'un simple caprice : le PM prononçait en moyenne cinq discours quotidiennement, sans compter les points de presse... Le moindre refroidissement, une gorge enrouée auraient pu signifier une catastrophe! Malgré tout, il paraissait et il était détendu; il blaguait souvent : « Attache ta tuque! »

Les moyens techniques pour en arriver à coordonner tout ça étaient pauvres si on les compare à ceux d'aujourd'hui : le téléphone et le bélino, l'ancêtre du télécopieur ou fax. Chaque nuit, je recevais une synthèse des dossiers chauds relatifs à chaque région où nous nous rendions le lendemain. En route, Bourassa compulsait les données, les assimilait et en extrayait des synthèses qui allaient convaincre l'auditoire et les médias qu'il avait consacré toutes ses énergies au cours des dernières semaines aux problèmes de l'Abitibi, du Saguenay, du Bas-Saint-Laurent...

J'aimerais décrire un peu ce personnage hors de l'ordinaire que j'ai pu observer de près. Il était brillant. Et, en même temps, contrairement à René Lévesque, un autre premier ministre très intelligent, il était très discipliné. Sa journée type, lorsqu'il n'était pas en campagne électorale et que la session était terminée, se déroulait selon un horaire rigide :

• 9 h : petit déjeuner en solitaire : son coiffeur s'affairait à rectifier les mèches rebelles et il dévorait les journaux tout en mangeant ;

• 10 h à 13 h : succession de rencontres brèves avec des ministres, des députés, des représentants de corps publics, des hiérarques du parti, des visiteurs de marque en quête de rencontres d'apparat...

• 13 h : brève pause pour un dîner léger, parfois au salon du PM, au Café de l'Assemblée nationale s'il avait des invités ou sur le toit de l'édifice G où il aimait se faire bronzer, non sans s'être généreusement recouvert de crème solaire : jamais il ne s'est exposé au soleil sans protection ; ce qui n'empêchera pas un cancer de la peau de l'emporter ;

• après le dîner, il reprenait la succession de brèves rencontres jusqu'à vingt et une heures ; il se retirait alors pour manger et compulser des dossiers jusqu'à une heure avancée de la nuit.

Un gros travailleur ? Sans doute. Mais d'abord un passionné de la politique. Si on fait exception de la natation, que ses médecins lui avaient recommandée et qu'il pratiquait religieusement, on ne lui connaissait aucun loisir. Dans ses mémoires, Claude Morin raconte qu'un été Bourassa avait invité quelques hauts fonctionnaires à un voyage de pêche dans les Laurentides. Alors que ses invités taquinaient la truite et prenaient du bon temps sur le lac, de leur embarcation, Morin et les autres pouvaient apercevoir Bourassa qui, installé dans une chaise longue sur la rive, tournait et retournait les pages de volumineux dossiers dont il allait les entretenir au prochain repas. C'est exactement là le Robert Bourassa que j'ai connu.

Un autre trait de caractère que j'ai retenu : l'équanimité, qui se traduisait par une politesse exquise envers tous, subalternes, grands de ce monde ou les plus humbles de ses électeurs. Contrairement à beaucoup de passionnés et bourreaux de travail qui sont de véritables tyrans pour leur entourage, le premier ministre ne perdait jamais sa cordialité et sa gentillesse. Je n'ai jamais assisté à une saute d'humeur de Robert Bourassa. Je ne l'ai jamais vu perdre patience, perdre son calme. Il entreprenait les journées de travail les plus ardues avec un détachement digne d'un ascète.

Il avait aussi une autre qualité cruciale pour le chef qu'il était : il demeurait un performant d'équipe et son aura attirait des collaborateurs de haut calibre appartenant à une autre classe que celle des courtisans. Parmi quelques ressources intellectuelles, un certain Jean-Claude Rivest a contribué de façon plus que significative à structurer et à élaborer la pensée de M. Bourassa.

Certains le jugeaient nonchalant, ce qu'il n'était pas. Dans les pires situations, il demeurait de glace, il ne perdait rien de son efficacité. Parfois, il dissipait un trop-plein de pression avec une boutade.

Son respect pour les électeurs frisait presque l'irresponsabilité. Pendant cette fameuse campagne de novembre 1973, nous nous retrouvions en Abitibi en pleine tempête de neige. Nous devions prendre un hélicoptère dans un village isolé pour rencontrer une poignée d'électeurs gagnés d'avance au Parti libéral. Tous lui déconseillaient cette aventure périlleuse dans les rafales traîtresses d'un noroît déchaîné : rien à faire. Ces gens attendaient, nous devions y aller. Question de politesse et de respect. Il aimait profondément les gens. Sa très grande intelligence l'avait rendu compréhensif envers toutes les attitudes, même celles qui auraient pu être considérées comme des insultes à son égard. Combien d'adversaires a-t-il aidé? Il n'était en rien vindicatif; il ne pouvait garder de rancune et il s'efforçait de trouver un côté positif à toute chose, voire des raisons pour expliquer la méchanceté parfois gratuite dont il était l'objet de la part de certains médias ou d'adversaires politiques.

Les élections de 1973 se terminèrent par la victoire éclatante que nous connaissons : 103 députés sur 108. Un balayage! Son entourage délirait de joie. Pas Robert Bourassa. Il était trop lucide pour ça. Il voyait des jours sombres à l'horizon. Quelques jours après les élections, il m'expliqua son peu d'enthousiasme. Le PLQ était entré trop fort : ce parti ne serait plus à l'écoute de la population, ce qui entraînerait de façon certaine une désaffectation des membres et une perte de contact avec les problèmes réels, ce qui augurait une défaite électorale à peu près assurée au prochain scrutin. L'opposition allait devenir le petit « David » isolé agitant un bien minuscule flambeau, donc s'attirant la sympathie des médias et de la population.

Les nominations au cabinet représentent une des tâches les plus ardues d'un PM. Plusieurs facteurs entrent en jeu : la répartition géographique, les promesses faites à des candidats-vedettes, les inévitables en raison de leur champ d'expertise ou des années passées à servir le parti...

Avec 60 ou 70 députés, c'est déjà difficile; avec 103, c'était une mission impossible. Il n'y avait que 22 sièges ministériels à combler et une cinquantaine de ses députés étaient ministrables. Bourassa se ferait immanquablement des ennemis et il le savait. Il s'en est effectivement fait de nombreux qui attendraient la défaite de 1976 pour lui faire payer très cher l'humiliation que, bien involontairement, le PM leur avait infligée en 1973.

En 1974, madame Lise Bacon démissionnait de la présidence du PLQ; elle souhaitait se lancer en politique active. Je n'étais plus membre du cabinet du premier ministre, mais de retour à la vie civile, si je peux m'exprimer ainsi. Et fort occupé. Le chef me voulait comme président du parti. Jean Prieur et Paul Desrochers recommencèrent le même « tordage de bras ». Et je n'avais toujours pas ma carte! J'occuperai donc cette fonction, loin d'être honorifique, pendant un an, tout en m'affairant à développer la firme d'ingénierie que je venais de réintégrer.

J'ai travaillé! Couru la province de l'Abitibi à la Gaspésie et des Cantons de l'Est à la Mauricie. Il s'agissait d'un emploi bénévole. Ai-je appris au cours de cette période? Pas tellement. Le monde du pouvoir m'était familier après ces années au bureau du PM.

En 1975, je démissionnai. Comme je l'ai écrit précédemment, à l'intérieur du salon Rouge, avant ma démission, on m'ovationnait. Aussitôt ma décision annoncée, on me tournait le dos. J'en avais le cœur brisé. Je m'en ouvris à Robert Bourassa. Ce dernier, avec son flegme coutumier, me dit: « Ne t'attends jamais à aucune reconnaissance dans l'arène de l'engagement politique. Si tu le fais, tu vas être bien malheureux. » Il avait raison une fois de plus. C'est grâce à cette philosophie qu'il saura surmonter, sans apparemment en souffrir, les heurts qui devaient suivre sa défaite de 1976.

Une tranche de vie si fertile en événements laisse de bons souvenirs, des déceptions profondes, des aspirations inassouvies, un sentiment d'impuissance et, surtout, l'accablante conviction que notre société se porterait beaucoup mieux si...

Lucien Bouchard et Pierre Lajoie.

Chapitre 4
Les leçons de l'action politique

Avoir été associé de si près à la naissance de certaines actions politiques a été, il faut bien l'avouer, alternativement grisant et décevant. Après un certain temps, on se laisse séduire par la croyance qu'il y a une recette pour faire arriver les événements, tous les événements... Par contre, comme nous sommes dans un système démocratique, la dynamique sociale comporte souvent plusieurs aspects qui forcent la nuance : la nature du changement, le prix politique à payer, la perception des gens, le bien-fondé du changement, le synchronisme, le groupe social avantagé, celui qui est pénalisé, la disponibilité des ressources financières, la popularité d'une démarche auprès des électeurs, sont tous là des éléments qui conditionnent la mise en œuvre d'un projet.

Le côté grisant tient dans l'occasion qu'on a de prendre part à l'induction des changements politiques significatifs pour la société. L'aspect décevant, c'est d'être intimement et intensément persuadé que la société aurait un besoin immédiat de certains changements alors même que l'on choisit, pour différentes raisons, de ne pas les introduire.

Plusieurs minutes par jour, des heures par semaine et parfois davantage, nous nous surprenons tous, moi comme les autres, à souhaiter avoir accès aux mécanismes de commande permettant d'opérer des changements bénéfiques pour la société. S'il était possible de s'extraire de nous-même et de jeter un coup d'œil de l'extérieur, de classer nos pensées par sujets, de les quantifier et de leur donner un pourcentage d'occupation de notre conscience, la chose politique couvrirait un espace assez impressionnant. Comme dirait le philosophe populaire, lorsqu'on a besoin de parler à quelqu'un, il faut bien dire quelque chose... Aussi, juste après la température, et si on ne veut pas entrer dans des sujets trop personnels, il faut parler de politique. Le tout assaisonné d'une certaine dose d'écorche-prochain. Nous nous enthousiasmons, nous nous indignons et combien la solution nous apparaît simple et cristalline. Nous pourrions régler tous les problèmes sociaux en quelques phrases. « Je vous assure que plusieurs prendraient leur place à commencer par les BS, les Indiens et les immigrants; d'autres auraient intérêt à faire leur travail et les riches paieraient leur juste part d'impôt. » Les gens sont relativement polis, ils nous écoutent, ils partagent ou non nos visées politiques; d'autres en rajoutent sur les BS et les Indiens, les monoparentales au crochet de la société et, tant qu'à y être, les motards, les homosexuels et les jeunes voyous. Ces petits laisser-aller semblent apporter un peu de soulagement.

Parler de la politique est une chose, mais s'en occuper, s'y engager en sont une autre. Comme dans bien des champs d'activités, tout dépend du niveau d'implication. L'univers aquatique peut servir à illustrer le concept. Il y a les nageurs professionnels, il y a certains baigneurs occasionnels, et il y a finalement une grande, très grande proportion de gens qui ne vont jamais à la plage. Il semble qu'il en soit ainsi pour les intervenants de la politique. Bien sûr, tous les jugements de valeur s'équivalent, mais la politique en a déçu un très grand nombre; majoritairement parmi ceux qui n'y ont jamais investi aucune participation. Admettons que la politique a échoué dans son devoir d'attrait...

Il y a bien des années que j'ai laissé ce tourbillon dévorant qu'est l'action politique. Subséquemment, je me suis rendu compte que mon séjour dans ce monde a mis en mouvement une machine à scénarios politiques qui fonctionne en arrière-plan dans mon esprit de façon autonome.

Je ne lui demande pas de baratter des scénarios, ni ne lui commande de cesser. Lorsque cette machine est trop distrayante, je me concentre sur autre chose et la vie continue.

J'appartiens à une culture qui m'a transmis la presque totalité de son bagage de connaissances et de valeurs à travers l'expérience des autres, de ceux qui m'ont précédé. Ce transfert s'est fait par la lecture, le cinéma, la radio, l'instruction dans les écoles publiques, la recherche de culture personnelle et tous les autres médias de transmission. Des gens ont pris la peine de consigner par écrit leur expérience pour en faire profiter d'autres. Aurions-nous des bibliothèques si personne ne se donnait la peine d'écrire? Présentement, dans la région du Saguenay–Lac-Saint-Jean, il y a deux anciens influents ministres qui s'astreignent à la tâche d'écrire pour partager avec les autres leurs expériences et leur vécu. En dehors du carcan du parti, ils vont même jusqu'à tenir des propos sensés pour accroître le bagage de notre civilisation. Jacques Brassard conserve sa légendaire et truculente pugnacité... N'est-ce pas qu'il est capable de véhiculer ses idées honnêtement et de soulever à l'occasion une vague de fond... Pour sa part, Benoît Bouchard conserve son profil humain, pratique et profond. Il vient de publier sur la question autochtone un article très clairvoyant, réaliste et visionnaire. Comment se fait-il qu'il ne sombre pas dans la mode obligée d'essayer de nous culpabiliser et de nous intimer l'ordre de donner un chèque en blanc et nos terres aux autochtones? Nous cacherait-il des relents racistes? Serait-ce qu'il ne comprend pas la réalité autochtone? Ou serait-ce qu'il n'est pas un « téteux servile », sans vision du vrai respect d'un Grand Peuple, à commencer par le sien?

Comme bien d'autres avant moi qui ont été des acteurs privilégiés d'événements importants, je pense que je dois faire un effort pour offrir ces réflexions aux autres, au moins à mes petits-enfants. Évidemment, il y a matière à spéculation sur les motifs réels et les motifs déclarés de ceux qui décident d'ajouter au bagage de la civilisation la portion, souvent infime, de leur expérience personnelle qui peut servir dans la marche des peuples. Voici donc, en condensé, certaines considérations sur la politique telle que nous la connaissons aujourd'hui.

Le régime politique

Nous connaissons tous vaguement l'évolution de nos régimes politiques à commencer par le chef de clan, de village, de région, de région plus grande, de fédération de régions et finalement de pays.

Les premiers chefs exerçaient un pouvoir absolu et discrétionnaire sur leurs subalternes; bien souvent, ils avaient le droit de vie et de mort sur leurs administrés et ils s'en prévalaient au besoin. L'exercice du pouvoir brut s'est lentement métamorphosé en autorité qui a été à son tour encadrée graduellement par des codes de lois. L'être humain a acquis progressivement des droits à travers le débat de la prévalence ou non du droit collectif sur le droit individuel.

Il y a eu des despotes militaires, des tyrans, des rois qui ont introduit des réformes probablement bénéfiques à plusieurs époques ou pendant des périodes troubles. Quelques-uns ont été des bienfaiteurs de la société, mais la plupart régnaient pour le plaisir de régner sans jamais négliger leurs intérêts personnels. Dans cette dynastie, une kyrielle de « profanateurs » ont joué un rôle important. Ces braves se proclamaient *illico* investis de l'autorité de Dieu, les mains encore maculées du sang de leur ennemi.

Au Québec nous avons connu des gouverneurs de colonies, des militaires administrateurs, des seigneurs terriens et un clergé omnipotent.

Or, il importe de se poser la question suivante : comment se fait-il que les régimes politiques et les personnes détenant le pouvoir sous toutes ses formes viennent à disparaître, graduellement dans la majorité des situations, et parfois violemment dans le creuset des révolutions?

Force nous est de constater que le gouvernement et les personnes exerçant l'autorité répondent à un certain besoin de la sociétés dont ils sont issus, pendant une certaine période. À mesure que ces institutions ne répondent plus aux besoins et aux attentes de leur milieu, elles sont éliminées, remplacées, recyclées, et l'évolution peut se poursuivre. Il y a bien quelques régimes dictatoriaux qui s'accrochent au pouvoir par les armes, mais leurs jours sont quand même comptés. L'Iraq est de ceux-là.

Bon nombre de politicologues et d'observateurs de la scène politique unissent leur voix pour faire l'apologie de notre démocratie. Ils prendront plaisir à nous rappeler que collectivement nous avons dû payer un prix fort élevé pour accéder à cette « béatitude » que constitue la démocratie que nous connaissons présentement. La guerre de l'Indépendance américaine a mené à un régime démocratique. La Seconde Guerre mondiale avec ses millions de morts a « sauvé » la démocratie en Occident. Ceux qui donnent des instructions aux manipulateurs des marionnettes insistent aussi beaucoup pour que l'on asperge le petit peuple avec le concept de démocratie, alors qu'il s'agit d'un écran de fumée fort commode pour masquer leurs intrigues. Le refus de faire voter les 280 000 personnes visées par l'Approche commune[1] en est une preuve patente. Il n'y a que ceux qui

---

1. Proposition d'entente visant à extraire les autochtones du système des réserves de juridiction fédérale. En échange, les autochtones souhaitent la partition territoriale du territoire du Québec, un nouvel ordre de gouvernement autochtone incluant des pouvoirs de gestion et de taxation sur les territoires visés par la partition. Cette entente est extrêmement contestée par une majorité de la population blanche visée par ces nouvelles mesures. Les politiciens font la sourde oreille à une majorité d'opposants et refusent de soumettre cette proposition au vote des populations concernées.

s'abreuvent dans les fontaines, listes de paye ou autres robinets de l'État, qui sont d'accord... Leurs explications sont assez pathétiques pour expliquer cette usurpation de pouvoir.

Dans l'esprit de plusieurs, notre démocratie sous sa forme actuelle est un aboutissement suprême, terminal; il n'y aura plus jamais rien après la démocratie. Même questionner cette démocratie constitue un sacrilège social.

Je m'accorde précisément le plaisir de commettre le sacrilège social de questionner l'état actuel de notre démocratie comme outil de progrès réel de notre société sous toutes ses dimensions.

Tout d'abord, au Québec, comme dans bien d'autres pseudo-démocraties du monde occidental, il n'y a pas vraiment de partis politiques; on s'efforce de leur inventer une utilité d'une élection à l'autre. Les gens n'ont pas vraiment besoin d'un système de partis. Ils ont tout simplement besoin que les finances de l'État soient bien administrées, que certains services collectifs soient distribués, que les écoles fonctionnent, que les hôpitaux répondent aux besoins des bénéficiaires, que leur sécurité soit assurée, qu'il y ait une administration de la justice et que les ordures soient ramassées. Les partis politiques sont, d'abord et avant tout, un véhicule pour politiciens, créé par eux et utilisé par eux pour leurs fins personnelles. Les partis politiques sont aussi utiles que les petits capuchons sur les bâtons de golf...

Les gens ont si peu besoin de partis politiques, dans un cadre que nous insistons pour appeler démocratie, qu'il n'y a, somme toute, que trois groupes distincts de personnes dans le prisme de la chose politique.

Il n'y a que deux groupes de personnes actives et un groupe de personnes passives.

D'une part, le premier groupe de personnes actives est

constitué de celles qui choisissent, pour différentes raisons, de faire carrière en politique ou d'y œuvrer pendant une certaine période de leur vie. La société accouche en quelque sorte de politiciens. Ces derniers peuvent difficilement être génétiquement différents de la société qui les a engendrés. Ces politiciens savent pertinemment qu'il n'y a démocratie qu'une journée par quatre ou cinq ans. Entre-temps, ils ont une carte blanche floue qui a probablement intérêt à le demeurer. Ils prennent place dans la belle grande chaloupe du parti. À bord, il y a des rames et un gouvernail, mais très peu estiment utile de s'en servir, car d'autres s'occupent de diriger la grande chaloupe de l'extérieur.

D'autre part, il y a le second groupe des personnes actives, celles qui s'occupent de la direction et de la vitesse de la chaloupe; ces intervenants sont constitués des groupes d'intérêt, de pression. Ils occupent tout l'espace et, avis aux prétendants éventuels, ils savent jouer du coude. Ces groupes de pression, tantôt faibles et aux ressources limitées tels que les locataires, les petits propriétaires, les artistes, les retraités, les éminences grises du pouvoir financier, les sectes ou groupes qui ne veulent pas payer d'impôts, tantôt très puissants aux moyens d'action hors du commun, tels les syndicats, l'univers banquier, les papetières, l'UPA, les firmes transfrontalières, le monde interlope et toutes les créatures artificielles de l'État... Le rôle de ces groupes d'intérêt est de faire pression sur les politiciens pour qu'ils satisfassent leurs appétits avec les ressources financières et l'espace de vie de la majorité silencieuse.

La technique, pour ces groupes, consiste à cibler le maillon faible, le robinet, le levier, celui qui a la clef des silos de l'État. Qui ne connaît pas le ministre de l'UPA? Il y a aussi le ministre des monopoles forestiers, le ministre des cabinets d'avocats qui ont accès au fric des autochtones. D'autres doivent s'assurer que la société (les payeurs de taxes) ne piétine pas les droits des criminels, des bandits, des motards, des prisonniers et des ivrognes qui causent des accidents à répétition. Il y a les tâches de lubrification; il faut absolument garder les grands syndicats relativement heureux pour éviter leurs discours sur la place publique. Plusieurs postes de pères Noël sont très sollicités. Ho! ho! Rien de plus facile que de calmer les plus braillards avec l'argent du bon peuple. Il y a des postes qui exigent des intrépides Legault-Cop. Il y a les postes de tortionnaires et de collecteurs qui sont moins sollicités.

Finalement, comme troisième groupe, il y a la majorité silencieuse qui a bien mérité son nom au cours des âges. Les politiciens promettent mer et monde à la majorité silencieuse, mais elle va de déception en déception, au point où il y a rarement plus de soixante pour cent des électeurs qui vont voter le jour des élections. Cette majorité silencieuse, que plusieurs pseudo-moralisateurs méprisent pour son inaction, a tout de même compris, en dépit de son âge mental de treize ans, que son rôle consiste et a toujours consisté à fournir la masse critique des recettes de l'État. Les politiciens se servent ensuite de ces ressources financières pour satisfaire les appétits des groupes de pression qui, eux, ne sont pas silencieux. Pour faire pression sur les politiciens, il vont jusqu'à occuper tout l'espace médiatique, sans oublier l'arsenal des moyens plus ou moins dignes des démocraties civilisées. Le politicien démocrate, à sa décharge, s'il veut continuer son « œuvre » demain ou après-demain, et peut-être même mériter une « petite » pension, doit, comme le roseau, plier dans le bon sens : celui des groupes de pression. Les plus habiles, qui ont une gueule sympathique, réussissent mandat après mandat. Il faut donc, avec les ressources de l'État ou avec l'espace de vie collectif, faire taire les groupes de pression les uns après les autres et perdurer d'une élection à l'autre.

La fonction de politicien n'est pas de tout repos. Les sociétés sont devenues très pluralistes, au point où aucune idée, si avant-gardiste soit-elle, ne récolte une majorité significative qui permettrait à des politiciens de dire : « Voilà, le peuple à parlé. » Il n'y a que cacophonie, manifestations et démonstrations de force des groupes de pression qui ne représentent pourtant que très rarement la majorité silencieuse.

Les politiciens nagent dans cette dynamique, ou absence de dynamique sociale, et, quelque part à la fin de leur carrière, nous confient bien candidement dans leurs mémoires que la plus grande déception est l'apathie des masses populaires. Ces masses populaires servent toutefois de bâilleurs de fonds pour les intérêts des groupes de pression et il faudrait qu'elles manifestent, par surcroît, de l'enthousiasme... Pas tout à fait étonnant que des enjeux significatifs, qui auraient eu une incidence salutaire sur la société, aient échappé à la compréhension de cette classe de politiciens. On se désole ensuite des faibles taux de participation aux élections.

La majorité silencieuse est justement silencieuse parce qu'elle est trop absorbée à faire fonctionner la vie économique. De plus, elle élève des enfants et voit aussi à plusieurs tâches sociales. Elle n'a plus de temps pour s'engager en politique. Elle n'en a pas les moyens, d'ailleurs, après le crible de l'impôt et l'extorsion des taxes, toujours pour satisfaire les groupes de pression. Certains choix personnels sont assez paradoxaux : « Moi, je ne fais pas de politique! » Pourtant, moi, comme plusieurs autres, je travaille jusqu'à la fin du mois de mai de chaque année pour fournir des ressources financières aux politiciens. Il nous faudrait sortir les gants de boxe un peu plus souvent.

On se plaît à avancer que voler le gouvernement, ce n'est pas voler. Mais lorsque le gouvernement nous vole, à qui devrait-on le dire?

Voici une ruse d'Illnu qu'il serait peut-être sage d'utiliser: les jours d'élection, demandons à tous les organismes de télédiffusion ou de radiodiffusion de ne rien diffuser avant vingt-deux heures, pour permettre au plus grand nombre de citoyens – les contraindre – d'aller voter.

La participation sociale de la majorité silencieuse consiste à fournir les ressources financières pour se payer des administrateurs, des fiduciaires qui, dans le meilleur des mondes, agiraient en son nom et pour son meilleur intérêt. Elle est, quelque part, trahie par des politiciens qui cèdent aux bons souhaits des groupes de pression.

Il est bien sûr facile de rétorquer que mon analyse est un peu trop simpliste pour une réalité éminemment plus complexe; que les masses sont quand même bien servies; qu'il y a des routes, des écoles, des hôpitaux, des gouvernements tentaculaires qui décident des besoins réels de la société et, pour combler le tout, qu'il y a un filet de sécurité sociale. Qu'est-ce que les masses peuvent bien vouloir de plus? Il faut cependant faire confiance aux masses, car elles savent quand elles en ont pour leur argent ou pas...

Comme nous l'avons mentionné précédemment, la société accouche de politiciens qui ne peuvent pas vraiment être différents génétiquement de leur génitrice. Les politiciens plus grands que nature, capables d'influer de façon créative sur leur électorat, sont rares, très rares. Il en survient un par deux ou trois décennies. Les autres sont d'abord et avant tout des citoyens, sans doute remplis de bonnes intentions, qui veulent sincèrement servir leurs concitoyens. Ils y consacrent toute leur énergie, avec les résultats que l'on connaît.

Si ce ne sont pas vraiment les acteurs du processus qui

sont les fautifs, devrions-nous remettre en question le processus lui-même? De simples politiciens peuvent-ils défendre les droits et la prépondérance des besoins de la majorité silencieuse, devant les extraordinaires moyens de pression des groupes d'intérêts aux appétits insatiables? Un simple test bien appliqué est très éloquent. Les coûts de la télévision d'État sont défrayés par les taxes de la majorité silencieuse. Il suffit de regarder les nouvelles télévisées du soir pendant une semaine pour voir qui occupe tout l'espace : quelques criminels de carrière qui ont des niches d'activités inviolables dans la société, quelques syndicalistes hystériques, quelques victoires de l'UPA contre la volonté expresse de toute une société, quelques regroupements de lunatiques qui veulent l'électricité la moins dispendieuse de la planète, l'approvisionnement le plus fiable, mais pas de fil électrique pour transporter cette électricité. L'épice pour pimenter le goût de ce plat est constitué de quelques crimes particulièrement crapuleux. Pour assaisonner le tout, quelques politiciens, tantôt larmoyants, tantôt grandiloquents, qui se défendent bien de céder aux groupes de pression.

En une seule journée, les taxes de combien de gagne-petit comme les livreurs de pizza, les travailleurs de scieries, les employés de garderies et les travailleurs au salaire minimum sont englouties pour écouter pleurnicher les groupes de pression et finalement céder lamentablement à leur chantage?

Non, même les politiciens les mieux intentionnés, les plus énergiques, les plus infatigables finissent par être broyés par les règles du jeu que l'on insiste pour appeler démocratie. Nous sommes tellement fiers de nous percevoir en démocratie par rapport à d'autres régimes totalitaires, qu'il ne nous vient même pas à l'idée de mettre en doute notre palmarès social. Entre les élections, à tous les quatre ou cinq ans, nos élus finissent par n'écouter que le seul groupe d'interlocuteurs qui revient constamment à la charge, soit les groupes de pression. Ils sont pourtant fiduciaires de la majorité silencieuse qui ne réclame rien parce qu'elle a délégué la gestion de la chose publique. Les besoins de la majorité silencieuse sont pourtant d'une simplicité déconcertante.

Nul n'est tenu à l'impossible, et particulièrement les politiciens exerçant leurs activités dans le type de démocratie que nous connaissons actuellement. Sans doute serait-il plus sage de chercher à imaginer quelles pourraient être les améliorations à apporter à ce système, pour faire en sorte que ce modèle sclérosé se questionne et se découvre une soif d'évolution pour servir encore mieux l'ensemble de la société, et principalement le bâilleur de fonds principal : la majorité silencieuse.

Il y a des constats que nous refusons de faire, c'est-à-dire de verbaliser, car si nous les faisions, nous nous placerions dans la désagréable position de devoir y remédier. Ces constats sont comme des photos instantanées qui s'offrent à nous tels des paysages. Que nous en parlions ou l'ignorions, les paysages sont tout simplement là.

J'entends déjà les détracteurs de telles opinions. Même l'idée d'améliorer la démocratie peut être perçue comme une insulte à l'intelligence. Ces détracteurs voient se profiler un danger encore plus insidieux, plus vicieux et plus sournois, celui d'interroger le plus grand fondement de la démocratie : une personne, un vote. Un paradigme si fondamental que même l'idée de remettre en question ce pilier équivaut à détruire la démocratie qu'il supporte, si chèrement acquise au fil des siècles. Ces détracteurs peuvent dormir tranquilles, les améliorations suggérées ne viendront pas vraiment avant quelques décennies... Nous nous bornerons à les imaginer, sans essayer de les vendre.

En fait, la démocratie est un idéal qu'il faut choyer. Mais un idéal est un idéal et les chemins pour tendre vers cet idéal sont rarement faciles.

La démocratie que nous avons acquise si chèrement au fil des siècles comporte des dangers, et une maladie pernicieuse s'attaque à un certain type de politiciens. Nous pouvons palper cet état de fait tous les jours.

Le premier type de danger se profile à travers le phénomène des « vagues » qui portent au pouvoir un autre groupe de politiciens. Plus souvent qu'autrement, l'électorat sent que le gouvernement en place ne va nulle part, que l'on fait du surplace. L'usure du pouvoir aidant, les gens sombrent dans leurs vieux clichés : tentons un changement de politiciens pour en élire de meilleurs. Les organisateurs du cirque voient arriver avec jubilation le temps des élections. Ces organisateurs de foire ont accès à des moyens financiers fort substantiels qui seront mis à contribution pour convaincre les gens que le gouvernement « pain d'épices » sera enfin et finalement remplacé par un gouvernement « pain aux épices ».

La majorité des politiciens ont peu d'idées nouvelles, pas de vision réelle à long terme, et surtout aucune intention de se rendre impopulaires. Est-on à la veille de voir surgir un politicien qui convaincra la population qu'il n'y aura aucune amélioration tant que l'on ne remboursera pas la dette, que l'on n'édictera pas une loi rendant impossible le déficit ? De la gouvernance médiocre... vague après vague de politiciens. La dette de l'État est au menu de tous les politiciens en rut. Ils sont élus, mais les groupes de pression se saisissent bien vite du gouvernail de la barque. Les groupes de pression se contrefoutent éperdument des déficits d'opération, à plus forte raison de l'endettement à long terme. Ils ne veulent que la satisfaction de leurs besoins immédiats ou des conditions permettant la satisfaction de leurs besoins.

Imaginons un budget familial qui aurait le profil suivant:

Revenu de salaire:	42 000 $
Autre revenu hors salaire:	10 000 $
Revenu disponible:	52 000 $
Endettement:	176 500 $

La famille comporte six membres dont deux aux études et un qui, pour différentes raisons humanitaires, ne réussit pas à travailler; il reste chez papa et maman et ce, année après année; il fume en plus, et pas seulement des produits en vente libre. Un autre ado fait du sport, il n'a pas de petit travail; il a réussi à endommager l'auto familiale pour quatre mille dollars et les assureurs ont réagi. Aux yeux des enfants, les parents passent pour des tyrans, des vieux jeu qui ne comprennent pas les aspirations des jeunes parce qu'ils réussissent tant bien que mal, suite à des débats acrimonieux, à contenir le déficit de l'année à environ mille dollars. Certaines années, il a fallu changer d'auto: déficit de sept mille dollars.

La famille doit 176 500 $. Il faut payer 14 000 $ d'intérêt par année sur la dette sans que le capital baisse réellement.

Vous avez raison, cette famille doit voir un syndic.

Transposez le profil financier décrit précédemment en unités d'un milliard de dollars et vous avez le schéma approximatif de l'état des finances de la province de Québec, et probablement aussi de celui des autres provinces. L'annexe 4 donne un aperçu des sommes dues par les différentes créatures publiques. Si l'État québécois n'est pas en faillite, comment décrivez-vous sa situation financière?

Le fédéral s'en tire mieux parce qu'il est le prédateur unique au sommet de la chaîne alimentaire; il peut pelleter son déficit dans la cour des provinces, mais il ne peut pas y déverser sa dette. Les petits rongeurs peuvent se repaître de la carcasse après que l'aigle a satisfait son appétit. La dette fédérale représente le même boulet au pied. Le gouvernement du Canada fait le jars avec les surplus budgétaires! Pourquoi ne les applique-t-il pas contre la dette du Canada? Y a-t-il une raison de croire que les finances d'un État doivent être différentes de celles d'une famille? Vous aviez vraiment envie de dire non. Détrompez-vous, il y a un économiste, John Kenneth Galbraith, qui a obtenu le prix Nobel pour avoir affirmé le contraire.

Ce brave récipiendaire du prix Nobel a été le maître à penser de la cuvée de politiciens des années Trudeau et Mulroney. Il affirmait qu'un État devait s'endetter pour propulser vers l'avant son taux de croissance, et que la

Pierre Lajoie et Brian Mulroney.

65

dette actuelle deviendrait minuscule par rapport à l'extraordinaire ordre de grandeur du produit intérieur brut que le développement engendrerait demain – peut-être. C'est sans doute un banal hasard si le gros de l'endettement fédéral et provincial est survenu pendant ces décennies. Le brave Alfred Nobel doit se retourner dans sa tombe.

La situation de notre démocratie me fait penser à une auto à roues motrices arrière enfoncées dans la boue. Le présent conducteur appuie sur l'accélérateur, il en fait la seule option à laquelle il estime avoir accès; et l'auto s'enfonce un peu plus. Les élections arrivent et on change de conducteur, lequel convaincra les gens qu'en pesant sur l'accélérateur d'une certaine manière, l'auto sortira d'elle-même de l'ornière... de l'endettement. De la gouvernance médiocre.

De la gouvernance médiocre? Se regarder, c'est se désoler; se comparer, c'est se consoler. De la gouvernance médiocre oui, mais admettons que c'est encore mieux que des dictateurs ou des hommes forts à casquette militaire. Je fais confiance aux lecteurs pour identifier ces symptômes dans notre univers politique, au Québec ou ailleurs.

Le deuxième danger de la démocratie est que plusieurs candidats ayant un potentiel intellectuel, scientifique, éthique et humain supérieur à la moyenne de la société ont clairement compris le caractère limitatif des outils réels de gouvernance. Ces candidats potentiellement supérieurs ne vont pas en politique parce qu'ils ne pourraient pas vraiment faire rayonner leur potentiel évolutif sur la société. Ces personnes œuvrent dans des domaines autres. Quel dommage pour la société!

À voir et à entendre certains politiciens à travers les différents médias, force nous est de nous demander comment des sociétés aussi évoluées techniquement que les nôtres, truffées d'universités, peuvent en arriver à élire de si petites pointures. À force de jouer dans une pièce de théâtre burlesque, la pièce finit par déteindre sur les acteurs, même les mieux intentionnés au départ. Ce danger de la démocratie est plus que potentiel, nous en palpons les conséquences tous les jours.

Le troisième danger de la démocratie est que les gens qui font le saut en politique doivent se contenter d'improviser à qui mieux mieux, de gérer aléatoirement les actes d'extorsion des groupes de pression. De l'*adhocratie*. Il n'y a pas de niche et encore moins de champ d'engagement en politique pour des gens qui auraient un sens de l'évolution, du passé et d'un avenir social meilleur. Il n'y a pas vraiment d'avenir, au-delà d'un mandat, pour un politicien qui ferait des choix éthiques par opposition à des décisions populaires. Il n'y a pas de marché pour des politiciens qui feraient maintenant des choix pénibles, pour engendrer des retombées sociales dans vingt-cinq ans au niveau de l'éducation, du système de santé, du potentiel de rehaussement de la santé physique, de celui de l'accroissement des valeurs civiques, de l'évolution tout simplement. Ce type de politicien ne touchera pas sa pension... Le système démocratique actuel ne lui en donnera pas l'occasion. Ils sont rares, les candidats plus grands que nature qui arrivent à percer dans cette atmosphère de médiocrité...

Le quatrième danger de notre démocratie actuelle tient dans un des effets, secondaire et pernicieux, d'une mesure sociale bien intentionnée, couplé à une « lâcheté rose » de la part des politiciens. Un des plus nobles accomplissements de notre cheminement évolutif social au Québec a été de nous donner un filet de sécurité sociale : pension de vieillesse, pension pour veuves, assurance maladie, sécurité du revenu, régie des rentes, assurance médicaments, etc. La lâcheté rose de nos dirigeants consiste à tolérer que des groupes de personnes, tout à fait aptes au travail, se placent sous le parapluie de la sécurité sociale et demeurent oisifs. Cette lâcheté rose a quatre effets pernicieux directs.

• Ces personnes ne rendent aucun service à valeur économique à la société.

• Elles détournent des ressources financières de leur objectif initial.

• Leur indolence, sans être récompensée, est compensée – ce qui crée une dépendance insidieuse qui mine une éventuelle velléité de réintégrer le marché du travail.

• L'acceptation de leur dépendance par la société sape le respect et le modèle de la famille financièrement autosuffisante. Le message est à l'effet qu'on peut demeurer dans les logements à prix modique, engendrer des rejetons de sept ou huit pères différents dont l'identité n'est pas vraiment importante. L'État se chargera des besoins financiers de ce groupe de personnes qui vivront sous le seuil de la pauvreté.

Dans un court laps de temps, ces personnes sont détruites et irrécupérables socialement. L'État a créé des drogués qui dépendent uniquement des mesures de sécurité sociale. Les désintoxiquer est une tâche tellement colossale que l'on y renonce; on continue à leur fournir de la drogue au nom de la dignité humaine. On en est rendu à la troisième génération de ces victimes-parasites dans les bidonvilles des grandes agglomérations du Québec et dans les régions défavorisées. Qui plus est, cette troisième génération n'en éprouve même plus de honte... Quel gâchis pour la société.

Or, venu le temps des élections, que se passe-t-il lorsque cette strate des victimes-parasites, permanentes ou périodiques, constitue un pourcentage significatif de l'électorat? Quel serait l'avenir du politicien qui évoquerait l'idée de réformer le système et de faire revivre un impératif de toutes les civilisations qui ont marqué culturellement notre évolution, à savoir qu'une personne en santé et apte au travail « qui ne travaille pas ne mange pas »? Lorsque trop de personnes ont demandé à César du pain et des jeux, la civilisation romaine a périclité. En langage québécois, y a-t-il trop de personnes qui veulent un chèque mensuel, le câble ou une soucoupe pour le téléviseur? S.V.P., on insiste pour être les plus branchés du monde. À tout le moins, la société qui leur fournit ces services sans rien exiger en retour est aussi irresponsable.

Suis-je trop dur? Par mesure de précaution, j'ai bien pris soin de qualifier ces personnes de victimes de certaines circonstances, avant qu'elles ne deviennent des parasites... mais lorsqu'elles le sont devenues, elles le sont. Même Félix Leclerc l'a dit bien avant moi.

En ce sens, le suffrage universel bloque, compromet plus ou moins l'introduction de réformes progressistes. Le politicien doit courtiser ces strates de l'électorat pour demeurer politicien.

Un cinquième écueil menace les politiciens. Dans notre système actuel, cet écueil se transforme en phare qui guide les politiciens et, de ce fait, ils ont la ferme conviction d'être dans le vrai chemin. Il s'agit de l'opinion publique et des sondages.

L'opinion publique, celle de l'homme de la rue frustré par la politique, n'est jamais très sophistiquée. Elle est la plupart du temps plus émotive qu'éclairée. Elle est un exutoire pour les frustrations de la vie en général. Or, cette masse d'opinions peu réfléchies forme l'opinion publique.

Cette opinion publique a toujours retardé la société. Elle agit comme un frein qui fait contrepoids aux réformes susceptibles de pousser l'évolution sociale plus vite que la société ne pourrait l'assimiler. Il est inutile de vouloir la bâillonner ou l'ignorer. La seule avenue de progrès passe par la hausse de l'éducation moyenne des masses et le développement d'une conscience sociale commune. Malheureusement, les institutions religieuses ont partiellement échoué dans leur rôle de « bergers » des sociétés, et la soif de progrès social est reléguée au second plan dans la cacophonie des divertissements, de la recherche du plaisir et du courant matérialiste qui nous submerge. Osons nous regarder. Le corollaire, déjà mentionné, de la trahison des élus consiste dans le niveau éthique suivant des masses populaires : voler le gouvernement n'est pas voler. Il est probable qu'il faille attendre quelques décennies avant que l'on tende à nouveau l'oreille à ces voix et institutions « renouvelées » qui véhiculeront un message éthique, de conscience sociale et de fraternité humaine universelle.

La démocratie-licence ou l'effet brochette constitue le sixième danger. L'écran de fumée projeté par le mot démocratie donne aux politiciens rien de moins qu'une licence pour imposer leur volonté à toute une majorité silencieuse. « Approche commune. » « Capitulation de l'État devant les pressions des braqueurs. » Les plus rigolos des flibustiers politiciens aiment bien voir l'effet brochette... Imaginez une file d'esclaves noirs réunis les uns aux autres par une chaîne au cou qui cheminent péniblement, l'échine courbée; certains ont quand même un téléviseur portatif. Bien sûr qu'ils maugréent un peu, mais je vous assure que, au lendemain d'un scrutin, les flibustiers peuvent faire tout simplement ce qu'ils ont envie de faire au nom d'un bien commun plus vaste, que le petit peuple ne peut pas comprendre. Détournement de mandat, abus de pouvoir. Par contre, pour leur défense, il faut tout bêtement mentionner qu'ils ont carte blanche. *Mea culpa, mea culpa, mea maxima culpa...*

Une maladie pernicieuse

Au départ, tous les apprentis politiciens sont probablement honnêtes. Au fil des années, comme nous l'avons expliqué, les plus habiles – jongleurs, équilibristes, maquignons – perdurent. Ils perdurent certes, mais avec le cortège des effets secondaires que le contexte engendre. Les premiers symptômes se manifestent lorsqu'ils se coupent de la volonté de la majorité silencieuse, à qui ils avaient juré d'être les fiduciaires.

Après un certain nombre de mois, ils se laissent séduire, enjôler, et ils finissent par obéir à une nouvelle sirène : leur propre système de pensée. « Le petit peuple ne sait pas vraiment ce dont il a besoin, moi, je sais et je vais le lui imposer. » De demi-vérités en mensonges, de mensonges en impostures, d'impostures en détourne-ments, de détournements en commissions parlementaires, de commissions parlementaires en léchage de bottes des groupes d'intérêts et des syndicats, leur perception des valeurs gagne en élasticité. Le point de rupture survient un bon matin alors que ce politicien ne peut plus soutenir son propre regard dans le miroir. Il sait que sa fin dernière approche.

C'est à cet instant précis qu'un micro-organisme de la famille des bactéries, latent dans tous les organismes, s'en saisit et en prend le contrôle. Il s'agit de la bactérie *Dilapidus Repentia*©. Sous l'emprise de cette bactérie, le politicien ou le magistrat décide qu'il est temps de s'occu-per de son capital pour le « paradis », de sa place dans l'Histoire. Il veut rehausser son image et il lui est difficile de faire taire sa conscience. Il devient soudain charitable, chevalier des grandes causes, généreux où le petit peuple est mesquin ; il sera compréhensif où les obtus ne le sont pas, il fera des lois libérales pour défendre quelques anathèmes, que toutes les civilisations avant la sienne ont

71

pourtant condamnés. Un magistrat à toge, telle une meute de figurants offrant gratuitement ses services à un réalisateur de film, rendra des jugements étrangers à toute vraisemblance pour passer à l'Histoire. Il sera avant-gardiste, en avant de son temps... Il achètera ou rachètera l'image qu'il souhaite avoir de lui-même avec l'argent du petit peuple – préoccupation surréaliste. Il fera la charité. Il prodiguera des droits, il dispensera des privilèges, il dilapidera des ressources et il gaspillera des sommes colossales (enregistrement des armes...). Rares sont ceux parmi ces politiciens qui ne donnent pas lourdement dans la lâcheté rose. Pas un sou ne sortira de leur poche, ils seront prodigues avec l'argent de la sueur du peuple, ou encore avec l'espace de vie ou le capital d'un peuple. À une autre époque, les nobles achetaient des indulgences avec de l'argent escroqué au peuple. Heureusement, les gens ont quand même plus de classe maintenant... Vraiment? Oui, oui, oui...

Cette bactérie *Dilapidus Repentia*© frappe surtout en fin de carrière. Regardez aller ces politiciens d'automne ou en fin de mandat! Les effets de cette bactérie sont souvent catastrophiques pour les sociétés, autant d'un point de vue financier que de celui du recul sociétal.

Il y a fort peu de remèdes pour guérir celui qui en est atteint; nous n'en connaissons pas. À défaut de savoir comment guérir ces infortunées victimes – souvent fortunées personnellement –, envisageons, s'il nous reste quelques mécanismes d'autodéfense, les scénarios pour s'en débarrasser: une élection, peut-être? Parfois, par ce moyen, on en jette quelques-uns par-dessus bord de la grande chaloupe du parti; ils sont devenus trop gênants. Une pensée morbide, à ma grande honte, vient de me polluer le raisonnement. Parfois, la vie arrange bien les choses: un bon face-à-face avec un ivrogne irresponsable, à sa huitième suspension de permis de conduire, intouchable, protégé par la loi et qui recevra, en prime, des dédommagements de la SAAQ pour guérir ses égratignures; pourquoi pas une petite pension à vie...?

Il y a par contre un antidote pour la bactérie *Dilapidus Repentia©*. Un peu d'humilité, rester fiduciaire de la majorité silencieuse, se tenir loin des groupes de pression, éviter les accolades avec les syndicats, se convaincre que les dollars de la sueur du peuple ne sont pas un tremplin suffisamment digne pour l'Histoire...

Parler des failles de la démocratie et critiquer certains de ses aspects requiert certes de l'audace, mais que proposons-nous pour l'améliorer?

Dans les décennies à venir, il serait sage de conserver le plus fondamental acquis de la démocratie : une personne saine d'esprit et intégrée à la société, qui contribue par son travail à l'économie sociale, mérite le privilège de voter. À mesure que la conscience sociale émergera et que la soif de l'avancement social se fera sentir, on estimera que certains citoyens apportent une contribution plus significative à la croissance générale d'un peuple. Ces personnes devraient avoir plus de poids dans les décisions politiques, à travers la voix de tous, bien sûr.

Des comités régionaux, indépendants du pouvoir politique institutionnel, devraient décerner des droits de vote additionnels à des gens qui, par leur travail, contribuent de façon prépondérante aux avenues de progrès. Les philosophes, les inventeurs, les éducateurs, certains écrivains, les éminents scientistes, les médecins, les hauts gradés militaires, les juges, certaines personnes faisant du bénévolat, les écologistes, les personnes jouissant d'une popularité auprès des enfants, les gens versés en éthique, les ombudsmans, les capitaines de l'industrie, les peintres de renom, finalement toute personne contribuant de façon significative à l'avancement de la société devrait se voir allouer, par exemple, dix votes pour les plus méritants, six votes pour les personnes pratiquant du bénévolat social, quatre votes...

La voix de chacun qui veuille bien s'exprimer serait entendue, mais la voix de ceux qui contribuent le plus à l'amélioration du tissu social serait prépondérante. La volonté politique qui se dégagerait d'un tel exercice démocratique aurait plus de chance de servir l'avancement, par opposition au statu quo. Dans la grande marche de la civilisation, le statu quo équivaut à une régression.

Les politiciens d'aujourd'hui doivent abdiquer devant les pressions de l'opinion publique ou suite à des sondages émotifs et aléatoires qui servent davantage d'exutoire pour les frustrations que de véhicules pour des idéaux politiques. Ces mêmes politiciens, dans le système de pondération des votes, seraient mieux encadrés et développeraient inévitablement le goût de servir l'avancement de la société et ce, sans les entraves de la démocratie sous sa forme actuelle.

La société, si elle veut progresser par l'inclusion et l'élévation de la conscience sociale, a-t-elle besoin d'accorder la même pondération à l'opinion des parasites sociaux, des criminels de carrière, des gens qui se sont mis eux-mêmes au ban de la société, des violents, des dépravés? Chacun peut répondre pour lui-même.

Surtout, que l'on ne se méprenne pas, la prochaine ère de conscience sociale est en train de germer comme l'embryon d'une graine et, avant que les gens de notre génération ne soient morts, les jeunes fréquentant aujourd'hui les écoles primaires auront commencé à mettre en application ce début de croissance sociale. Un simple exemple : l'adhésion aux objectifs sociaux du recyclage. Le recyclage sans profit financier immédiat pour la personne qui le pratique n'a pas beaucoup de prise sur la génération présente, mais il en a déjà sur la génération en émergence. Il en va de même de la pollution de l'air qui pourrait être solutionnée à l'intérieur d'une décennie s'il y avait suffisamment de conscience sociale. La génération actuelle a été trop habituée à profiter de l'accès aux richesses naturelles faciles. La recherche de l'amélioration de la condition sur une base individuelle a monopolisé toutes les énergies disponibles. Il n'y a pas de place pour la conscience sociale. La société? Oui, dans la mesure où on en tire un profit sans trop donner en retour. Y en a-t-il parmi nous qui se reconnaissent?

Beaux discours, mais il est trop vrai que le politicien est toujours dans l'obligation de tenir compte de l'opinion publique s'il veut exercer son métier demain. Bien peu d'élus ont la stature qui leur permet de gouverner dans la direction des phares indiquant les valeurs sociales de l'avenir. Il est probable que la société n'est pas encore prête à engendrer de tels politiciens...

Le vrai maître

Une des plus nobles libertés civiques, dont on puisse jouir après la liberté de pensée, de parole, de religion et de libre circulation, consiste à pouvoir être rétribué en proportion des services que l'on rend à la société par son labeur, sa créativité et son génie industrieux. Bravo aux personnes qui ont acquis une certaine aisance financière en retour d'une contribution exceptionnelle au bien-être des autres. Bravo à Bill Gates, n'en déplaise à ses détracteurs, qui a contribué à l'avancement de la société planétaire, par son génie tous azimuts, autant que Gutemberg par l'invention de l'imprimerie. Gutemberg n'est pas devenu riche, sans doute lui manquait-il une facette du génie de Bill Gates, ou bien les conditions économiques prévalant à son époque ne permettaient pas l'enrichissement sur une base exponentielle.

Le problème avec le capitalisme, qui nous a cependant permis d'accéder au niveau de bien-être dont nous jouissons aujourd'hui, est qu'il change de nature, avec le temps. Il s'éloigne de sa noble origine, de sa règle d'or : une récompense équivalant au niveau de contribution de la personne à la satisfaction de certains besoins sociaux.

Le cancer prend naissance justement dans son propre succès. L'aisance financière fournit aussi des outils autres que le labeur ou une forme de contribution sociale pour accumuler encore plus de richesses. Un capital plus imposant permet l'accès à des moyens encore plus artificiels, plus puissants, plus rapides et encore plus éloignés du labeur pour accumuler encore plus de richesses. Nous connaissons tous l'inexorable progression de la concentration financière dans les mains de quelques familles.

Il y a encore plus sinistre dans la métamorphose du capitalisme. Dans la plupart des types d'économie et aussi dans les premières phases du capitalisme, la richesse conservait un certain rapport avec le bétail, les terres, les immeubles, les biens de production ou d'autres biens tangibles. De nos jours, une proportion de plus en plus grande des plus grandes fortunes familiales ou corporatives n'est même plus fiduciaire, elle est de plus en plus virtuelle. Elle n'est plus reliée à aucun bien matériel, ni à un processus industriel ou à aucun autre actif tangible.

C'est à ce dieu qu'obéissent les gouvernements, les politiciens, le système judiciaire et nous tous dans une certaine mesure. Des groupes financiers peuvent se faire remettre sur un plateau d'argent par les politiciens des pans entiers des richesses naturelles d'une collectivité pour leur jouissance économique. Ces groupes sont des virtuoses dans la maîtrise du plus grand violon dont on puisse jouer : la symphonie des emplois pour le petit peuple. Les politiciens se présenteront justement devant le petit peuple avec un visage transfiguré et claironneront, haut et fort : « Voici, chers électeurs, comment nous créons la richesse dont vous bénéficierez tous. » Et le petit peuple est ému jusqu'aux larmes. Chaque emploi aura coûté 150 000 $ et souvent jusqu'à 1 000 000 $ de subvention venant de ce même petit peuple, mais l'allocution ne le mentionne pas.

Étonnant, n'est-ce pas, lorsque l'on peut voir comment les monstres virtuels peuvent s'évanouir en quelques heures suite à une palpitation de la bourse. Une puissance économique réelle, pour laquelle il y a une contrepartie matérielle, conceptuelle ou autre et qui représente une valeur dans un marché autonome et libre, ne peut pas disparaître comme une volute de fumée. Cinar, Nortel, Microcell, Enron, Arthur Andersen, Global Crossing, Tyco International, Adelphia, Imclone, Worldcom, Xerox, Air Canada : toutes ces entreprises nous ont récemment donné le surprenant spectacle de leur volatilité.

Mon engagement en politique m'a projeté ce scénario d'une manière si vivante que je le vois se dérouler en continu dans la vie de tous les jours.

La caution de l'extorsion

Il est bien connu que, dans une société, toute la palette des tempéraments est représentée. La plupart des personnes appartiennent au groupe des passifs obéissants qui respectent, par crainte de sanction, la plupart des lois.

Par contre, à la périphérie de la majorité silencieuse, il y a des groupes plus entreprenants, plus débrouillards qui ont dans leur arsenal des moyens d'action efficaces. Parmi ces moyens d'action, il en est un qui peut revêtir une vaste gamme de nuances, allant du subtil à l'extorsion pure et simple, en passant par le chantage.

Pourquoi ces groupes utilisent-ils le chantage et l'extorsion? La raison en est toute simple : ces méthodes fonctionnent. Elles permettent d'obtenir ce que l'on désire. Récemment 13 500 Cris de la Baie-James viennent de se faire donner 3,5 milliards de dollars par un politicien en rut avant les élections. Triple bravo pour l'extorsion.

Le chantage et l'extorsion sont comparables à un potentiel ou à des richesses naturelles. Ce potentiel n'a aucune valeur tant et aussi longtemps qu'il n'est pas développé. Ce n'est rien d'autre qu'un potentiel. Il en va de même du chantage et de l'extorsion à qui on prête vie lorsqu'on leur cède. C'est la partie qui cède au chantage qui lui prête vie, qui le sanctionne.

Les groupes d'intérêt font pression sur le gouvernement; si le gouvernement tarde à céder, on augmente d'un cran la force de persuasion, et on l'assortit de quelques menaces. Généralement, c'est amplement suffisant. Les groupes de pression n'ont pas à brandir des calibres plus gros. Les politiciens livrent la marchandise. Ils cautionnent et donnent vie au chantage et à l'extorsion. Du même coup, le gouvernement envoie le message qu'il ne fonctionne que de cette manière, que c'est la seule façon de le faire bouger. Il appelle donc « le rapport de forces » dans de plus en plus de domaines. D'où pensez-vous que le pouvoir des syndicats émane?

À moins que nous pondérions les votes démocratiques, l'expression de l'électorat ne sera jamais de nature à élire autre chose que des valets au service d'intérêts autres que ceux de leurs mandants. Je conviens, cependant, que notre démocratie, même si nous identifions pour elle des possibilités d'amélioration, est encore préférable à bien des régimes autocratiques...

Le monde du travail

Comme bien des hommes d'affaires, j'ai vécu et palpé tous les aspects du monde du travail, les plus nobles comme les plus sordides. Il y a tellement à raconter...

Les médias étalent devant nous des conflits de travail aussi édifiants les uns que les autres. Notre premier réflexe consiste, consciemment ou non, à prendre position. Toute situation artificielle vient à finir mais, lorsque nous considérons les relations de travail dans notre belle province, il est fort difficile d'évaluer si la spirale inflationniste en est à ses débuts, si elle atteindra un plateau, si elle se stabilisera et si, un jour, comme toute situation artificielle, elle s'évanouira.

Tout est question de perception. Les politiciens clameront haut et fort que nous vivons dans un monde de relations de travail relativement stable et que les forces en présence sont en état d'équilibre. Il n'y a donc pas de problème dans le monde des relations de travail au Québec. Il n'y a que ceux qui veulent voir des problèmes qui en voient...

Il serait peut-être pertinent de s'autoriser une analyse sous un angle différent. Un petit examen ne menace personne... ni aucun droit syndical acquis.

En France d'avant la Révolution, la société était fortement hiérarchisée en classes sociales. Ce cloisonnement était fondé sur quelques critères comme la naissance, le pouvoir politique, l'accès à l'aisance financière. La concentration de la richesse avait fonctionné plus lentement aux premières époques du capitalisme dont nous avons hérité, mais elle avait tout de même fonctionné; de telle sorte que les classes ouvrières n'avaient qu'une vie bien modeste avec peu à se mettre sous la dent. Les nobles et les possédants dénonçaient l'ivrognerie et l'indolence des masses populaires; elles n'avaient qu'à en payer le prix. Jusqu'aux toutes dernières heures avant la Révolution, une grande proportion de la société, autant des hautes classes que des classes de déshérités, était d'avis que cette situation était une forme d'ordre social et, en poussant l'ironie plus avant, qu'elle était voulue par Dieu. Autant se résigner à son sort et croupir dans le niveau de misère inhérent à sa classe. L'aisance des classes possédantes était bien sûr distillée à partir de la sueur des classes laborieuses, des paysans, des artisans et des ouvriers en général.

La Révolution française avait promis de changer cet ordre social et elle y a réussi jusqu'à un certain point, mais seulement dans certains domaines...

Si l'on pose un regard rationnel sur l'univers du travail au Québec, que voyons-nous? Bien sûr, ce que nous souhaitons voir; mais si nous nous imposons une analyse plus rationnelle, que voyons-nous vraiment?

Il y a la classe des riches et des super-riches, de ceux pour qui la concentration artificielle de la richesse a fonctionné fort bien, c'est-à-dire de ceux qui ne vont pas vraiment au travail et qui deviennent de plus en plus riches; les représentants de cette classe s'adonnent à une ou des activités qui n'ont que peu à voir avec un labeur vraiment utile à la société. Pour plusieurs, même, les activités de spéculation sur les monnaies nationales envoient des vagues de destruction dans l'économie précaire de certains pays. Ces gens sont très actifs et fort occupés, ils ont des activités et non un travail; quelques-uns estiment qu'ils ont une profession.

Cette strate de personnes était constituée, au milieu du règne de Louis XIV, de la noblesse et d'un groupe de financiers nationaux et internationaux en émergence. Ce groupe était proche de Louis XIV. Il était même courtisan et courtisé; aucun édit ou décret de l'État n'entravait ses activités de peur de s'aliéner ce groupe. Ce groupe finançait les activités de la royauté... il n'agissait jamais d'une façon désintéressée.

Aujourd'hui, sous la classe des très riches, il y a une classe des employés de l'État qui, sans être très riches, ont accès à un bien intangible très prisé, la sécurité éternelle d'emploi et ce, indépendamment des besoins réels ou des conditions économiques. Cette classe n'a pas vraiment à exceller ni à performer, car sa subsistance est prise en charge par un système capitaliste qui rétribue ses abeilles selon leur contribution ou leur labeur, même clérical. On a institué une niche artificielle pour cette classe, elle peut tout simplement exister par décret, en dépit des conditions économiques qui créent ou non la richesse pour la rémunérer. Pourtant, cette classe est constituée d'un groupe de personnes instruites qui peuvent monter aux barricades pour défendre les valeurs du capitalisme lorsqu'elles sont menacées. Ces personnes veulent défendre les valeurs du capitalisme pour en recevoir la richesse, mais sans être soumises à ses règles...

La contrepartie de ce groupe de personnes, du temps de Louis XIV, était constituée de la classe des nobles courtisans, des néoprofessionnels, des artistes et des commis de l'État. L'État braquait, par les armes et autres techniques proches de l'extorsion, la classe des laborieux, des paysans, des gagne-petit. On distillait la sueur des masses pour amasser un pécule, dans le but d'assurer aux courtisans une vie agréable et, tant qu'à y être, une sécurité d'emploi. Tant que Louis XIV se maintiendrait au pouvoir, à tout le moins. Mais les jours se suivent et ne se ressemblent pas toujours. Les pauvres courtisans n'avaient pas de conventions collectives... Cette aberration a été corrigée aujourd'hui et les courtisans peuvent survivre à un gouvernement.

Vient ensuite la balance de la société, les autres, les bêtes de somme, la lie, les véritables acteurs du capitalisme. Ce sont les cuisiniers, les employés de scierie, les papetiers, les gens de métier, les travailleurs de garderie, les forestiers, les agriculteurs, les livreurs de pizza, les conducteurs d'autobus – non fonctionnaires –, ceux qui suent dans un travail réel produisant un bien ou un service réel auquel on peut accoler une valeur économique.

Ces acteurs du système capitaliste en sont non seulement les artisans, mais ils doivent aussi en subir les lois, les règles et, avouons-le, les effets secondaires. Un travailleur de scierie perd son emploi plusieurs fois dans sa vie, mais c'est tout de même sa sueur qui assure la sécurité d'emploi d'un fonctionnaire.

La très grande majorité des acteurs du capitalisme et, en conséquence, le sac d'épicerie de leur famille doivent obéir aux lois du capitalisme et ajuster leur niveau de vie aux conditions d'un marché plus ou moins favorable. Ils n'ont pas vraiment le loisir de spéculer sur ce que serait leur vie s'ils ne se présentaient au bureau que trente-deux heures par semaine de quatre jours. Ces personnes sont habitées par d'autres types de préoccupations plus existentielles au sens réel du terme, tout comme les petites gens de la plèbe du temps de Louis XIV.

Non, le monde du travail n'est pas une sinécure, à moins de faire partie des strates les plus favorisées. La situation, à peu de choses près, n'est pas si différente de celle qui prévalait au milieu du règne de Louis XIV. *Shit*, est-ce que nos ancêtres ont fait la Révolution française pour rien?

La seule classe qui se trouve beaucoup mieux est la strate des victimes-parasites. Du temps du Roi-Soleil, cette classe de gens croupissait dans la misère la plus sordide ou était réduite à la mendicité. De nos jours, les besoins de base de cette classe de personnes sont assurés par le filet de la sécurité du revenu. Certains adoptent ce filet de sécurité et décident par choix et par la force des choses de rester sous sa protection toute leur vie. Dans certains faubourgs de nos grandes villes ou dans des campagnes éloignées, nous en sommes rendus à la troisième génération de personnes qui ont adopté ce style de vie. La troisième génération de BS.

Nous ne souhaitons pas une précarité d'emploi pour tous, nous souhaitons que cesse l'iniquité infligée à la classe des gagne-petit qui œuvrent à l'extérieur du giron de l'État, dans les petites entreprises ou comme travailleurs autonomes. Cette strate me fait penser à un jardinier sans chambre froide pour conserver ses légumes. Ce jardinier doit céder une partie de sa production, au risque d'en manquer lui-même, pour le bénéfice d'une classe qui a accès à une chambre froide et qui sera toujours à l'abri des pénuries.

La sécurité d'emploi réservée aux secteurs public et municipal est, comme nous l'avons mentionné, distillée à partir de la sueur d'une classe de travailleurs qui n'en bénéficie pas elle-même. Ce n'est pas tout, il y a encore pire pour l'ensemble de la société. C'est comme si on ajoutait l'insulte à l'iniquité.

Les employés du secteur public ont acquis leur sécurité d'emploi par le biais de conventions collectives qui étaient déjà volumineuses dans les années 1970. Des dizaines et des dizaines de pages s'ajoutent à chaque négociation, de sorte que ces conventions collectives sont énormes aujourd'hui. Aucune page n'en a jamais été retranchée. Le fait qu'une convention collective soit volumineuse n'a rien de péjoratif en soi. Mais les effets pervers de ces conventions collectives font que les employés qui souhaiteraient faire une bonne journée de travail doivent laisser leur gros

bon sens et leur intelligence à la porte des édifices gouvernementaux. Ils sont piégés dans des descriptions de
tâches tellement pointues qu'ils égrainent des jours dans
l'ennui pur et simple. Dans trop de circonstances, l'étroi-
tesse de leur description de tâche ne leur permet même
pas une productivité normale, à laquelle l'employeur, soit
la société en général, serait en droit de s'attendre.

Ne nous méprenons surtout pas; ce ne sont pas les
personnes humaines derrière l'attribut de « fonctionnaire »
qui sont en cause. Ces personnes sont des pères et des
mères de famille qui font preuve de discernement et de
sain jugement à l'extérieur de leur travail et dans la société.
Elles réussissent la tâche la plus exigeante qui soit : élever
des familles dans un quatre pièces du troisième étage,
dans une grande ville. Ce sont nos frères et nos sœurs, nos
amis, nos cousins, nos voisins. Certains s'occupent de
sport amateur. D'autres font du bénévolat. D'autres ont
des loisirs productifs pour la société. D'autres dépensent
leur trop-plein d'énergie et de créativité – celles qui ne
sont pas sollicitées à leur travail – dans des champs d'engagement à l'extérieur de leurs activités professionnelles.

La mégalomanie compulsive de la fonction publique
vivant sur carte de crédit fait qu'il ne reste plus vraiment de
ressources pour les secteurs aux prises avec une crise
réelle. Bien sûr, les conventions collectives interdisent tout
transfert de personnel des îlots artificiels vers les centres en
crise. La conséquence la plus évidente de cet état de fait
est la situation qui sévit dans le secteur de la santé. Moi, je
vous dis qu'il y a assez d'argent dans la Fonction publique
pour couvrir tous nos besoins en santé et plus. Ce n'est
qu'une question d'allocation des ressources.

Cette absence de prise de conscience de la nécessité
de ré-allocation des ressources ne favorise en rien
l'élaboration d'un plan d'action. Même si la volonté était

là, l'enchevêtrement des conventions collectives rendrait impossible cette restructuration. Nous débouchons donc sur des pénuries de toutes sortes dans le système de la santé. Il faudrait voir les personnes qui travaillent dans les hôpitaux. Elles n'occupent pas des postes, n'ont pas de job : elles ont une vocation. Comme la noble vocation d'enseignant ou de parent. Dans un encadrement rendu intenable par l'incohérence des conventions collectives, incluant la cohorte des effets pervers, ces personnes mériteraient la béatification. Elles dispensent soins, réconfort, encouragement, font preuve d'une patience d'ange, démontrent de la compassion.

Je me mets dans leur peau lorsqu'un journaliste en mal de venin se met à déblatérer sur le système de santé... Il vaudrait mieux pour lui souligner que chaque jour, dans les hôpitaux du Québec, des milliers de personnes accomplissent plusieurs millions d'actes professionnels, compatissants, humains et charitables, bien au-delà des exigences du paragraphe 17.6.8.4 –c) de leur convention collective. Non, il faut qu'il fasse un papier pour mettre en lumière une seule erreur d'une personne qui vient d'accomplir mille actes de compassion. Comme l'article doit être démoralisant pour ces personnes du système de la santé! Les conventions collectives des journalistes devraient leur permettre de ne rien écrire les jours où ils n'ont strictement rien à dire au lieu de les obliger à baratter des inepties.

Le système des conventions collectives du secteur public, souhaitable à l'origine, a développé des effets secondaires plus funestes. Et dire que l'on veut pomper des sommes additionnelles, colossales, pour rafistoler le réseau de la santé. C'est comme faire la rénovation des appartements d'un immeuble à logements sans réparer le toit qui coule. Effets pervers de trop de conventions collectives tentaculaires.

Une proportion trop grande de ces fonctionnaires s'est fait broyer par le système. Ces personnes, souvent talentueuses, n'avaient vraiment pas envisagé de passer leur vie prisonnières d'un carcan artificiel. Certaines développent une passivité totale et renoncent à tout, à tout effort; elles attendent la fin de leur carrière. La prochaine fois que vous irez au zoo, regardez l'expression des animaux enfermés pour la vie dans des cages – tâches – trop exiguës. Pourtant ce ne sont que des animaux, me direz-vous. Au mieux, ces personnes piégées essaient de se trouver un exutoire à l'extérieur de leur travail. D'autres réagissent en manifestant certaines variantes de l'agressivité. Elles ressentent une rage sourde qui les habite et qu'elles n'arrivent pas vraiment à définir. Elles en ont contre la situation, contre l'employeur, contre la société et contre la main qui les nourrit. Détester la main qui nourrit est une position extrêmement difficile à tenir pour un être humain.

Le système des conventions collectives du secteur public a dévié de son noble objectif. Il a dégénéré au détriment des personnes. Il a aussi failli lamentablement sur un autre aspect de son objectif, et le coût comptable de cette faille est astronomique.

Le système des conventions collectives empêche que tous les chômeurs soient affectés, tout en étant rémunérés convenablement, aux travaux municipaux, à la construction des routes, au combat des incendies de forêt, à la plantation des arbres, dans les garderies, dans les hôpitaux, au support à domicile des personnes malades ou âgées. Cette aberration est l'aboutissement final de la lâcheté rose.

Si nous ne réussissons pas à corriger rapidement cette énorme lacune, notre société n'ira nulle part. Le seul fait d'y songer fait honte. Les besoins sociaux sont criants, collectivement nous avons les ressources financières pour les assumer et nous dépouillons lentement des chômeurs et des assistés sociaux en les payant pour ne rien faire. Le petit peuple subit la ponction des taxes; ces taxes servent à payer des personnes à ne rien faire et à en payer d'autres pour en faire très peu dans le carcan des conventions collectives du secteur public. Il s'agit, si on sait bien compter, d'une double arnaque.

L'argent des payeurs de taxes, destiné à l'établissement de services sociaux, est non seulement détourné vers deux objectifs pernicieux, mais en outre le payeur ne reçoit pas les services pour lesquels il a payé. Il a beau téléphoner pour s'informer, c'est un répondeur qui teste sa patience en lui débitant en cascade des options toujours plus ramifiées; la seule option dont il ait besoin ne lui est jamais offerte: parler à un humain. On lui reproche ensuite de déblatérer sur les fonctionnaires, d'être passif et de ne pas s'intéresser à la chose sociale, de manquer de confiance envers les élus. Y aurait-il lieu d'interdire les répondeurs trop bavards dans la fonction publique? Exigeons-le du prochain gouvernement!

Prenons comme exemple un hôpital moyen (300 lits) dans une région périphérique. Le groupe de travailleurs est encadré par environ vingt-cinq conventions collectives. Chacune a au moins cent pages. Nous parlons d'environ deux mille cinq cents pages de littérature pour régir l'A-B-C du gros bon sens, à savoir qu'il y a une tâche et qu'elle doit être faite. Ajoutons les milliers de pages de convention collective des pompiers, des policiers, des travailleurs municipaux, des enseignants et des autres travailleurs de l'État. Des millions de pages, toujours pour encadrer l'A-B-C du gros bon sens: il y a une tâche et elle doit être faite. Il y a, bien sûr, dérapage: « Même s'il n'y a plus de tâche, elle doit quand même être faite et il faut payer les personnes aux frais des petits salariés...»

Le système des conventions collectives des secteurs public et parapublic est un cancer qui ronge notre infrastructure économique et sociale. Nous n'avons surtout pas de solution miracle à avancer. Comme la médecine, qui n'a pas encore trouvé de remède contre le cancer, nous ne nous privons tout de même pas d'en parler et de rechercher des pistes de solution.

N'y a-t-il pas quelque part, parmi les centaines de milliers de diplômés en sciences sociales, quelqu'un qui aurait le goût de nous concocter un contrat type entre l'État et ses travailleurs, un contrat qui garantirait des avantages sociaux équivalents à la moyenne des travailleurs de la province tant et aussi longtemps que l'État en aurait besoin? Ce contrat tiendrait dans deux pages au maximum... Ce serait encore un Eldorado dans un contexte où une grande majorité de gagne-petit n'ont même pas une ligne...

Il y a un aspect qui m'inquiète face à ce cancer. Il n'y a que peu ou pas du tout de prise de conscience collective sur ce trou noir. Pire encore, il n'est pas requis d'être un prix Nobel pour s'adonner à la politique; par contre il n'y a pas non plus de politicien suicidaire au point de dénoncer ce système. En est-il un assez téméraire, au point de le menacer de mesures correctives... qui seraient pourtant salutaires pour nos finances collectives et notre mieux-être sociétal? À titre d'exemple, il n'y a plus aucun rapport de force possible entre l'État et la pression des syndicats; l'État ne fait pas le poids et doit toujours céder. L'État n'a plus de légitimité; les politiciens doivent faire des accolades aux chefs syndicaux avant les élections; n'est-ce pas humiliant pour les petits payeurs de taxes?

Et que dire des multiples potentats qui ont surgi sous le nez complice d'un État mollasson et à genoux. Dans notre Québec qui se veut si distinct, la construction est régie comme nulle part ailleurs dans le monde occidental. La naissance de ces potentats qui créent des strates de puissants apparatchicks a été justifiée par des violons de trois mètres de long auxquels personne ne croit: la protection des travailleurs. En effet, les travailleurs y sont si bien protégés qu'aucun ne peut vraiment donner libre cours à son réflexe normal de travailler et ils sont infantilisés au point de ne plus être capables de gérer leurs quatre pour cent de vacances. Pauvres travailleurs de la construction, il est déjà assez dur et peu fréquent de travailler, vous pourriez vous passer de vous faire contrôler par des gauchos qui n'ont pas vraiment la même idée que vous en tête. L'existence de la Commission de la construction, qui a un quasi-pouvoir législatif arraché aux élus à genoux, crée un irréconciliable contentieux avec tous nos voisins territoriaux. Pendant combien d'années encore pourrons-nous justifier l'existence de ce chancre, de cet irritant artificiel, inutile et superflu dans nos relations avec des partenaires que nous courtisons tant pour faire du commerce et des échanges? Et d'où pensez-vous que proviennent les imposantes sommes requises pour l'entretien somptuaire de cette strate artificielle d'apparatchicks? Les prix des édifices publics et des résidences sont tout simplement gonflés et la paye du travailleur suit une cure forcée de minceur. Êtes-vous absolument convaincus que les travailleurs sont protégés par leurs gauchos?

Il y a aussi les grandes sociétés de l'État du type Hydro-Québec. L'écrasante majorité des cadres de premier niveau et de niveau intermédiaire a renoncé à introduire une élémentaire rigueur dans la gestion des banalités du quotidien. Lequel ne s'est pas cassé, quelque part, les dents sur la suprématie absolue des conventions collectives interdisant de corriger, de sanctionner les indolents et les dissidents? Qui parmi ces cadres n'est pas allé se faire humilier devant un arbitre ou un commissaire du travail, du style « tour de Pise », pour des griefs aussi malicieux que farfelus mis au point par des gens affligés par des troubles récurrents de personnalité, de coude ou de tabagisme – des cigarettes qui sentent drôle? Les cadres de haut niveau ont aussi leur lot de problèmes; ils se font ridiculiser par des politiciens en rut qui sont terrorisés par une incontournable échéance électorale... « Croyez-vous qu'il soit possible que ce cher monsieur Caillé soit obligé de chambouler sa planification stratégique pour...! » On se désole ensuite que cette chère société d'État ne rapporte que des bricoles dans un domaine où la ressource – ouvrez bien grandes vos oreilles – ne coûte rien! Son passif est constitué de ± 40,6 G$ pour des actifs de ± 55 G$. Les syndicats se gargarisent avec toutes sortes de principes,

Pierre Lajoie, Jean Chrétien et Léonce Mercier.

dont la liberté syndicale. La liberté syndicale implique aussi la liberté de ne pas appartenir. On foule aux pieds cette liberté au nom de je ne sais quel principe supérieur... S'il restait un peu de courage aux politiciens, idéalement en fin de mandat, pour abolir la formule Rand au nom de la vraie liberté syndicale et pour rétablir la capacité de l'État à gérer... La discussion risque d'être stérile avec des personnes qui ne sont pas capables de faire la distinction entre « liberté syndicale » et « antisyndicalisme ».

Les politiciens n'ont qu'à s'en prendre à leur propension à n'exaucer que les vœux des groupes de pression. Toujours jouer au père Noël implique qu'une facture arrivera tôt ou tard. Heureusement pour les politiciens, c'est le petit peuple qui se tape les factures, ceux qui ne sont pas blindés derrière une sécurité d'emploi éternelle ou un régime de pension pour une vie et demie. Un politicien s'attriste, bien sûr, pendant quelques instants – ce ne sont pas que de méchants insensibles – mais il vaque bientôt à autre chose.

De toute façon, il est probable que nous n'en avons pas encore ras-le-bol; la situation ne nous a pas encore dérangés à un point tel que nous songions à nous en occuper: l'État cédera aux prochaines négociations du secteur public. J'entends déjà la réplique des chefs syndicaux à l'évocation de la possibilité de vivre dans un réel contexte de liberté syndicale: « Pure démagogie, Lajoie; souviens-toi qu'à l'époque de Laberge, on avait quelques casseurs de gueules comme la tienne. On a conservé le même personnel. Non, il n'y a aucun problème dans l'univers des relations de travail au Québec; les forces en présence sont en équilibre et nous avons la paix sociale.

— Ça va, n'en parlons plus. Mais nous avons besoin d'infirmières, d'armées d'infirmières et d'urgentologues – à rabais et sur appel peut-être? – et de lits.

« — Il ne faut pas accuser l'enchevêtrement des conventions collectives, non, non. C'est la faute du gouvernement, oui, oui. »

Surtout continuons à « résonner » de la sorte. On va nous balancer des millions supplémentaires... pour un gain zéro de productivité sans une refonte du système : le brave petit peuple va payer. Allons voir au fédéral pour des ressources financières.

Pour paraphraser nos grands-parents, convenons « qu'il est inutile de déculotter Jacques pour habiller Jean ». Osons rêver : prenons une grande respiration et laissons-nous aller à imaginer ce que sera notre société lorsque nous aurons acquis l'intelligence sociétale pour nous donner un vrai système de sécurité du revenu et qu'il nous sera possible de faire brûler toutes les conventions collectives. Toutes les personnes valides travailleront toujours quelque part ; les besoins collectifs sont tellement accaparants qu'il n'y aura probablement jamais assez de mains pour les combler tous. Il nous faudrait plus d'immigrants tellement les besoins sont énormes. Pour l'instant nous sommes trop engourdis socialement.

Nous sommes à l'époque des maîtres chanteurs et de l'État bonbon. Sans trop comprendre, force nous est de croire qu'il s'agit d'une étape de notre évolution... Entre vous et moi, pendant encore combien de décennies allons-nous continuer sur la même lancée?

À la page 93, nous montrons la tarte de la répartition des dépenses de l'État. Environ trois chefs syndicaux contrôlent environ 70 % de la masse salariale de l'État dans trois postes de répartition : éducation et culture (24 %), santé et services sociaux (35 %), gouverne et justice (7 %), sans mentionner les fonctionnaires dans les autres pointes de la tarte.

Un peu après les élections, observons la mine

pitoyable du premier ministre en poste. Les chefs syndicaux vont claquer des doigts, le gouvernement va s'agenouiller, baisser la tête et faire résonner la caisse. Il va bien sûr nous servir un peu d'effet médiatique larmoyant pour nous convaincre qu'il résiste, mais un claquement de doigts supplémentaire et il va se coucher par terre. Un autre claquement de doigts et le chef syndical ordonnera : « Roule-toi. » « Reviens à genoux et fais une belle. » « Trêve de plaisanteries, balance les beaux dollars! » Les arnaqueurs obtiendront bien plus que leurs plus fous espoirs dans un monde à l'abri des soubresauts de l'économie. La petite plèbe, quant à elle, continuera à besogner dans les conditions du marché...

La variole laisse des cicatrices assez affreuses sur un corps humain, mais des idéologies pernicieuses peuvent avoir un effet semblable sur le raisonnement intello-social d'un peuple. Il est en effet assez rare de nos jours d'entendre des intervenants mettre la société en garde contre

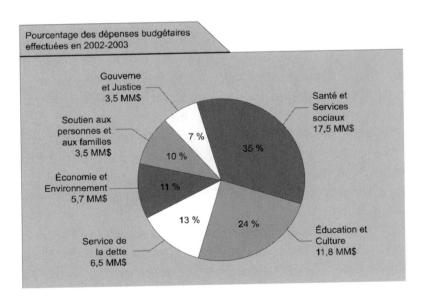

Pourcentage des dépenses budgétaires effectuées en 2002-2003

Gouverne et Justice 3,5 MM$

Soutien aux personnes et aux familles 3,5 MM$

Économie et Environnement 5,7 MM$

Service de la dette 6,5 MM$

7 %

10 %

11 %

13 %

35 %

24 %

Santé et Services sociaux 17,5 MM$

Éducation et Culture 11,8 MM$

des idéologies socialistes, dérivées du communisme et charriées dans le sillage des premières grandes luttes syndicales qui ont affranchi les travailleurs. Ces idéologies ont été édulcorées, mais leur potentiel de corrosion ne l'a pas été, lui. Tous égaux! C'est comme un jardinier qui surveillerait ses plantes et qui couperait les têtes de celles qui poussent plus vite, trop vite... Toutes les plantes doivent être égales et interdisons à un jardinier d'en faire pousser une plus que l'autre. Ces régimes socialistes imploseront tous, question de quelques années. Mais nos pseudo-intellectuels de petit gabarit sont incapables de faire la distinction entre la rémunération méritée par un travailleur d'usine à la routine de trente-cinq heures et qui jouit de toutes ses fins de semaine, à qui on ne demande que trois pour cent de concentration, et un médecin qui a étudié pendant vingt ans et à qui on demande, tout larmoyant, de sauver sa vieille mère par une chirurgie cardiaque un dimanche matin d'été. De plus, ces idéologies socialistes perturbent le jugement du néocon-sommateur. On veut le meilleur tournevis, les meilleurs pneus, les meilleurs vêtements, les meilleures autos, la meilleure nourriture, la plus belle résidence et on ne rechigne pas à y mettre le prix – aucun haut-le-cœur socialiste. Oui, nous voulons les meilleurs médecins et infirmières, mais au meilleur marché possible. Il ne faut pas qu'un médecin gagne plus que moi... car le prix de la livre de beurre est le même pour tous. Vous avez entièrement raison, tellement raison que vous déplorerez toujours le manque de médecins, de spécialistes tant que vous ne changerez pas d'idée. Il y a un prix pour avoir raison, payons-le...

J'affirme qu'un médecin doit gagner, à l'abri du sarcasme socialiste égalitariste, plus de 150 000 $ par année, et les plus productifs méritent encore plus. Les périodes où ils ne travaillent pas ne leur permettent même pas d'en jouir. Un premier ministre devrait gagner, sans impôt personnel, plus que le président de la Banque nationale, le chef de l'opposition un peu moins et ainsi de suite. Un député devrait gagner 300 000 $ par année, sans impôt personnel, sans caisse de retraite, sans possibilité de se faire élire pour plus de deux mandats. En argent américain, s'il vous plaît, comme les joueurs de hockey. Nous attirerions un autre type d'élus et ces derniers ne se sentiraient plus obligés, par la force des choses, de lécher les bottes des syndicats et des groupes de pression et de ménager *habilement* leur retour. Un équipement de ski peut coûter entre 200 $ et 2 000 $. Plusieurs optent pour le haut de gamme dans le choix de leurs équipements de ski, mais ils éprouvent comme un blocage socioégalitariste lorsque vient le temps de se payer des professionnels et des représentants. Enfin, nous avons ce que notre attitude nous autorise à nous payer...

Pas forts, nos politiciens, pas perspicaces non plus; aucun d'eux n'a flairé qu'il pourrait se faire plébisciter pour ses deux mandats, pendant lesquels il serait bien rémunéré, sur le simple programme électoral que voici :

Mes chers concitoyens, la récréation est finie, nous entrons dans la plus grande période d'austérité de l'histoire de notre province, cadeau des générations précédentes de politiciens.

• Nous nous engageons à éliminer la dette en deux mandats.

• Nous passerons une loi interdisant de faire des déficits d'opération, ou de faire les entourloupettes pour les cacher, ou de cacher les surplus.

• Près de 40 % de toutes les créatures de l'État n'existent plus à partir d'aujourd'hui afin de concentrer l'argent sur la santé.

- Tout surplus d'État va à la dette.

- Les politiciens appartenant à ce parti ne sont pas soumis à la ligne de parti; ils peuvent voter selon leur âme et conscience.

- La formule Rand sera abolie pour tous les syndicats de la province, même les plus craints de tous, les syndicats des policiers. – Sans doute qu'après un mois ou deux de grève générale, l'État, en tenant le siège dans le Bunker, se rendrait compte que la terrifiante puissance des syndicats ne valait rien de plus que celle de l'armée soviétique avant la chute du régime, soit trois fois rien. – Tout le monde sera sur le même pied. Il y aura la vraie et pure liberté syndicale qui est différente de l'attitude antisyndicale.

- Progressons dans la vraie social-démocratie. Constituons une commission d'actuaires et autres spécialistes des caisses de retraite pour étudier l'avenue suivante universelle et inconditionnelle pour les cotisants, mais ajoutons un volet individuel de cotisation qui permettrait à tous les travailleurs, même les travailleurs autonomes non couverts par un régime doré-blindé, de cotiser. Les petites entreprises qui aimeraient bien contribuer à une caisse de retraite pour leurs employés, mais qui n'ont ni les énergies ni les connaissances pour ce faire, pourraient contribuer à cette caisse. Le système de prélèvement existe déjà et chacun a un numéro d'assurance sociale. Chaque travailleur pourrait changer d'employeur et sa caisse de retraite suivrait. Plus d'histoire d'horreur du style *Singer*. Cette formule pourrait bénéficier aux jeunes qui sont exposés, le plus souvent, à la précarité. Pour les jeunes, à l'intérieur de ce véhicule, les 1 ou 2 ou 3 % d'épargne préconisés par « Desjardins » prendrait un certain sens... à l'automne de leur vie sur le marché du travail. Chaque année, les systèmes informatisés de l'État pourraient envoyer un bilan individuel à chaque cotisant.

Ce véhicule pourrait même fusionner plusieurs caisses... dont ceux des travailleurs de la construction.

• Il y aura décorum dans cette Assemblée nationale; c'est beau de rester jeunes, mais nous ne nous comporterons plus comme des enfants de prématernelle...

• Il y aura décentralisation musclée, autre que cosmétique, de l'État vers les régions. Des ministères au complet déménageront: les Pêcheries en Gaspésie, les Mines en Abitibi, les Forêts à Saint-Félicien...

• L'État introduira de la saine concurrence dans le monde du pétrole, il créera sa raffinerie. Cette raffinerie sera construite dans le parc industrialo-portuaire de Grande-Anse. On prolongera la voie ferrée. Les plus gros navires du monde peuvent y accoster, et aucun dragage perpétuel n'est requis. Cette raffinerie invitera les détaillants qui le souhaitent à vendre les produits de leur bannière. Ce sera une excellente diversion pour le petit peuple. Faire prendre l'odieux du coût des produits pétroliers aux grandes, méchantes, transnationales, gloutonnes sociétés pétrolières est une excellente stratégie. Pendant ce temps on oubliera la honteuse réalité qui suit: Sur chaque litre d'essence, il y a la taxe d'accise de 10¢/l + TPS, la taxe provinciale fixe de 15¢/l + TVQ, la taxe pour le transport routier de 1.1¢/l, pour un total d'environ 47% du prix de l'essence. Ah! les méchantes multinationales, ces suppôts de Satan, de l'Axe du Mal!

• Il y aura rétablissement de l'équité fiscale envers les régions ressources. – Bataille titanesque à l'horizon. Rappelez-vous qu'il y en a un qui a une idée fixe, faire payer ses égouts par la province...

• L'abcès de la santé aboutira sûrement un jour. Nous prévoyons ajouter des ressources dans la santé à mesure que les incohérences des conventions collectives s'atténueront.

- Nous créerons une commission parlementaire ayant comme mission de définir et de commencer à éliminer la lâcheté rose sous toutes ses formes.

- Nous valoriserons l'entreprenariat avec des moyens et plates-formes hors du commun, et surtout le travail...

- Nous appliquerons à la lettre les recommandations du Rapport Lemaire sur l'élimination des irritants pour les petites entreprises dans leurs relations avec l'État.

- Nous mettrons la bride aux sociétés d'État et leur ferons suivre la même cure. Hydro-Québec pourra probablement éliminer sa dette en vingt années et se construire un fonds pour financer l'ajout d'infrastructures. Nous aurons alors une formidable machine à argent à laisser à nos petits-enfants. Pour nos enfants, il est trop tard : nous leur léguons une convention collective...[2]

- Quant à l'opposition, elle pourra saisir l'occasion qui ne se présentera plus avant un siècle. L'opposition pourra accomplir l'infaisable. L'opposition pourra faire quelque chose qui ne s'est pas encore vu dans le monde des pseudo-démocraties. Elle peut faire quelque chose de totalement hors de l'ordinaire. Elle peut déjouer tous les stratèges, tous ceux qui font l'horoscope de l'Assemblée nationale. Elle peut faire se fissurer le plâtre au-dessus de l'Assemblée et commencer à tomber en poussière sur les députés qui évacueront en panique. Attendu qu'il sera là pour deux mandats consécutifs, le chef de l'opposition pourra, après s'être éclairci la voix, avoir touché sa cravate, regardé à droite et à gauche et pris une bonne pose cachant sa calvitie naissante aux photographes, lâcher l'inlâchable : « Nous allons collaborer. » Brouhaha, rumeurs,

---

2. Avions-nous vraiment besoin de ressusciter le dispendieux canard de la SEBJ? Je sais, je sais, nous avons les moyens, mais une seule société virtuellement hors contrôle aurait pu suffire. Pourquoi deux?

bousculade, apportez une civière pour l'arbitre... elle s'est évanouie.

Après un ou deux mandats, l'État regagnerait sa légitimité, le respect et ses moyens d'action.

Paul Gérin-Lajoie et Pierre Lajoie.

Chapitre 5
La descente

J'ai laissé la politique active en 1975. La vie et la vie professionnelle ont été, depuis cette scission avec la vie politique, une succession d'événements intéressants, même enivrants.

La journée d'hiver est froide, franche, ensoleillée et belle; il est 9 heures 25 et nous sommes le 13 février 1991. Notre édifice bourdonne de l'activité de nos nombreux collaborateurs. Les relations de travail sont au beau fixe et nos personnes ont confiance dans un avenir prometteur. Elles ont la fierté silencieuse, enveloppante et toujours diffuse d'avoir contribué, par leur labeur, à jeter les bases de cet avenir. Plusieurs de nos collaborateurs sont de jeunes parents au début de leur vie de famille. Ces personnes se sentent comme les abeilles d'une ruche prospère...

Devant l'édifice de LMB, sur le boulevard Harvey à Jonquière, des autos patrouilles de la Sûreté du Québec, des unités mobiles de la télévision... Des curieux s'arrêtent. Plusieurs employés observent la scène par les baies vitrées. Un accident? Une fuite de gaz? Que de brouhaha pour une ville, somme toute, assez tranquille. Les interventions policières du style grande pompe sont plutôt inusitées.

L'intrigue s'est vite dénouée. Le suspens a fait place à l'étonnement et ensuite à la plus totale consternation. Une quinzaine de policiers, suivis d'une dizaine de journalistes, font irruption en trombe dans nos locaux. Les enquêteurs Régis Boily et Guy Roy pénètrent dans mon bureau, me présentent un papier officiel et m'annoncent qu'il s'agit d'une perquisition. Ils allèguent qu'ils ont toutes les raisons de croire qu'il y a eu fraude et ils viennent pour recueillir des éléments de preuve. Nageant dans l'ahurissement le plus complet, je les assure tout de même de ma colla-boration; ma totale stupéfaction découle de ma certitude la plus absolue de n'avoir rien à me reprocher. Déjà, certains policiers sont à la comptabilité et ils essaient de tirer les vers du nez de nos employés.

Ils emplissent des caisses de documents, fouillent dans les ordinateurs et prennent des notes sur tout ce qu'ils n'apportent pas. Je pense avec le recul du temps qu'il a dû se passer quelques minutes avant que je me ressaisisse et que je téléphone au bureau d'avocats Simard, Gauthier, Bédard qui s'occupe habituellement de nos intérêts. Je n'arrive pas à joindre Me Serge Simard, mais on m'envoie six avocats. Après l'examen des documents autorisant la perquisition, nos avocats nous confirment qu'ils sont valides pour les bureaux de LMB, pour ma résidence à Jonquière, pour mon chalet du lac Kénogami et pour le chalet que partagent mes filles, Ann et Marie-Hélène, à proximité du nôtre. Quatre avoués se rendront donc chez LMB; les deux autres à ma résidence et au lac Kénogami. Un des policiers me demande de réunir les employés dans la salle à dessin et de les envoyer tous chez eux pour la journée, sauf ceux de la comptabilité qui peuvent aider à la perquisition. Je m'exécute.

Un policier veut examiner mes agendas personnels. Il est assis dans ma chaise de président. Les avocats lui expliquent qu'il n'a pas le droit de faire ça. Il n'insiste pas. Je réunis mes collaborateurs immédiats et nous rédigeons un communiqué que la presse qualifiera de laconique. Et il l'était, en effet: nous ne comprenions pas ce qui se passait. Mais, pour satisfaire la curiosité insatiable des médias, nous devions déclarer quelque chose. Nous avons donc simplement indiqué que nous allions collaborer avec la police.

Simultanément, il y a aussi perquisition à ma résidence.

Les policiers fouillent partout, retournent les tiroirs, examinent les bijoux; bref, ils mettent tout sens dessus dessous. Marcelle sent qu'on viole son intimité: en colère, elle proteste énergiquement. Un enquêteur lance à l'avocat: « Dites-lui de se taire ou bien on l'embarque pour entrave au travail des policiers. »

Au bureau, c'est un peu le même manège. On ramasse, on photographie, on enregistre sur vidéo... Le désordre est indescriptible; ils se comportent comme des goujats qui ont sans doute trop vu de films.

De la porte de mon bureau, je regarde la scène, stupéfait. Il y a à peine quelques minutes, mes collaborateurs et moi étions encore des citoyens respectés, reconnus pour leur engagement dans le milieu social et économique; nous brassions des affaires au niveau international, créions des emplois, notre entreprise était une des réussites du Québec inc. Nous ne sommes plus rien. En pratique, nous n'avons plus de droits. Imaginez deux secondes une descente dans un repaire de brigands ou de trafiquants. Il n'y avait, par contre, pas de chiens pisteurs...

Je connais plusieurs policiers depuis mes années comme président de la Traversée du lac Saint-Jean et depuis ma participation à l'organisation du Tournoi Pee-Wee de Jonquière. Devant mon air dépité, l'un d'eux me dit: « Faites-vous-en pas, monsieur Lajoie, quand on perquisitionne pour trouver de la drogue, c'est pire: on défait les cloisons! » Ça ne me rassure pas du tout.

Vers seize heures trente, après le départ des bras de la Justice, nos avocats, mes collaborateurs et moi nous réunissons dans la salle de conférence. Me Pierre Mazurette se tourne alors vers moi et me dit: « Pierre, ça te prend un bon avocat. Et un criminaliste! » Je suis estomaqué. Si j'ai besoin d'un criminaliste, c'est que je suis devenu un criminel! Me Mazurette commentera: « Maintenant, la

Reine doit nettoyer sa cour...» J'allais comprendre beaucoup plus tard.

Nous jouons du téléphone. Les plus grands noms de la province y passent sans que nous réussissions à parler à quelqu'un : Serge Ménard, Armand Shepphard, Jean-Claude Hébert et Joseph Nuss... Finalement, à 17 h 45, j'ai Me Bruno Pateras au bout du fil.

Mon épouse Marcelle arrive. Les autres se retirent. Nous nous servons un café. Nous nous regardons et nous sommes atterrés. Un profond désarroi nous serre la gorge, mais nous ne comprenons pas encore l'ampleur de ce qui vient de nous tomber sur la tête. Le monde se rétrécit autour de nous. Heureusement, nous nous aimons énormément; et nous avons nos deux filles, Ann et Marie-Hélène. Tout ce qu'il y avait de merveilleux a été sali, profané, souillé. Hors de notre cercle restreint, nous ne savons plus à qui faire confiance.

Ce soir-là, je refuserai d'aller coucher à notre résidence de Jonquière. Je n'y remettrai plus jamais les pieds. Nous nous installerons à demeure au lac Kénogami, même si le chalet est encore en réparation. Le lendemain, je rentre au bureau. Nous faisons la première page des journaux. On ne parle que de l'*Affaire LMB* dans les médias électroniques. Avec les employés, les fournisseurs, les clients, les institutions financières, le lien de confiance n'est plus ce qu'il était. « Est-il vraiment un fraudeur? » doivent-ils se demander. « Et dire que nous faisions affaire avec lui; nous lui faisions pleinement confiance... »

Après la démonstration de la veille, peut-on leur en vouloir de s'interroger? De la formidable histoire de succès, hier, LMB est devenue aujourd'hui un spectre vacillant, un cauchemar. Notre entreprise avait été construite sur le savoir-faire de nos employés et sur la confiance des clients et de la société en général. Sapez cette confiance, l'entreprise cesse d'exister. Bientôt la mort apposerait son sceau sur elle.

Même avec les crimes allégués dans les documents de perquisition, je n'arrive pas vraiment à faire un lien avec les événements qui ont donné naissance à toute cette histoire.

Pour la première fois de ma vie, je doute de moi. Et j'essaie de comprendre. Un retour en arrière est ici nécessaire.

Claude Vaillancourt, Pierre Lajoie,
René Lévesque et Marc-André Bédard.

Chapitre 6
Au cœur de Québec inc.

En 1974 donc, je suis de retour au Saguenay chez Lemieux, Morin, Bourdages, Doucet, Simard & Associés. J'agis cette fois à titre de vice-président au développement des occasions d'affaires. Les défis ne manquent pas. Je veux renouveler la philosophie, ou plutôt combler l'absence de philosophie qui caractérise la plupart des firmes d'ingénierie québécoises. À l'époque, comme je l'ai déjà mentionné, les ingénieurs étaient casaniers, peu ambitieux. Des écoles, des bouts de route, des églises, et des sous-traitances de grandes firmes anglophones : là se limitaient leurs ambitions. Tels des porteurs d'eau cravatés, il fallait les secouer, leur redonner confiance dans leur capacité de concevoir et de réaliser de plus grands projets.

Je venais de passer par la vraie université, je venais de vivre à proximité du pouvoir et j'y avais entrevu une foule d'avenues de développement d'affaires. J'avais pu constater par moi-même combien les nôtres avaient des objectifs sans envergure et à quel point les firmes anglo-saxonnes avaient le quasi-monopole des gros projets, des activités d'ingénierie dans les industries minière et papetière. Du bureau du PM, j'avais pu observer le Québec inc. en émergence et en saisir les rouages à travers la structuration du projet du siècle : celui des barrages de la Baie-James.

Hydro-Québec voulait conserver la mainmise sur l'ensemble du développement hydroélectrique, y compris sur ce projet de quinze milliards. La bouchée n'était grosse que parce que nous n'avions pas confiance en nos moyens. Mais le gouvernement provincial craignait Hydro-Québec qui était en phase de devenir un véritable État dans l'État. La Loi 50, promue par le ministre Guy Saint-

Pierre, allait donc morceler les juridictions en créant la Société d'Énergie de la Baie-James (SEBJ) et la Société de Développement de la Baie-James (SDBJ).

La SEBJ allait devenir la coordonnatrice du projet hydro-électrique et la SDBJ allait s'occuper de tout ce qui était en périphérie : recherches archéologiques, études géologiques, environnementales... Imaginez, cette SDBJ était censée voir au développement des régions visées par les travaux...

En dégageant, en cultivant cette image de non-confiance en nos possibilités, il était difficile d'inspirer confiance au principal bâilleur de fonds, un syndicat de banquiers américains. Jusqu'à un certain point, les Américains imposaient leurs conditions, ce qui expliquait la présence de la firme d'ingénierie BECHTEL comme maître d'œuvre du chantier. La firme Lavalin agirait comme sous-traitant. Après tout, peut-être que la tutelle américaine était utile. En effet, l'argent facile de la Baie-James a permis à Lavalin de se construire un édifice de prestige sur le boulevard René-Lévesque. Mais, laissée à elle-même après la manne de la Baie-James, dans les conditions normales du marché, elle a fait faillite.

Nous avions l'habitude du génie américain. Lors de la construction du barrage de l'Isle-Maligne, vers 1921, la Québec Development Incorporated, venue directement de Nouvelle-Angleterre avec ses grues et ses pelles à la vapeur, avait pris en charge ces infrastructures et la situation n'a évolué que fort lentement après ces travaux.

Pour la firme d'ingénierie que je représentais, il était trop tard pour la Baie-James, car nous serions restés d'éternels sous-traitants. Mais je savais que les profits importants étaient du côté de ces grands travaux publics et privés – je n'avais aucune difficulté à m'en convaincre –, et du côté international. La crise du pétrole nous a montré où se trouvaient les capitaux : au Moyen-Orient.

De plus, l'ACDI, la Banque mondiale et d'autres organismes internationaux détenaient des programmes d'aide à l'intérieur desquels nous pouvions offrir notre expertise. Il suffisait de nous déplacer, d'être là, sur place. J'aimais et j'aime toujours tenter l'impossible.

Dès mon retour à Jonquière, je décidai de pousser une pointe exploratoire du côté du Moyen-Orient. Pendant mes années comme secrétaire exécutif de Bourassa, je m'étais fait un contact à Beyrouth, un ministre du gouvernement libanais, Marouf Dawalhibi. Il était encore en poste, comme ministre de l'Énergie, justement! Je lui téléphonai.

La guerre en était à ses débuts. Il m'invita et je sautai dans l'avion. Selon les médias, Beyrouth était bloquée. De Paris, je téléphone à mon ami et lui fais part de mes appréhensions. Il me dit de ne pas m'en faire; on allait s'occuper de moi à mon arrivée. À l'aéroport, une voiture officielle et des gardes armés m'attendaient.

Malgré le conflit, la capitale du Liban demeurait la perle du Moyen-Orient. Mélange de richesses, de raffinements, de luxe et de beauté... C'est ce climat que Dieu aurait dû répandre sur toute la terre. J'y passai vingt-deux jours merveilleux et instructifs. Je ne connaissais pas la culture de ce coin de la planète, mais je connaissais suffisamment les règles qui régissent les négociations et les jeux d'influence. J'allais apprendre très rapidement.

Du pays des grand cèdres, j'allais me rendre en Iraq, au Koweit et en Arabie Saoudite. Dans ce dernier pays, on retrouve un islamisme de stricte observance : à la frontière on allait vérifier si je n'entrais pas d'alcools et d'exemplaires de *Playboy*!

J'allais rencontrer un ministre du roi Faysäl. À l'entrée du Palais royal, on me demande de laisser mon passeport à un poste de la Sécurité. Les gardes m'apparaissent nerveux, tendus et volubiles... Mais je ne comprends pas un traître mot d'arabe. Jean Roquet et le ministre libanais m'accompagnent. Ce dernier comprend la langue. Ils me poussent dans le dos et j'entre.

À ma sortie, les gardes ne sont plus nerveux, ils sont déchaînés! Cliquetis d'armes. On braque carrément les canons des mitraillettes dans notre direction. Je récupère mon passeport et Marouf Dawalhibi nous entraîne rapidement vers le taxi auquel nous avions formellement recommandé de ne pas bouger, de nous attendre. Le lendemain, nous nous promenons dans Ryad et nous visitons des travaux d'ingénierie, lorsque, devant une échoppe, Marouf nous traduit les gros titres des journaux arabophones : le roi Faysäl a été assassiné la veille, au moment où nous étions, tous les trois, en compagnie de son ministre à l'intérieur du Palais. L'attitude presque hystérique des gardes s'explique. Un glaçon descend le long de ma colonne vertébrale... Plus tard, j'allais lire l'ouvrage d'un politicologue arabe, Ibin Séoud, qui explique que c'est en quelque sorte la façon de remplacer un gouvernement par un autre dans ce coin du monde. En fait de coutumes, je préfère les nôtres : c'est-à-dire les élections!

Je revins de ce premier périple sans contrat précis, mais avec une foule de projets de développement et une série de contacts, dont des politiciens étrangers, des hommes d'affaires du Moyen-Orient et des gestionnaires d'organismes internationaux d'aide comme la Banque mondiale, entre autres.

Les années 1976 à 1980 seront des années de turbulence, de croissance et de changements profonds en ce qui a trait aux orientations de notre firme. J'étais le principal catalyseur de ces transformations, celui par qui le changement arrive. Ces modifications se présentaient en rafales, elles étaient rapides, dérangeantes, insécurisantes.

Les employés savouraient certes la croissance. Par contre, la nature humaine, parallèlement à ses côtés grandioses, cache certaines facettes plus tordues. C'est là que j'ai semé les graines d'un conflit qui éclaterait plusieurs années plus tard. Mes associés appréciaient bien sûr la croissance que j'orchestrais, mais ils auraient préféré qu'elle soit amorcée par un des leurs, soit un ingénieur; ce que je n'étais pas. Je ne faisais pas partie de la caste et, en conséquence, je n'aurais pas dû... usurper leurs prérogatives.

Déjà, en 1976, lors de la prise du pouvoir par le Parti québécois, on avait prévu notre fin : pensez donc, le vice-président au développement avait été secrétaire exécutif de Robert Bourassa et président du Parti libéral du Québec. On nous prédisait des années de vaches maigres. Ces mauvais augures allaient s'avérer non fondés. J'étais, en quelque sorte, un chef d'orchestre; peu importent l'auditoire et les musiciens, je prenais plaisir à faire exécuter des symphonies. J'ai gardé ce goût.

C'est pendant ces années que notre organisation allait connaître les débuts de cette croissance phénoménale qui allait en faire une des principales firmes d'ingénierie du Québec et du Canada.

En 1980, j'allais en devenir le président-directeur général. On allait me surveiller. Pensez donc : je n'étais même pas ingénieur et je me retrouvais le boss! Certains ne pourront l'accepter. Trois des membres fondateurs quitteront. Cette situation semble anodine, mais elle contient tous les ingrédients d'un conflit qui allait m'abattre... sans me tuer, quelques années plus tard. Il y a un prix à payer pour bousculer certaines valeurs du groupe où vous évoluez. On dit que les révolutions avalent ceux qui les ont engendrées...

Un peu d'histoire est requis pour mettre une toile de fond sur le conflit que j'allais amorcer bien involontairement. Pendant les deux cents ans de notre quarantaine du monde des affaires, après la Conquête de 1760, il n'était permis que peu de choses aux Canadiens français. Vous pouviez devenir ecclésiastique, médecin, notaire, avocat, enseignant et peut-être ingénieur. La liste des professions était courte. Les autres exerçaient des métiers avec un « m » minuscule. Les professionnels de l'époque avaient une bonne estime d'eux-mêmes. Très tôt, ces professions se sont fait voter des lois les mettant à l'abri de toute forme de compétition, toujours, bien sûr, pour le bien supérieur de la Nation... Le corporatisme était né au Québec. Oui pour l'exclusivité des actes, incluant la rémunération, mais non pour en assumer toutes les conséquences. Les conséquences doivent être assumées par le petit peuple. Cet esprit chauvin a tout juste commencé à se lézarder dans les années 1965; mais, je vous prie de me croire, il en persiste des relents. Heureusement que ces professionnels étaient tout de même polis et se gardaient de claironner trop fort leur supériorité face aux autres métiers! Mais les structures étaient telles que, sans avoir « ing. » après votre signature, vous n'étiez rien et soyez assuré qu'il n'y avait pas de promotion pour vous. Point de salut hors de la caste. Les universités ont commencé à déverser des diplômés de tous les types sur le marché. Mais pour un ingénieur âgé d'environ cinquante ans en 1970, tous ces nouveaux diplômés « non ing. » n'étaient que des diplômés de pseudo-science édulcorée, entrée sur le tard par la porte de derrière des universités; rien de comparable à un diplôme d'ingénieur. Pour faire une histoire courte, personne ne peut prendre des décisions d'ingénierie s'il n'est pas « ing. », mais un « ing. » peut occuper « de droit, de par son code génétique » n'importe quelle fonction, dont des postes d'administration. C'est d'ailleurs la situation qui prévaut en ce début de troisième millénaire chez Hydro-Québec, cette brave société d'État.

Oui! J'ai dû en humilier plus d'un en devenant le président-directeur général. Les problèmes structurels étaient criants. En 1974 nous avions 60 employés dont 12 ingénieurs; en 1980, le nombre d'employés était passé à 150, dont 25 à 30 ingénieurs.

Nous avions maintenant des projets nationaux ou internationaux clés en main qui comportaient plusieurs volets : informatique, gestion de projets et de ressources humaines, formation de personnel, sans négliger de mentionner les secteurs traditionnels d'activité d'ingénierie du bâtiment ou d'autre nature.

La société en nom collectif ne suffisait plus à nos besoins de capitalisation, et la nécessité de se départementaliser par spécialités d'intervention allait s'imposer à nous. C'est à ce moment que nous sommes devenus LMB, avec beaucoup d'efforts et de grincements de dents.

Mais cette métamorphose a été plus que salutaire : les années 1980 furent mirobolantes. Des collaborateurs d'envergure comme Jean-Pierre Hogue se joignirent à nous. En 1975, notre chiffre d'affaires était de 8 millions de dollars; en 1990, il comptait 25 millions d'honoraires. Nos ressources humaines montèrent jusqu'à 300 employés. Au niveau international, nous étions devenus un joueur avec qui il fallait compter. On nous avait surnommés le Lavalin du Nord. Nous possédions un avion pour déplacer nos employés entre Montréal et Bagotville. Nous avions participé et réalisé de très gros projets comme celui du GAZODUC – 100 millions – et de l'usine d'anodes d'ABI à Bécancourt – 50 millions.

En plus modeste, je jouais le rôle que joue Charles Sirois aujourd'hui : le jeune entrepreneur québécois, parti de rien, qui ose tout et à qui tout réussit. Microcell n'est sans doute qu'un incident de parcours. Regardez-le bien aller sur le trampoline...

Il va de soi que l'on ne connaît pas un tel succès sans se faire beaucoup d'ennemis, à l'interne comme à l'externe. Ayant toujours été d'un caractère plutôt affable, détestant les conflits, je me préoccupais peu de cette réalité moins glorieuse de la nature humaine; elle allait inexorablement imposer son tribut.

Un ver s'était glissé dans le fruit!

Pendant que le ver fore ses tunnels, permettez-moi de vous entretenir d'un des objets les plus importants de mon engagement social. Mon expérience, principalement en affaires, dans les couloirs et sur l'avant-scène du pouvoir politique, m'a permis d'identifier, de toucher, de vérifier toutes les avenues d'action susceptibles d'induire le développement régional. J'ai aussi vu, vérifié et constaté les refus d'action, l'incompréhension, l'indifférence, les discours ciblés des vendeurs professionnels de nuages, et surtout la dilapidation de fonds publics dans des aventures puériles de groupes d'action pour inciter le développement régional. Les enveloppes budgétaires glissées aux institutions d'enseignement ont créé beaucoup de travail pour des chercheurs, qui, principalement, se cherchent et baratinent des discours stupéfiants... Les sommes attribuées aux organismes de développement régional sont tout simplement astronomiques.

Le bon politicien jovial nous rétorquera : « Ces fonds n'ont pas été gaspillés, nous avons recyclé l'argent des payeurs de taxes et, ce faisant, nous avons créé quelques emplois – éphémères. » Que voulez-vous de plus?

Chapitre 7
La fraude

En mars 1991, ma secrétaire a quitté son emploi. J'ai donc dû engager quelqu'un d'autre. Cette nouvelle employée remplissait les mêmes tâches que la première, mais elle possédait des connaissances sur les systèmes comptables informatisés. Au début de juillet, elle entre dans mon bureau et me montre des chèques de ristourne à l'ordre de Julien Duchesne en provenance d'une agence de voyages. Elle me demande si c'est normal. Sans hésitation, je lui explique que c'est loin d'être normal et je lui demande de pousser plus loin son investigation pendant mes vacances qui couvraient approximativement les deux dernières semaines de juillet. Quelques jours plus tard, elle me téléphonera, s'excusera de me déranger pendant mes vacances et me déclarera : « C'est beaucoup plus gros que je ne le pensais. »

Elle semblait un peu dépassée par ses trouvailles. Je lui ordonne de faire venir le vérificateur de Samson Bélair pour l'assister dans ses recherches et je lui demande de rédiger à mon intention un rapport sur toute l'affaire. Ici, il me faut éclairer les lecteurs sur Julien Duchesne, le personnage.

Je siégeais au Conseil d'administration de la Caisse d'entraide économique de Jonquière. Julien Duchesne y travaillait. Je l'ai surtout connu à cette époque par les rapports financiers qu'il préparait mensuellement pour les administrateurs. Son travail m'impressionnait. Il affirmait détenir un baccalauréat en gestion et en informatique de l'Université du Québec à Chicoutimi.

En 1980, notre comptable nous avait quittés. Je suggère donc à nos vérificateurs externes de le rencontrer et de le sonder. Il leur fait bonne impression. Je le présente aux membres de notre Conseil d'administration et nous l'engageons comme chef de la comptabilité.

Julien Duchesne avait du potentiel et, au contact de notre organisation, il s'était encore amélioré. Il avait bonne apparence, était bien mis, courtois et affable; de plus, il était très méticuleux et il savait faire parler les chiffres; il n'utilisait d'ailleurs jamais d'autres arguments. En ces temps de croissance rapide, d'ajout de personnel, d'ouverture d'un bureau à Montréal et en Abitibi, il se fit rapidement une réputation de sage, de visionnaire...

Sa personnalité comportait également des traits plus sombres : il avait un train de vie sans commune mesure avec ses revenus de salarié; il s'embarquait dans des aventures commerciales qui ne tournaient pas toujours très bien, surtout pour ses associés. Il avait une vision toute personnelle de la vérité. Entre autres, j'apprendrai au procès qu'il n'a jamais détenu de baccalauréat en administration ni en informatique.

Il était assoiffé de prestige, de pouvoir et d'image. Par un réseau de faveurs et d'intrigues, il avait réussi à transformer le service de la comptabilité en un État dans l'État, en une organisation dans l'organisation. Certains de ses collaborateurs l'ont assisté dans ses activités frauduleuses. Il les récompensait grassement par des augmentations de salaire, des vacances supplémentaires, des primes, des vêtements, de l'ameublement... Il avait monté un véritable réseau de complicités. Les complices ont d'ailleurs signé des déclarations à cet effet et ont remboursé LMB dans les mois qui ont suivi l'affaire Duchesne.

On va me reprocher d'avoir toléré tout ça? La réponse est simple : le pdg d'une PME en croissance, exponentielle dans notre cas, doit abattre un tel lot de travail et assumer un si grand nombre de responsabilités qu'il ne s'occupe que des dossiers les plus criants; pour le reste, il délègue et fait confiance. Si je peux me permettre un conseil aux entrepreneurs, après avoir vécu cet enfer, c'est bien celui-ci : messieurs, mesdames, vérifiez votre comptabilité! Oui, arrêtez de lire maintenant : faites l'inventaire des scribes qui jouent dans vos chiffres, vos tripes. Y a-t-il un Judas parmi eux? En êtes-vous sûr? La confiance ne vous dispense pas d'un contrôle régulier. L'avez-vous fait dernièrement?

Une telle arnaque a sans doute débuté modestement par quelques centaines de dollars et elle s'est constamment amplifiée, toujours en échappant à l'œil professionnel des vérificateurs externes de l'entreprise. Admettons que, dans le domaine de la fraude, il y a les exécutants, les spécialistes et les artistes; Julien Duchesne était un artiste.

Le moins que je puisse dire, c'est que je me sentais en confiance après chacun des rapports de vérification... En ce mois de juillet 1990, des rumeurs s'étaient certes rendues jusqu'à mon bureau, mais de là à croire en une fraude si bien montée...! On sait le nombre de rumeurs qui circulent constamment dans les organisations.

Je téléphone tout de même à notre avocat, Me Serge Simard, pour le mettre au courant et lui signifier que nous aurions peut-être besoin de lui. Le lundi suivant, je reviens hâtivement de vacances. Je rencontre la secrétaire qui avait sonné l'alarme, en premier, le vérificateur en chef attaché au bureau de Montréal de Samson Bélair, Réjean Blanchette, en compagnie de Guy Simard, président du Conseil d'administration de LMB.

Le vérificateur Blanchette déclare : « Monsieur le Président, vous faites face à une fraude importante et structurée. » Je lui rétorque : « Continuez votre travail. Julien revient le 5 août. Je vais vous convoquer, ainsi que le président du Conseil. En attendant, préparez un rapport écrit. »

Le 5 août au matin, nous retrouvons dans la salle de conférence Réjean Blanchette, le vérificateur-comptable, notre avocat, Me Serge Simard, Guy Simard, président du Conseil, et un de mes collaborateurs, un ami fidèle et loyal. Après plusieurs minutes de discussion, Blanchette se retire et je convoque Julien Duchesne. Nous lui montrons le rapport de vérification. Il se met à sangloter. Il nous parle de ses difficultés personnelles... Puis il avoue tout. Une fraude de 675 000 $! Nous lui demandons s'il souhaite un avocat. Il nous répond : « Je n'ai pas besoin d'avocat! »

Nous lui demandons alors s'il serait prêt à signer un papier où il reconnaîtrait sa fraude et où il consentirait à la cession de ses biens à LMB en guise de compensation. Il accepte. Nous lui demandons de quérir son épouse; sa signature était nécessaire compte tenu de son régime matrimonial. Après plusieurs appels téléphoniques, il finit par apprendre qu'elle est au golf. Il ira lui-même la chercher. Lorsque le couple entre, je dis :

« Bonjour, Colombe.

— Fais ton job », rétorque-t-elle.

À la fin de l'après-midi, les époux signeront un document par lequel ils cèdent leurs deux maisons et leur avoir bancaire à LMB, le tout étant évalué en gros à 300 000 $.

Une fraude de 675 000 $ et une récupération d'environ 300 000 $. La pointe de l'iceberg, peut-être? Probablement parce qu'il faut se mettre dans la peau du virtuose qui a conçu et mis en branle tout ce scénario. La première difficulté à contourner dans ce genre d'activité est constituée des traces écrites de transactions, factures, chèques, dépôts de banque. On dit que le renard est rusé, mais le fraudeur l'est aussi. Tout d'abord, on ne peut pas éliminer certaines traces écrites; il faut donc les maquiller.

Ce travail de maquillage a été exécuté de main de maître par Julien Duchesne; une fois que les vérificateurs se sont mis à investiguer, écriture par écriture, ils ont constaté à quel point le camouflage fonctionnait bien.

Après coup, les vérificateurs ont réalisé, ou plutôt déduit que Julien Duchesne pratiquait son art de la fraude sur deux fronts. Le premier front était constitué de toutes les traces comptables qui ne pouvaient pas vraiment être éliminées; il fallait les maquiller. Le deuxième front sur lequel Julien Duchesne mettait en pratique ses habiletés était plus nébuleux, plus ténébreux. En quelques mots, il occultait ce qui pouvait l'être : il fallait agir de façon à faire circuler des dollars, des commissions, des services et des biens dans le cours normal des affaires de l'entreprise sans laisser de trace écrite et ce, pour le bénéfice de celui qui contrôlait la fraude. Il est toujours étonnant de constater combien il est facile d'obtenir le concours de gens foncièrement honnêtes dans ces mini-fraudes; j'imagine que ce sont ceux qui sont toujours disposés à payer comptant pour éluder les taxes de ventes... ou éviter de payer leur juste part d'impôt. On ne peut pas être plus catholique que le pape, n'est-ce pas?

Après la débâcle, le nombre de confidences qui nous sont parvenues nous a sidérés. Si toutes ces confidences nous avaient été faites avant, le pot aux roses n'aurait pas pu prendre une telle envergure. Toujours est-il que, selon ces confidences, Julien Duchesne excellait dans ce genre de transactions, et les complices, les gens honnêtes de tous les jours, étaient plus qu'heureux de collaborer dans les petites magouilles. Petites? Peut-être pas...

Plus de 675 000 $ de fraude aux traces maquillées... À combien se sont chiffrées les transactions occultes? Il faut toujours garder à l'esprit que le fraudeur ne tolère la consignation par écrit de la transaction qu'en dernier ressort, lorsqu'il n'a pas le choix. Plusieurs collaborateurs anonymes pourraient sans doute nous en raconter de juteuses...

Le dénouement de cette affaire-surprise a laissé un goût amer dans la bouche de plusieurs personnes au bureau. Le climat avait changé, je ne saurais dire en quoi spécifiquement, mais ce n'était plus comme avant. Introduisons-nous dans la peau de ceux qui s'étaient laissé entraîner dans cette arnaque et qui avaient signé des confessions avec engagement de rembourser l'entreprise. Qu'en pensaient les autres?

Non, le climat au bureau s'était modifié; les gens étaient moins hilares, plus réservés, plus silencieux. On n'entendait plus fuser des éclats de rire comme il en jaillit dans l'atmosphère insouciante et heureuse de bureaux sans histoire.

Nous nous sommes efforcés de tourner la page, si l'expression veut bien signifier quelque chose. Mais il flottait dans l'air un je-ne-sais-quoi, un message aussi éloquent qu'insaisissable qui me disait que les choses ne seraient plus jamais comme avant. La confiance de la clientèle n'avait pas vraiment été atteinte... les choses allaient par contre changer très bientôt.

Je me suis, bien sûr, adonné à des séances d'introspection. En quoi pouvais-je bien être responsable de la situation? Ai-je été négligent? Si oui, en quoi spécifiquement? Ai-je un mauvais jugement pour jauger les personnes? Si oui, ai-je embauché d'autres Judas? Qui sont-ils? Devrais-je confier la sélection des personnes à une firme de recruteurs externes?

Mon estime de soi en ayant pris un coup, je me suis tout de même pardonné. Après tout, Julien Duchesne a bien fait le travail pour lequel il avait été pressenti, embauché et payé pendant plus de neuf années. Il avait été recruté pour ses qualités professionnelles et sociales. Il a mis ces qualités au service de l'entreprise jusqu'à ce qu'un aspect sombre de sa personnalité l'attire dans la fraude.

Tout laissait croire que cette histoire serait bientôt classée et, pour la première fois de ma vie, j'aurais voulu sauter des journées et me projeter quelques mois en avant. Les journées suivant l'incident me pesaient...

Chapitre 8
Le développement régional

Toute ma vie d'adulte, j'ai été guidé, motivé et, autant l'avouer, dévoré par ma préoccupation et mon engagement personnel pour le développement régional.

Cet engouement pour la fibre, l'effervescence industrieuse me vient sans doute de mon enfance à Port-Alfred. L'odeur des résineux que l'on débite dans les scieries flottait autour de la ville. Les fermes nous rappelaient aussi leur présence tranquille à certaines périodes caractéristiques de l'année. On finissait par pardonner à la papetière sa puanteur et sa laideur. Le fracas des mouvements des wagons, les sirènes de bateau, les arrivées et départs des avions militaires, les meuglements des vaches, les cris des mouettes et de leurs comparses, le vrombissement des camions, les cloches d'église, les cris des écoliers pendant les récréations formaient la symphonie d'une ville humaine, bien vivante, à l'économie diversifiée, où il faisait bon vivre. On travaillait tous quelque part et on avait le goût d'y rester toute la vie...

Parfois, je me laissais aller, un peu comme tout le monde, à des considérations socio-économiques superficielles. Les familles de mon époque avaient en moyenne six ou sept enfants, et, quelque part en toile de fond, nous nous doutions bien que les fils de ces familles nombreuses ne pourraient pas tous travailler à la papetière, dans les industries de la ville, marier des filles d'ici et égrener des jours heureux... comme nos parents l'avaient fait. Plusieurs de mes amis de l'adolescence partaient les uns après les autres. À l'époque, nous ne nous en alarmions pas outre mesure. Ces jeunes partaient à l'aventure vers des horizons plus lumineux, pour s'y faire une place au soleil. Mon tour approchait.

Lorsque j'étais jeune professeur dans la région de Roberval, il m'arrivait d'être confronté au même type de réalité qui n'augurait rien de prometteur. Les fermiers, les forestiers, les employés de scierie et, en général, toutes les catégories de travailleurs avaient des familles nombreuses. Ces fils et ces filles ne pourraient manifestement pas tous travailler et se tisser une vie autour de Roberval. Ils devraient déborder ailleurs. Ils iraient vers Chibougamau, vers Quévillon, vers Schefferville, vers la Côte-Nord, vers l'Ontario, vers l'Ouest, vers les grands centres comme Montréal, vers les grands travaux, vers les possibilités d'emploi; pour ne plus revenir.

Je passais souvent près d'une ferme productrice de volailles et je refusais de me laisser aller à comparer Roberval, ou encore la région du Saguenay–Lac-Saint-Jean à cette ferme qui produisait des poussins et de jeunes volailles pour ailleurs... Les gens ne se comparent tout de même pas à des volailles; pourtant, ils doivent partir...

Lorsque je montais des spectacles de divertissement, je palpais avec grand plaisir une réalité réconfortante : nous pouvions, en région, faire des choses intéressantes. Plus tard, j'ai continué à me gaver de la même satisfaction à concevoir, à mettre sur pied, à faire fonctionner des activités économiques, à induire des retombées et des effets multiplicateurs en région. J'ai l'absolue certitude que les activités économiques auxquelles j'ai eu la chance de contribuer ont permis à des jeunes couples de demeurer dans la région du Saguenay–Lac-Saint-Jean, d'y exercer une activité professionnelle tout à fait honorable et d'y vivre une vie familiale aussi pleine et stimulante que celle des grands centres. Lorsqu'on s'y met, il est toujours paradoxal de réaliser à quel point tous les ingrédients du succès sont au rendez-vous pour mettre sur pied une activité économique viable : la détermination et la sagacité des « régionaux », le savoir-faire, les débouchés pour les biens et services et les ressources financières.

Aussi loin que je me souvienne, pendant ma vie d'adulte, j'ai toujours été attristé par notre péché collectif, soit l'omission d'essayer plus ardemment, plus fréquemment, plus professionnellement de se créer un cadre économique qui inviterait, qui absorberait tous ceux et celles qui souhaitent demeurer en région.

J'ai toujours ressenti une joie profonde lorsque je voyais des entreprises régionales prospères qui prenaient de l'expansion, qui se diversifiaient, qui innovaient et qui perduraient. Le taux de survie des petites entreprises est, comme nous le savons tous, assez décevant. En dépit de cette réalité, je me réjouis toujours lorsque l'on annonce la création d'une nouvelle petite entreprise et je me surprends à lui souhaiter la meilleure des chances... Je souhaiterais qu'elles poussent comme des champignons dans les parcs industriels et ailleurs, partout, le plus possible.

Le constat

Les données des recensements se suivent les unes après le autres et le message est toujours le même.

• La population du Saguenay–Lac-Saint-Jean, comme celle des autres régions éloignées de Montréal, est non seulement en déclin : ce déclin s'accentue.

• L'âge moyen de la population est de plus en plus élevé.

• L'exode des jeunes se poursuit, mais son volume est en régression. Il n'y a toutefois pas matière à se réjouir. Si le volume est en régression, c'est que le taux de natalité est en chute libre. Moins de jeunes quittent la région parce que moins de jeunes y naissent.

• Un nouveau phénomène est apparu : l'exode des parents qui quittent la région pour se rapprocher de leurs enfants.

• Il y a régression des petites exploitations, agricoles et autres, au profit des grandes entreprises. Les exploitations agricoles et les scieries modestes sont de moins en moins viables.

Il s'est produit au Canada un phénomène comme il ne s'en produit qu'une fois par millénaire. Le prix des terres agricoles a subi une inflation astronomique, si bien qu'un fils ne peut carrément plus acheter l'exploitation agricole de ses parents; cela impliquerait un financement trop important pour être garanti par une éventuelle rentabilité. Les propriétaires d'exploitations agricoles font face à un dilemme assez angoissant. Ils voudraient bien passer la terre à la génération qui suit, mais la génération qui suit ne peut pas payer le prix du marché. Ou ils cèdent leur terre à moindre prix au fils, en se privant d'une part de sa valeur marchande, ou ils la vendent à des intérêts extérieurs à la région. Ces acheteurs peuvent payer comptant...

Si le père cède la terre à un fils ou à une fille, il prive ainsi les autres héritiers d'une partie du patrimoine familial accessible selon le prix du marché. Le dilemme est assez difficile à résoudre.

Des pans entiers de notre industrie agricole, qui a pourtant des racines d'un siècle, quittent la région au nom de la rationalisation pour s'ajuster aux diktats de la mondialisation. Une partie de la transformation primaire du lait nous a échappé pour des complexes industriels plus performants. Il en va de même des produits de la forêt. Nous sommes des scieurs de madriers de « deux par quatre ». Pardon! de madriers de « deux par trois », car nous coupons les arbres de plus en plus jeunes. La transformation secondaire se fait ailleurs, dans des grands centres. Il est intéressant de parler avec des vieux employés de scierie; il y a belle lurette qu'ils n'ont pas scié de « deux par huit » ou de « deux par dix ». Ils scient maintenant des cure-dents. En fait, ils les regardent se scier eux-mêmes. La mécanisation fait tout à leur place et ils s'ennuient à mourir sur leur quart de travail.

Même des agglomérations comme Chicoutimi, Jonquière et Alma qui s'accroissaient en partie par l'immigration des petites villes avoisinantes ont un bilan de croissance nul ou négatif. Tous ceux qui avaient à converger vers des centres comme Chicoutimi, ou à en partir, l'ont déjà fait. Les autres sont trop jeunes encore pour partir.

Les institutions de formation technique produisent des finissants toujours plus spécialisés. Il est légitime que ces jeunes diplômés essaient de trouver un champ d'implication qui soit compatible avec leur formation. En règle générale, les jeunes diplômés dans les hautes technologies ont de meilleures chances de trouver un emploi dans des grands centres. Un technicien en aéronautique, en biologie, en électronique ou dans une autre spécialisation de même niveau se trouvera du travail dans des centres industriels qui offrent ce genre d'emploi. La demande pour des microbiologistes est assez faible à Roberval ou à Alma.

Il y a concentration des services financiers, même au niveau des régions. Les petits villages doivent se contenter de points de services ou de guichets au lieu d'une vraie caisse ou d'une vraie banque. Même la Société canadienne des postes obéit à ces impératifs.

Les personnes âgées ne sont même plus assurées de finir leurs jours où elles ont toujours vécu. Elles ont tendance à se rapprocher de leurs enfants qui ont dû quitter pour la grande ville.

Plusieurs terres agricoles défrichées pendant les années

1940 ou 1950 ont changé de vocation. Elles ont été reboisées. Ceux qui les ont défrichées avant l'ère de la mécanisation, avec leur courage, leurs mains et des chevaux doivent se retourner dans leur tombe.

Au début du siècle, il fallait neuf personnes sur dix en agriculture pour nourrir toute la population. Il n'y a plus maintenant qu'une personne sur dix dans l'agriculture et il y a des surplus alimentaires. Des régies ont même été mises sur pied pour contrôler la production... Nous sommes assez loin des époques de famine.

La papetière, l'aluminerie où le père a travaillé toute sa vie se modernisent et font des mises à pied. Il n'y aura de travail pour aucun des fils. Lorsque le père prendra sa retraite, il ne sera pas remplacé dans son emploi. La productivité de cette entreprise continue cependant d'augmenter.

Il n'est jamais agréable de faire ce constat et probablement encore moins de l'entendre au quotidien, dans les médias, et de le vivre tous les jours. On nous rappelle que les régions dépérissent lentement. Les régions se meurent. On parle constamment de l'exode des jeunes. Nous préférerions entendre autre chose de plus réjouissant. Les gens qui font ce constat ont forcément des relents de défaitistes, de fossoyeurs; à moins qu'ils ne fassent de cette réalité le tremplin de leur engagement et de leur contribution pour revigorer cet environnement économique vacillant. Comme nous le verrons plus loin, il y a ceux qui font le débat sur le développement régional et ceux qui font le développement régional.

Malheureusement, la morosité s'installe et trop de gens se sentent impuissants devant cette réalité. Ces gens concluent en silence que rien ne peut être fait pour renverser cette situation, ou, pire encore, ils attendent après le gouvernement pour s'occuper de ces choses.

Mythe ou réalité

Faisons un bref inventaire de ceux qui souhaiteraient le développement régional. Il y a les parents qui aimeraient bien que leurs enfants essaiment autour d'eux. En effet, quel plaisir pour les grands-parents de voir leurs petits-enfants à tous les jours et d'avoir le bonheur de suivre leur évolution.

Les jeunes aux études ne désirent pas forcément s'expatrier pour aller travailler. Si les conditions s'y prêtaient, leur premier choix serait sûrement de rester dans leur région d'origine pour y travailler et y vivre.

Les commerçants souhaitent le développement régional. Il leur faut en effet une masse critique de clients actuels et potentiels, ainsi que de la relève pour assurer la rentabilité de leur commerce.

Les commissions scolaires en régions éloignées sont plus réalistes. Elles souhaitent, à tout le moins, le maintien régional. Il est préférable de voir des cours d'école pleines d'enfants joyeux et bruyants. Les bénévoles impliqués dans les commissions scolaires doivent assister à des réunions crève-cœur lorsqu'il leur faut statuer sur l'école à fermer, faute de clientèle. Mettre la clé sur une école constitue une démarche qui s'apparente à un enterrement. C'est le message non équivoque d'une communauté en déclin...

Les différents niveaux d'autorité civile œuvrant à l'extérieur des grands centres souhaitent le développement régional. Fort peu d'assemblées régionales, municipales ou autres aiment gérer la décroissance. La situation idéale est évidemment de gérer la stabilité. Mais l'expansion engendre sa propre adrénaline et facilite l'investissement d'énergies supplémentaires.

Ce souhait du développement régional est l'un des rares consensus qui émergent de notre société à caractère pluraliste. Les sujets qui font l'unanimité, comme la vertu, la répression du crime, l'amélioration des soins de santé peuvent se compter sur les doigts de la main. Le développement régional est un sujet facile qui fait l'unanimité; d'ailleurs tous les politiciens municipaux, régionaux ou autres en ont au menu en toutes circonstances et sous toutes les variantes. En effet, lorsque l'on ressent le besoin de parler à une quelconque tribune ou que l'on nous demande une petite allocution, il faut bien dire quelque chose; parlons du développement régional. Les gens applaudiront.

Toutefois, il y a une question que les gens ne souhaitent vraiment pas poser, et encore moins y répondre. Est-il réaliste de souhaiter le développement régional permanent? Cette situation est-elle possible? Il y a deux ou trois idées à la mode parmi les analystes économiques qui détonnent dans le débat. En voici un résumé : « Injecter des ressources financières dans les régions est une perte de temps et une dilapidation des ressources de l'État. Mieux vaut laisser agir les forces vives de l'économie. La prospérité dont nous jouissons tous implique la concentration des personnes, des ressources et des capitaux vers les grands centres... Une métropole forte sera le moteur économique de toute la province. »

Même les convictions opposées aux miennes sont utiles pour mesurer la justesse des positions que j'ai toujours défendues. Examinons ces arguments, un par un.

« Injecter des ressources financières dans les régions »

Argument très juste, il y a pompage d'argent en région et c'est la ponction de l'impôt sur le revenu et des différents types de taxes. Les régions fournissent la matière première aux grands centres afin d'alimenter leurs industries. La spoliation est, de ce point de vue, double. Non seulement nous perdons nos ressources, mais l'argent de la ponction ne nous revient qu'en partie, en région. Plus de 40 % servent des intérêts nationaux hors de notre territoire « de vie ».

« Laisser agir les forces économiques du milieu »

Oui, justement, laissons agir les forces économiques du milieu. La ponction de l'impôt et des différentes taxes est une décision humaine, politique et de commodité qui sert la centralisation; il en va de même de son utilisation dans les grands projets qui gravitent toujours, comme par hasard, autour et dans les grands centres.

Par ailleurs, toutes les décisions d'investissement en infrastructures majeures sont à l'effet de favoriser les grands centres par opposition aux régions ressource. Il s'agit de décisions politiques et non de la résultante des forces économiques. Ce sont des décisions politiques à court terme parce que les grandes agglomérations concentrent plus de 70 % de la population votante et 80 % de la députation...

« La prospérité dont nous jouissons tous... »

Certaines positions en matière économique relèvent d'une opinion subjective ou d'une perception. D'autres sont tout simplement des erreurs. D'autres, par contre, sont des mensonges délibérés. Affirmer que la prospérité de Montréal aura des retombées positives sur Sheldrake en Basse Côte-Nord, sur Cadillac en Abitibi, sur Godbout en Haute Côte-Nord ou sur Sainte-Hedwidge au Lac-Saint-Jean est un mensonge délibéré. On cautionne et on endosse quelques-uns de ces mensonges en succombant aux charmes de la concentration vers les grands centres par opposition au développement régional.

« Une métropole forte... »

Une rétrospective de notre civilisation, de toutes les

civilisations qui ont consigné leur histoire par écrit, nous révèle que la trame, la toile de fond s'est toujours tissée, se tisse et se tissera encore sur le développement harmonieux de tout le territoire utilisable. Aucune civilisation n'a émergé à partir d'un ou deux grands centres alors que le reste du territoire était laissé en friche... On parle de Montréal comme du cœur économique; soit, mais un cœur peut-il exister seul par lui-même? Il lui faut un corps et des membres encore plus vigoureux. Ironiquement, le sang est pompé autant vers les membres que vers le cœur. C'est ce genre d'évidence qui échappe à nos planificateurs dont l'envergure de la vision va d'une élection à l'autre.

Cher cœur, voici un message de tes membres : tous les petits vaisseaux sanguins des extrémités sont en train de se nécroser. Les premiers stades de la nécrose ne sont pas douloureux, c'est pourquoi tu ne ressens pas encore de douleur. Les extrémités de tes membres sont bleues. Bientôt il faudra amputer, des dizaines de petits villages agonisent. Tu es encore convaincu que tu peux survivre seul par toi-même. Lorsque l'on t'amputera d'un pied – lorsqu'on fermera la Gaspésie ou des régions complètes de l'Abitibi –, peut-être commenceras-tu à t'en préoccuper... Ta survie en tant qu'organisme autonome, cher cœur, est illusoire...

Développement, stagnation ou déclin

La nature physique impose sa loi fondamentale, à savoir qu'aucun organisme vivant ne peut croître constamment et toujours. Il y a le stade d'émergence, celui de la croissance, et le stade de la maturité où le plafonnement arrive. Il peut s'ensuivre une période de stabilité plus ou moins longue. Tôt ou tard, une forme de déclin impose sa loi. Finalement l'organisme meurt.

Telle est la loi des organismes vivants. Voici la question

que nous ne voulons pas vraiment entendre. Est-ce que la loi des organismes vivants s'applique à la vie socio-économique d'une région comme celle de l'Abitibi, de la Gaspésie ou du Saguenay–Lac-Saint-Jean? Nous souhaitons sincèrement que la réponse soit non. Est-ce qu'un souhait peut enrayer la dynamique des organismes vivants?

Toutes les terres utilisables du Saguenay–Lac-Saint-Jean ont été défrichées et exploitées. Des papetières et des scieries se sont installées et toutes les forêts d'accès facile ont été rasées avec gloutonnerie. Les seules forêts vraiment vierges sont situées à environ 150 kilomètres au nord de Chibougamau. Un certain nombre de familles ont contribué à cette activité économique de développement. Au début de la colonisation du Saguenay–Lac-Saint-Jean, les bras manquaient. La forte natalité a tôt fait de remédier à ce manque de main-d'œuvre. La mécanisation s'est annoncée sans crier gare, ce qui a provoqué un renversement de l'offre et de la demande de main-d'œuvre. L'exploitation des terres agricoles et les industries naissantes des villes ont absorbé une certaine partie de la main-d'œuvre disponible alors que l'autre partie a dû se déplacer pour trouver du travail ailleurs. Il faut aussi voir le déplacement des familles dans les déplacements de la main-d'œuvre.

Il en va de même pour l'Abitibi, la Gaspésie et la Côte-Nord. Tout le territoire utilisable a servi et toutes les ressources d'accès facile ont été exploitées, qu'elles soient renouvelables ou non. Les mines connues de Chibougamau sont épuisées. À moins de faire des découvertes nouvelles, exploitables, et pour lesquelles il y a un marché, comme c'est le cas du vanadium dont on vient de commencer l'exploitation, cette région serait, en principe, condamnée à une lente asphyxie. Les industries du papier et de l'aluminium ont toutes subi des phases de modernisation et elles emploient de moins en moins de personnes.

Dans ces conditions, est-il réaliste de parler de développement régional? La réponse peut être non, mais elle peut aussi être et doit être oui.

La réponse est oui parce que le développement du territoire est l'Histoire de toutes les civilisations qui ont perduré pendant un certain temps. Celles qui n'ont plus été capables, pour différentes raisons, d'occuper et de développer leur territoire ont périclité et se sont éteintes. Le même sort est réservé à celles qui ont cessé d'y croire et qui s'en remettent aux lois de la dynamique ou de l'absence de dynamique.

La réponse est non si nous continuons à macérer dans la même mentalité de moissonneurs de la facilité. La survie obligeant, le moissonneur se déplace d'un territoire à l'autre et il utilise tout ce qui lui tombe sous la main : animaux, végétaux et ressources diverses. Il reste dans un territoire donné tant qu'il y a des ressources faciles d'accès. Il fait la première transformation des ressources afin de les échanger pour sa survie; attraper des poissons et les faire sécher; piéger des animaux, les dépouiller de leur fourrure; couper les arbres et en faire des madriers; utiliser l'électricité abondante pour produire des lingots d'aluminium... Lorsque les ressources viennent à se raréfier, il abandonne tout simplement son territoire.

L'économie du Saguenay–Lac-Saint-Jean, de la Mauricie, de la Côte-Nord est fortement tributaire de la forêt. Or, nous refusons collectivement de voir la réalité en face. En fait, nous la voyons et nous refusons d'agir : nous attendons après le gouvernement. Les forêts sont au bord de l'épuisement et nous continuons à nous croiser les doigts et à attendre l'extrême limite. Le réveil sera probablement brutal. Nous avons vu un exemple de rupture et de perturbation d'un grand cycle, celui de la morue. Lorsqu'il y a rupture de l'un de ces importants écosystèmes, elle n'est que rarement progressive; elle est brutale et instantanée. *L'Erreur boréale* n'aura pas réussi à nous sortir de notre torpeur; pourtant, la réalité y est décrite de façon explicite. Nos ministères font la gestion de forêts virtuelles, de forêts que nous aurons peut-être dans quarante ou cinquante ans. Enfin, nous avons probablement besoin de la leçon...

La question était: le développement régional: mythe ou réalité? Préalablement à toute tentative de réponse, il faut sans doute faire une distinction que peu d'acteurs préoccupés de développement régional font. Il y a d'une part la préoccupation de ne pas décroître et d'autre part la préoccupation de croître. Il serait agréable de parler de stabilité, mais nous sommes en train de découvrir les effets secondaires de l'univers capitaliste, si civilisé soit-il par des mesures d'atténuations sociales. Il y a croissance ou décroissance; l'état entre les deux est la stagnation, et non la stabilité. Le jugement est quelque peu sévère, dans le sens où la stagnation est tout de même préférable à la décroissance. Maintien des acquis est préférable à stagnation. Or, si collectivement nous parvenons à assurer le maintien des acquis, nous pourrons probablement envisager la croissance. Mais la partie n'est pas encore gagnée.

Le maintien des acquis et la croissance de l'économie des régions ne sont pas des mythes, ils sont possibles, car plusieurs en ont donné l'exemple. Ce sont des objectifs que nous devons atteindre. Même l'économie des grandes métropoles se doit d'y arriver, comme un corps se doit d'avoir des membres vigoureux.

Les intervenants qui essaient

Le discours du développement régional occupe une bonne partie des pages de nos journaux. Rares sont les quotidiens et les hebdomadaires qui ne contiennent pas un ou plusieurs articles traitant du développement régional, de l'essor économique ou de l'implantation d'une nouvelle usine dans la région qu'ils desservent.

Les instances municipales essaient, par la gamme des moyens de persuasion mis à leur disposition, d'attirer des entreprises dans leur giron. On aménage des parcs industriels, on offre des rabais de taxes municipales, on se paie des recruteurs qui ont comme mission d'inviter des entreprises en démarche de localisation à venir dans tel ou tel parc industriel. Dans certains cas, on offre des subventions déguisées pour se conformer à l'encadrement de la loi des municipalités.

Il y a deux ou trois décennies, presque toutes les municipalités d'une certaine taille se sont dotées de corporations de développement économique pour tenter de mousser l'activité industrielle ou le secteur des services sur leur territoire. Un commissaire et souvent plusieurs adjoints, selon la taille de la corporation, s'emploient alors à temps plein pour favoriser l'activité économique. Les commissaires industriels ou leurs homologues offrent des services de recherche de subvention pour les entreprises.

Toutes les municipalités – ou plutôt les regroupements de municipalités, devrions-nous dire maintenant – dignes de ce nom ont une chambre de commerce active qui s'affaire à créer un milieu propice au développement de l'économie.

L'offre d'aide aux entreprises ou aux entreprises potentielles est encore plus impressionnante de la part des gouvernements fédéral et provincial. Il y a des ministères à vocation économique, des mécanismes d'aide à l'exportation et à la recherche, et nommez-en. Il y a même une banque qui a comme principale mission d'assurer le financement des entreprises industrielles et commerciales.

Les gens, sans être vraiment informés de la mission à

laquelle sont vouées ces activités, sont familiers avec les concepts suivants :

- conférences socio-économiques;
- centres régionaux de concertation et de développement;
- sociétés d'aide au développement des communautés;
- Office de planification et de développement du Québec;
- Bureau d'aménagement de l'est du Québec;
- sommets économiques;
- centres locaux de développement.

Si un fiscaliste étranger débarquait au Québec et qu'il lui soit donné de prendre connaissance de tous les avantages offerts aux entreprises pour mousser le développement économique, il serait sidéré et il en conclurait que l'activité économique doit carburer à la vitesse grand V.

Les institutions du savoir occupent aussi une bonne superficie de la piste de danse. Rares sont les universités qui n'ont pas un groupe spécialisé dans le développement régional. C'est au kilo que l'on mesure la littérature produite par les universitaires engagés dans le développement régional. C'est par millions de dollars que l'on mesure les subventions qu'elles réussissent, bon an mal an, à soutirer du trésor public pour faire des études, créer des sociétés, afin d'induire le développement régional. Il y a, bien sûr, création d'emplois pour des chercheurs... Ces gens encouragent aussi l'industrie du papier. Le nombre de créatures à mission économique qui ont émergé de ce ferment intellectuel est impressionnant. Elles promettaient toutes d'atteindre l'autosuffisance financière après quelques années de fonctionnement. Elles n'ont duré que le temps des subventions.

Tout de même, tout n'est pas si sombre, il y a toujours des aspects positifs; plusieurs de ces chercheurs se sont qualifiés pour l'assurance emploi. En fait, le principal mérite de ces universitaires est de poser un diagnostic dans des termes plus savants. Pourtant ce diagnostic est déjà connu par tous les régionaux. Non, les universitaires et les économistes n'ont pas concocté l'élixir de jouvence, ni la recette des stéroïdes de croissance pour les économies régionales.

Plusieurs collèges d'enseignement général et professionnel ont eux aussi flairé la bonne piste des subventions. Ils ont des groupes et des créatures pour initier le développement économique et favoriser l'éclosion de petites et moyennes entreprises dans leurs incubateurs industriels.

Ces groupes produisent tous des rapports annuels énumérant en grande pompe leurs créations d'emplois et le dynamisme qu'ils ont réussi à insuffler dans leur cercle d'action. La subvention est reconduite pour une année et le bal est reparti. Ne nous y trompons pas, toutes ces démarches relèvent de la meilleure volonté, et la sincérité de leurs promoteurs est inattaquable.

Les niveaux scolaires primaire et secondaire sont aussi de la partie. Ils créent de vraies entreprises qui doivent rapporter des profits, pour enseigner aux jeunes les splendeurs et les misères de l'entreprenariat. Les jeunes y puisent un plaisir étonnant, c'est d'ailleurs à cet âge que les convictions d'une vie se décident. L'avenir nous dira si ces classes d'entreprenariat valaient la peine d'être mises sur pied.

Nous sommes habitués aux festivals de toutes sortes dans chaque région de la province, et même dans les métropoles. Le développement régional a aussi son festival, plus ou moins tous les quatre ans. C'est le Festival des promesses et vœux pieux pour le développement régional. Tous les politiciens en rut qui courtisent l'électorat en remettent et surenchérissent pour relancer les régions. Non seulement les choses vont changer, mais ils en font leur priorité « première ». Les subventions, tels des électrochocs, vont pleuvoir sur telle industrie pour la sortir de sa torpeur. Des emplois seront créés pour contrecarrer l'exode des jeunes de la région. Ils ont l'air si sincères qu'ils réussissent à arracher des larmes de joie aux parents qui souhaiteraient conserver leurs jeunes autour d'eux. Le drame, c'est qu'ils le sont probablement.

Après ce Festival des promesses et des vœux pieux, il se produit forcément quelques retombées. Il serait exagéré de parler de manne ou de pluie de subventions, mais chaque député dispose d'une certaine enveloppe ou d'un certain potentiel de conviction auprès des détenteurs de fonds publics. Le brave député revient dans sa circonscription, convoque la presse écrite et parlée. Il a un air de conquérant qui revient dans sa patrie, les applaudissements fusent de toutes parts, le récipiendaire arbore une mine de gagnant à la loto, les gens qui assistent à cette rencontre sont émus. Le député, la gorge nouée par l'émotion lui aussi, prend bien soin de rappeler aux gens que c'est son gouvernement, son parti qui a eu la clairvoyance d'octroyer cette subvention à cette entreprise méritante. Il y a une certaine mystique dans cette cérémonie; ce sont probablement les éclairs des appareils photos qui font oublier aux gens que cet argent provient de la perception des impôts... Soyons réalistes, une subvention est quand même préférable à une ponction. Merci! merci! monsieur le Député ou Ministre!

Le développement des régions est possible, et un très grand nombre d'acteurs le souhaitent. La liste des intervenants qui œuvrent pour le développement régional ou, à tout le moins, qui en ont l'intention, est impressionnante. Les ressources financières que l'on y injecte sont considérables. Et pourtant, nous connaissons le constat.

Ou bien le développement régional est chimérique, ou bien nous n'utilisons pas la bonne recette.

Toute ma vie j'ai opté avec succès pour une recette, et je continue d'y croire. Mais quelle est-elle donc, cette recette?

Chapitre 9
De victime à coupable

À la suite de cet événement, il fallait rebâtir la motivation de nos employés, recréer un climat de confiance, nous consacrer à la gestion des projets en cours et œuvrer à l'obtention de nouveaux contrats, en espérant que toute cette affaire ne serait plus bientôt qu'un mauvais souvenir.

Après la cession de ses avoirs à LMB, Julien Duchesne a déclaré faillite. Le syndic avait fait enquête. Je suis donc convoqué comme témoin du syndic au Palais de Justice de Chicoutimi. Un journaliste veut assister à mon témoignage. On lui refuse l'accès; ces enquêtes de faillite se déroulent habituellement à huis clos. Ce refus a particulièrement aiguillonné ce journaliste... Je demande à mon avocat de quoi il s'agit exactement. Il m'explique que ce n'est qu'une formalité sans conséquences. Sans aucune préparation, je me présente et, alors, c'est littéralement le ciel qui me tombe sur la tête.

Au début de novembre, dans une déclaration faite devant le protonotaire, Julien Duchesne avait expliqué que, s'il ne lui restait rien de sa fraude de 675 000 $, c'est que, cet argent-là, il ne le sortait pas pour lui, mais bien pour Pierre Lajoie... Et, il ne s'agissait plus de 675 000 $, mais de millions cachés à travers le monde, en Algérie, à Paris, aux îles Caïmans... par l'entremise de monsieur Jean-Pierre Hogue, qui me servait en quelque sorte de transporteur international!

L'avocat du syndic lisait la déclaration de Julien sur un ton monocorde. Je bouillais et protestais. Je m'étais rendu au Palais de Justice pour une formalité relative à la faillite de Julien Duchesne et je devenais l'accusé! Mon avocat me répétait de me calmer, mais je n'arrivais pas à me contenir. La sténographe me dit : « Calmez-vous, monsieur Lajoie, mon mari est mort du cœur dernièrement et je ne voudrais pas revivre ça... » On suspendit la séance et quelqu'un alla me chercher un café. De fraudé, de victime de crimes, je devenais pour la première fois l'accusé.

Un incident du procès me revient subitement : Julien Duchesne, dans son mensonge global, a affirmé que je lui avais fait un cadeau de 150 000 $. Pure démence. Cette banalité que l'on a tolérée au procès aide vraiment à construire la crédibilité de toute la mise en scène...

Dans les coulisses de LMB, on grenouillait également. En novembre de cette année-là, nous avions perdu un gros contrat et nous avions l'habitude de les arracher tous. De plus, nous venions, comme firme, de nous lancer dans un nouveau volet d'activités : l'immobilier. Nos deux acquisitions principales étaient notre siège social et l'édifice du CLSC-Jonquière. Pour la construction du siège social, nous avions dû faire appel à des actionnaires de l'externe. Ces mêmes actionnaires souhaitaient également être partie prenante dans l'édifice du CLSC. Ces manœuvres inquiétaient certains actionnaires locaux qui craignaient d'être mis de côté et qui, par-dessus tout, redoutaient la dilution de la valeur de leurs actions. J'ai toujours été déçu que certains des actionnaires n'aient pas réalisé l'intérêt de s'adjoindre quelques partenaires de plus pour partager des actifs beaucoup plus gros plutôt que de partager des actifs moindres à un nombre réduit d'actionnaires. Ils auraient souhaité que nous ayons accès à du capital de risque externe sans céder d'actions. Pas mal réfléchi pour des adultes.

Mais ce n'était là que la pointe de l'iceberg qui allait faire surface au début de 1992. Aux Fêtes, nous avons distribué les traditionnelles dindes et organisé nos célèbres partys dans tous les bureaux : à Jonquière, à Montréal, en Abitibi... J'ai prononcé un discours par lequel j'ai tenté de refaire la motivation des troupes, de leur faire entrevoir un avenir meilleur; mais le cœur n'y était plus. Quelque chose s'était brisé au sein de la famille LMB. La confiance n'existait plus. La méfiance était le sentiment qui prévalait.

Après la période des Fêtes, pour une première fois, je tarde à reprendre le collier. Je suis fatigué, harassé par tout ce grenouillage. Le 24 janvier, en compagnie de mon épouse Marcelle, je quitte le chalet pour me rendre à notre résidence de Jonquière. En entrant dans la maison, je hausse le chauffage et nous nous installons pour regarder *Les Filles de Caleb*. Je trouve que la maison ne se réchauffe pas rapidement. Je descends au sous-sol : quatre pouces d'eau! Tous ceux qui ont été victimes d'un dégât d'eau me comprendront... Je téléphone à mon assureur qui m'envoie une firme spécialisée. Toute la nuit, aidés par les employés de cette firme, Marcelle et moi sortirons des boîtes de disques, des tapis qui glacent rapidement sur les congères – il fait –34 °C... –, des reliquats de tout ce qu'on peut amasser quand on habite une résidence pendant vingt-deux ans.

Si je vous raconte cette mésaventure somme toute banale, c'est que, plus tard, la police m'accusera d'avoir sorti, dissimulé et détruit des preuves dans la nuit du 24 au 25 janvier.

Pendant ce temps, à Montréal, on s'affaire comme rarement; même les associés léthargiques lorsqu'il était temps de dénicher des contrats s'activent soudain. Des cadres et des actionnaires qui avaient divers griefs à mon égard, mais qui n'avaient pu les exprimer auparavant, profitent du coup qui vient d'être porté à LMB et à Pierre Lajoie pour fomenter un putsch.

À trois reprises, ils défraieront les dépenses de Julien Duchesne pour qu'il se rende à Montréal les rencontrer et répondre à leurs questions. Celles-ci tournent autour de la fameuse déclaration de Julien au syndic lors de sa faillite, déclaration qui m'incriminait, qui faisait de moi un fraudeur. Deux corps policiers m'avaient aussi mis sous enquête. La GRC abandonnera rapidement, trouvant qu'il n'y a pas matière à accusations.

L'Escouade des crimes économiques de la SQ prendra une tout autre orientation : ses enquêteurs décortiqueront ma vie publique et privée avec la bénédiction de Me Paul Roy. Ils entreprendront leur enquête avec la certitude du chasseur expérimenté qui a flairé un gros gibier qui se terre là, à portée de fusil. L'enquête ne sera qu'un prétexte pour ouvrir tous les placards. C'est un miracle que j'aie pu résister à tout ce qu'ils m'ont fait subir.

Et pas seulement à moi; ils s'en sont pris à un fidèle employé qui travaillait pour une filiale du groupe Équi-Gestion inc. Mettez-vous à la place d'une digne personne, qui n'a qu'une préoccupation, utiliser son meilleur jugement de père de famille pour accomplir le mieux possible la tâche qui lui est assignée, ainsi soumise à des interrogatoires orientés, biaisés. Des enquêteurs du gabarit que l'on voit dans les films de deuxième classe se sont acharnés sur lui au-delà de toute mesure, séance après séance, pour lui faire modifier ses déclarations et essayer de m'incriminer. Toute la pression imaginable, cran après cran, a été appliquée sur cette personne; toutes les menaces, à peine voilées, ont tâché de le terroriser, de le pousser à travestir ce qu'il percevait comme la réalité dont il avait été témoin. Il me mentionnait que, à un certain moment où la pression culminait, il avait craint la violence physique. Est-ce possible, en cette fin de XXe siècle, une telle persistance? Avec le recul du temps, je me surprends encore à être absorbé dans ces réminiscences : j'avais la fierté d'être un personnage coriace, entraîné au fil des années à vivre dans les problèmes et les difficultés et à toujours réussir, avec le concours de collaborateurs compétents, à rebondir sur mes deux pieds; et, fait non négligeable, j'arrivais toujours à dormir la nuit. J'avais et j'ai toujours une philosophie de vie face aux difficultés qui m'a bien servi dans toutes les circonstances, sauf lors de ce passage à tabac. Je me souviens avoir été écrasé par le lourd sentiment d'être complètement nu, sans défense face à cette machine à broyer. On entend parler de taxage dans les cours d'école. J'essaie de me mettre à la place des jeunes victimes sans défense réelle se faisant arnaquer par des brutes qui rient à belles dents. Maintenant, imaginez une de ces jeunes victimes qui, non seulement se fait détrousser sans espoir de récupérer quoi que ce soit, mais chez qui la police débarque le lendemain, à qui on colle un crime social affreux et à qui on concocte un procès. Imaginez l'état d'âme de cette jeune victime. Quelque chose en elle se brise... pour la vie. Dans mon cas, ce n'était pas des truands de cour d'école; c'était des gens rémunérés avec des uniformes légaux, des gens avec des mandats et des fonctions d'un système judiciaire...

Petite question technique, pratique peut-être pour ceux qui se laissent encore guider par le gros bon sens : les vérificateurs externes de chez Samson Bélair n'ont pas détecté la fraude maquillée par un virtuose, soit, mais comment arriver à conclure qu'ils soient passés à côté d'une hémorragie de plusieurs millions de dollars sur un chiffre d'affaires annuel de moins de trente millions? Car il s'agit bien de l'allégation ayant entraîné les procès. Les inspecteurs professionnels de la Gendarmerie royale du Canada ont immédiatement conclu qu'il y avait impossibilité technique qu'une saignée de l'envergure de celle mentionnée dans les allégations de Julien Duchesne ait pu avoir lieu et passer inaperçue.

Les gens habitant en région sont familiers avec les tiraillements de clochers entre deux villes. Il est étonnant de constater à quel point des adultes relativement équilibrés dans la plupart de leurs activités peuvent sombrer dans l'enfance attardée et belliqueuse lorsqu'il est question de rivalités de clochers. La comparaison est mauvaise, car les enfants ne sont pas vraiment capables de semblables méchancetés. Toujours est-il que, tout au long de ce procès, le sordide scénario des confrontations de clochers s'est déroulé, toujours perceptible... J'étais un « Jonquière » que l'establishment de Chicoutimi voulait, devait abattre. Ce cher journal de Chicoutimi qui brille dans le donquichottisme pour les causes éthérées m'a vraiment accordé toute l'attention possible. Il eût été en effet peu sage pour un journal de ne pas marcher en phase avec les humeurs de l'establishment.

Chapitre 10
Le diagnostic

Les efforts incroyables des instances gouvernementales pour multiplier les industries ou activités commerciales à succès me font penser aux tentatives de reproduire en captivité dans des laboratoires certaines espèces menacées.

Tous les ingrédients connus sont au rendez-vous et souvent en quantité excédentaire. Une batterie de chercheurs, de techniciens et de *lologues* de tout acabit concentrent leurs efforts pour que des animaux en voie d'extinction se reproduisent, mais les résultats sont souvent décevants. On poursuit les études et les expériences, on y investit ou on y engloutit, selon le point de vue, des budgets additionnels. On tient des sommets avec d'autres chercheurs pour essayer de trouver la clef du mystère. Et dire que, laissés à eux-mêmes dans des conditions naturelles, ces animaux se reproduisent sans problème. Il en va de même de certains hybrides de plantes ou d'arbres que l'on souhaiterait bien reproduire en grande quantité pour leur assigner une mission en fonction du bien des collectivités.

Rarement, voire jamais, questionne-t-on la recette, la méthodologie! Certaines expériences de résurrection de canards morts tels que des papetières en Gaspésie ou sur la Côte-Nord – encore, s'ils n'avaient été que boiteux! – sont tout simplement pathétiques, mis à part bien sûr le fait qu'elles soient ruineuses pour le trésor public. Il y a même un exemple de résurrection en continu, le chantier maritime de Lévis. On pourrait pousser l'analogie et avancer qu'il s'agit de l'acharnement thérapeutique en chambre de soins intensifs. Il aurait peut-être été plus sage d'intervenir en amont...

Les espèces en voie de disparition ne le deviennent jamais instantanément, l'annonce de leur déclin se manifeste longtemps à l'avance. Toutes sortes de messages annonciateurs nous sont parvenus, mais on attend. Il en va de même de l'économie moribonde de certaines régions ressource; on attend pour plusieurs raisons:

- on ne sait pas s'il faut y croire ou non;
- la partie est perdue d'avance dans un contexte de mondialisation;
- si on est forcé de faire quelque chose pour des raisons politiques, voici une subvention;
- on ne sait carrément pas comment intervenir;
- on estime ne pas en avoir les moyens.

On ne sait pas s'il faut y croire ou non

Nous avons fait la preuve que tous les intervenants en régions croient au développement régional, même les politiciens trois à quatre semaines avant les élections. Il s'agit d'ailleurs du seul constat social qui se dégage de façon unanime de nos sociétés pluralistes.

La partie est perdue d'avance dans un contexte de mondialisation

Cette affirmation est une hérésie commode. La plupart des consommateurs ignorent dans quelle région du Canada, de la Chine, du Japon ou de la Malaisie sont fabriqués les produits qu'ils consomment. Une industrie peut être localisée n'importe où, même dans des régions éloignées des grands centres, et occuper un créneau de marché si elle utilise une technologie appropriée. L'endroit géographique où est située cette industrie n'intéresse presque personne dans un contexte de transportabilité planétaire et de communication instantanée. Savez-vous vraiment dans quelle région éloignée de Slovaquie la cuve et le couvercle d'aluminium de votre barbecue ont été coulés? Ou dans quelle région du Mexique votre téléphone a été fabriqué? Savez-vous précisément d'où vient votre table de salon que vous ne paierez que dans douze mois? L'endroit d'où proviennent les poutrelles de planchers de certaines maisons du Texas intéresse bien peu de clients; pourtant ces poutrelles viennent de chez nous. Non, l'argument ne tient vraiment pas la route. Le Saguenay–Lac-Saint-Jean, la Côte-Nord, la Gaspésie, libérés de leurs entraves, pourront soutenir la compétition, à l'intérieur de leurs spécialités propres, avec Scarborough, Mississauga, Taipei, Kuala Lumpur et avec les faubourgs de Montréal; n'en déplaise aux défaitistes, à ceux qui n'osent pas croire en eux.

Le pâte produite par la défunte usine de Val-Jalbert servait à fabriquer le papier pour le *New York Times* et le journal *Le Monde* de Paris. Alors les défaitistes...

Il faudra des subventions des gouvernements...

Il s'agit là en effet de la première réaction des entrepreneurs-mendiants, des escrocs à l'eau de rose, des cireurs de bottes. À ceux qui sont encore sur les bancs de l'école et qui *jonglent* mélancoliquement à l'entreprenariat, en étant habités par cette préoccupation, je dis de renoncer immédiatement. Devenez syndiqués de la fonction publique avec une sécurité d'emploi éternelle; ne pas confondre avec permanente tant que vous êtes requis. De grâce, évacuez le domaine. L'entreprenariat fonctionne à partir d'une autre dynamique.

L'entreprenariat est une caractéristique essentielle, probablement génétique, peu répandue dans un groupe donné d'individus. Il n'y a pas de preuve scientifique que cette caractéristique peut être reproduite à partir de rien chez un individu qui n'en a pas été gratifié au départ. À ce

jour, les expériences cliniques visant à développer, reproduire ou stimuler les entrepreneurs sont peu concluantes.
À défaut de résultats probants dans l'étude en laboratoire
de l'entreprenariat, peut-être que les collectivités devraient
développer la sagesse sociétale d'inventer des moyens de
dépister, d'encourager, de nourrir, de supporter, de récom-
penser les entrepreneurs.

Citer l'exemple de personnes est toujours hasardeux,
car on risque d'oublier des gens tout aussi méritants.
Permettez que je risque l'impair contre lequel je vous pré-
viens : les Benoît Allard, Serge Godin, David Bintly, Charles
Sirois n'ont pas attendu après les subventions pour se
lancer en affaires. Non, vraiment pas! Même que, aujour-
d'hui, ce sont les politiciens en manque de visibilité qui
leur offrent des subventions pour se faire photographier à
leurs côtés. Fermez les yeux et laissez-vous aller à imaginer
ce que serait Chicoutimi, s'il y avait eu trois Benoît Allard...

On ne sait pas comment intervenir

Intervenir, encourager, aider; oui, sans doute, mais au
préalable il faudrait commencer par ne pas nuire. C'est le
triste constat de la plupart des analystes qui étudient la
dynamique, ou l'antidynamique des interventions gauches
des apprentis sorciers. Et il y a plus de quarante années
que la scène se perpétue. Personne n'ose briser le cercle
vicieux.

Revenons à l'exemple de ceux qui essaient de
reproduire en laboratoire des animaux menacés d'extinction. Les interventions malhabiles des biologistes et l'environnement artificiel des laboratoires constituent davantage
une nuisance qu'un processus utile. Il n'y a pas de résultat
non plus. On devrait plutôt influer sur les conditions
d'origine de ces animaux et leur faire confiance. Il en va de
même des improvisations d'amateurs en développement

économique des régions. Dans les chapitres qui suivent, nous élaborerons sur la recette.

On estime ne pas avoir les moyens

Tout à fait vrai, surtout en raison d'une gestion médiocre, de l'endettement, de l'absence de vision à long terme et de la recherche de recettes miracle qui donnent des résultats instantanés. Les résultats d'interventions puériles ont entraîné l'État dans un cul-de-sac financier qui limite toute marge de manœuvre. Alors, il faudra repasser pour le développement régional; surtout qu'on y croit à peine et qu'on ignore même s'il y a une recette un tant soit peu utile.

Un peu plus loin nous expliquerons que de l'argent neuf n'est pas requis, que de l'argent neuf n'a pas à être détourné pour contribuer immensément au développement régional...

Les priorités sont ailleurs, comme en santé, en éducation, pour les groupes de pression et pour les grands syndicats de l'État.

Tout à fait vrai, l'État mendiant, l'État surendetté, l'État victime-complice des maîtres chanteurs n'a plus les moyens de ses ambitions, en supposant qu'il ait des ambitions pour plus de quatre années. Cet État fait penser à un petit entrepreneur endetté auprès des prêteurs sur gages qui le font valser et qui doit malaxer tout son béton à la main; il n'a pas les moyens de se procurer une bétonnière mécanique. Il n'a pas les moyens de se procurer des moyens pour prospérer... L'État québécois fait penser à une mère de famille qui achète tout à l'unité, à crédit, chez le dépanneur du coin. Elle n'a pas les moyens d'économiser en achetant en grande quantité lorsque les aubaines passent.

L'entrepreneur n'a pas les moyens de se procurer une

bétonnière et l'État n'a pas les moyens d'investir dans le développement régional. Quels beaux associés cela fait! Ils sont tous deux sur la trajectoire de la décroissance, et la décroissance n'engendrera sûrement pas plus de moyens financiers.

Entonnons ensemble le cantique de la gestion médiocre.

Il y a environ une vingtaine d'années, la conscience sociale environnementale a émergé pour signifier des mises en demeure aux pollueurs, notamment plusieurs grandes industries, municipalités et bien d'autres organisations. Le premier tollé qui a galvanisé tous ces pollueurs a été le suivant: « Nous sommes pour la protection de l'environnement, mais les sommes qu'implique la modification de nos installations sont trop gigantesques, nous ne pouvons pas nous payer ces améliorations. » Pourtant, les industries qui se sont immédiatement attelées à cette tâche d'une ampleur insoupçonnée y ont trouvé leur compte et elles sont demeurées prospères; certaines le sont même devenues plus qu'avant cette mutation. Elles ont même, en prime, découvert des créneaux industriels et commerciaux dont elles ignoraient l'existence. Des segments d'industrie ont émergé. La technologie ainsi développée a pu être vendue et engendrer des avantages financiers substantiels. Des milliers d'emplois de qualité ont été créés partout, même dans des régions éloignées. La société en général en a bénéficié. Les quelques millions de dollars en subventions qui ont agi comme l'étincelle d'amorce ont engendré mille fois l'investissement initial dans les coffres de l'État. Aucune somme n'a été divertie de la santé, de l'éducation ni des services sociaux. Même que l'État est en meilleure posture financière pour saupoudrer des retombées sociales.

Les différentes instances gouvernementales se font un

devoir de claironner haut et fort que chaque dollar investi en prévention dans le domaine de la santé fait épargner quatre dollars en soins dans les hôpitaux. Est-ce que le dollar investi est diverti de la santé? Non, on l'utilise comme levier pour que la santé ait plus de ressources encore. Ce genre de mentalité est de bon augure, il indique que de plus en plus d'intervenants commencent à faire la différence entre une conséquence et une cause.

Or, la précarité de la vie économique en région est une conséquence de plusieurs causes, souvent diffuses, j'en conviens. Le déclencheur qui déterminera si nous pourrons agir avec succès se situe justement ici.

Ou bien on considère ces causes comme structurelles, pour utiliser un langage d'économiste, fatales, débilitantes et recelant un potentiel de morbidité, pour employer un langage de clinicien. On se regarde aller, on fait des enquêtes « galopantes », on demande à l'économiste du bureau d'Emploi et Immigration Canada de tenir le registre du taux de chômage dans chaque région. Nous disposons d'une panoplie de produits réactifs pour diagnostiquer, étalonner et décrire les conséquences de la faiblesse des économies régionales.

Examinons une année de notre époque prise au hasard. Voyons voir quel traitement on applique à la Gaspésie. On y dépêche cinq à six fois par année quelques politiciens compatissants pour sympathiser très sincèrement, sur les ondes de la télévision d'État et des autres médias, à propos du chômage endémique, de la pauvre jeunesse qui doit s'exiler, du peu d'industries, de l'insuffisance des contrats d'approvisionnement forestier, de la rupture des inventaires de morue, etc. Les gens ont des larmes dans les yeux en entendant les politiciens, toutes allégeances confondues, réciter la litanie de leurs malheurs; ils vont même jusqu'à applaudir à tout rompre cette macabre énumération. Les politiciens délient alors les cordons de NOTRE bourse et saupoudrent quelques subventions. De temps à autre, un gouvernement décide de vraiment se laisser aller et il ressuscite un canard boiteux qui boitera encore quelques années en ayant bien pris soin d'engloutir d'abord quelques millions. Le politicien positif et ayant une vision balaiera du revers de la main les allégations de mauvaise gestion; après tout, il y a eu des retombées économiques sur une population qui en avait vraiment besoin... Et le scénario se répète année après année, en Gaspésie comme en Abitibi, comme sur la Côte-Nord et ailleurs. On survolte une mécanique défectueuse. Doit-on se doter de meilleurs équipements pour survolter plus intensément et plus souvent, ou doit-on identifier les problèmes qui, une fois résolus, rendront le survoltage inutile?

On applique des baumes sur des conséquences comme les médecins charlatans du Moyen Âge. À cette époque ancienne, d'ailleurs, d'autres pratiques plutôt douteuses avaient cours, sans qu'on les remette jamais en question. Ainsi, on pratiquait des saignées. On faisait une incision et on laissait échapper du sang pour évacuer du corps les mauvaises humeurs. Ce sang était perdu pour l'organisme, il ne le servait plus. On fait aujourd'hui des ponctions financières dans des régions éloignées; le tiers du sang est perdu lors de la ponction, soit le coût de la perception, alors qu'un autre tiers est réinvesti dans les infrastructures des grands centres. Au moins trois ou quatre fois par année, les maires de Montréal ou de Québec font des sorties retentissantes dans les médias pour mettre la pression sur le ministère des Affaires municipales et le forcer à utiliser les fonds des régions ressource pour payer les infrastructures des grandes villes, car, bien entendu, ces investissements sont vitaux.

Achetons l'île Sainte-Hélène; les gens de Palmarole en Abitibi seront fiers de nous.

Ce n'est qu'une question de mois avant qu'un larmoyant maire de Montréal fasse payer les travaux d'égouts de sa ville par les petites gens de la province: croyez-le ou non, les égouts de Montréal vont directement au fleuve lorsqu'il y a des orages en été, dans une Belle Province où on montre du doigt les méchants pollueurs industriels. N'est-ce pas justement la preuve que l'amélioration de ce système profitera à tout le monde?

Régions ressource, préparez-vous à payer

Les maires des grandes villes essaient de faire comprendre au ministère des Affaires municipales que les grandes métropoles en santé feront rejaillir la prospérité sur les régions; enfin, soyons sérieux, les grandes métropoles sont tout de même plus importantes que les régions folkloriques à saveur de bleuet, de fromage de chèvre ou de varech récolté par les filets. Et le ministre finit par comprendre et il délie les cordons de sa bourse. On s'étonne ensuite de ce que les régions soient exsangues... Y a-t-il quelqu'un qui puisse honnêtement m'accuser de petite logique simpliste?

Mon ancien patron, Robert Bourassa, que j'estimerai toujours, martelait constamment et toujours ses discours avec le thème des emplois industriels de qualité qui sont généralement offerts par des grandes entreprises. Souvenons-nous du slogan qui lui a fait gagner une élection: « 100 000 emplois. » Souvenons-nous des contrats secrets d'approvisionnement en électricité. Oui, ses politiques ont créé des emplois de qualité. Les emplois de qualité de la grande industrie sont comme les pommes de terre ou la viande du plat de résistance. Les emplois bien rémunérés des papetières, des minières, des alumineries ou des différents services gouvernementaux déversent une masse monétaire critique dans les régions. Malheur à celles qui n'en ont pas ou qui en ont peu! Malheur à celles où une seule grande entreprise vient un jour à fermer boutique! Toute politique gouvernementale visant à inciter fortement les grandes entreprises à s'établir dans les régions éloignées est géniale et éclairée. Il s'agit là du premier pas avant de les inviter, de les inciter et finalement de les contraindre à faire de la deuxième transformation en région.

Je souscrivais spontanément à cette logique au fil des années pendant lesquelles j'ai besogné extrêmement dur pour mousser le développement régional et j'y souscris encore. Mais au fil de ces mêmes années, j'ai poursuivi le raisonnement à partir du tremplin du plat de résistance que sont les salaires des emplois de qualité.

Prenons comme exemple une famille moyenne, comprenant un père, une mère au foyer et trois enfants, qui bénéficie d'un bon salaire – en terme de 2003 – de 60 000 $ par année provenant d'une aluminerie ou d'une papetière. Rassurez-vous, nous n'énumérerons pas la liste d'épicerie. Il faut avoir élevé une famille pour savoir ce qu'il en coûte. Il ne restera plus un sou vaillant à la fin de l'année; l'hypothèque aura régressé de quelques centaines de dollars. La famille sera essoufflée, il n'y aura pas un sou pour l'économie ni pour une contribution au régime enregistré d'épargne retraite. Lorsque les adolescents iront aux études à l'extérieur, la famille sera carrément pauvre. Non seulement il n'y aura plus un sou, mais la possibilité est bien réelle que la famille remorque quelques dettes. Sans parler de l'auto qui doit être remplacée cette année...

Ce salaire provenant d'un emploi de qualité a été complètement recyclé dans l'économie de la région. Il contribuera à faire échec à la régression de l'économie.

Par contre, aucune somme n'a été dégagée pour l'économie qui aurait pu servir à un projet visant à développer la région. Étrange façon de voir les choses, me direz-vous.

Étrange, certes, mais continuons. Cette grande entreprise qui peut se permettre de payer des salaires acceptables fait son devoir de bon citoyen. Elle paie ses taxes, fait des achats en région et offre des occasions d'affaires aux petits entrepreneurs qui gravitent autour d'elle. Le bilan de cette grande entreprise semble être le même que celui de son employé ayant un bon salaire.

Cette similarité ne concerne qu'un seul aspect : tous les deux contribuent à faire échec à la régression de l'économie régionale. Cette contribution est nécessaire et fort appréciée; nous ne le répéterons jamais assez.

Toutefois, le bilan de l'entreprise et celui de son employé divergent de façon significative sur un point. La grande entreprise dégagera des profits qui s'en iront à l'extérieur de la région; loi capitaliste oblige, le capital doit être rétribué et nous ne pouvons qu'être d'accord. Par contre, être d'accord ne signifie pas que l'on doive perdre sa lucidité. Ces profits ne pourront donc contribuer ni à la croissance ni au développement de l'économie de la région. Le salaire des travailleurs, pour sa part, ne peut pas contribuer au développement économique; il fait tout juste échec à la décroissance.

Non seulement les profits réalisés par cette entreprise s'en vont à l'extérieur de la région, mais il y a fort à parier que cette entreprise aura utilisé des matières premières à vil prix. Vraisemblablement, elle produira de la pollution et des déchets industriels dont les générations régionales futures devront assumer le fardeau.

La portion la plus lucrative du cycle de production, soit la deuxième et la troisième transformations, ira créer de l'activité économique dans une grande ville. Cette grande ville aura ainsi la part du lion : des retombées économiques nettes et la stabilité d'emploi, sans devoir s'exposer aux inconvénients que sont la déplétion des ressources, la pollution, la dépendance...

Les fils et les filles des employés actuels des grandes entreprises feraient mieux de ne pas espérer travailler dans ces mêmes entreprises après leurs études. L'emploi dans la plupart d'entre elles régresse proportionnellement à l'automatisation de la production. Et nous nous engageons dans un autre cycle de paupérisation et de fragilisation de l'économie régionale. Si vous avez le privilège de connaître des Gaspésiens, parlez-leur de leurs usines de poissons... Demandez aux gens de l'Abitibi à quoi ressemble un site minier après son épuisement.

Depuis que je poursuis ma réflexion sur les bases avancées par Robert Bourassa, une comparaison s'impose à moi. Les grandes entreprises ressemblent à des énormes plantes en pot qui auraient germé et grandi dans une région. Si on les alimente bien avec les matières premières et la main-d'œuvre de la région, elles croîtront et donneront certes quelques fruits. Par contre, elles n'appartiennent pas vraiment à la région, leurs propriétaires impersonnels sont d'ailleurs. Elles n'ont pas de racines dans le sol. Leurs infrastructures, telles que leurs bâtisses et autres installations ou machineries ne peuvent pas être transportées ailleurs du jour au lendemain lorsque certaines ressources à vil prix viennent à se tarir. Le procédé, la production de l'usine peuvent par contre être déménagés du jour au lendemain.

Monsieur Bourassa, oui les 100 000 emplois de qualité sont bienvenus, nécessaires, et nous en souhaitons beaucoup plus. Comme les pommes de terre ou la viande du plat de résistance, ces emplois sont primordiaux, car ils déversent une masse critique d'argent dans l'économie régionale. Ces 100 000 emplois et les industries qui les offrent contribuent à mettre en échec le déclin des régions périphériques.

Mais, monsieur Bourassa, il faut plus que des emplois de grandes compagnies pour amorcer le développement d'une région. En toute honnêteté, je dois vous le préciser, bien que j'aie pour vous beaucoup d'admiration et d'affection.

Ma première conclusion est la suivante. L'inefficacité des efforts et démarches, tous azimuts, pour maintenir à flot l'économie des régions éloignées provient du fait que la distinction qui suit est ou bien ignorée, ou bien fort mal comprise. En effet, contribuer à ralentir le déclin des régions et contribuer à leur croissance sont deux notions situées respectivement à chacune des extrémités du spectre.

On pourrait aussi comparer ces deux notions à la personne qui ajoute des récipients à mesure que le nombre des fuites d'eau en provenance du plafond augmente, ou encore à cette même personne qui déciderait plutôt de réparer son toit. Quelque part, cette distinction agresse, il est préférable de ne pas la faire. Ultimement, le jour où on la reconnaît, il faut aussi reconnaître qu'il y a lieu de changer radicalement de politiques et de pratiques pour induire le maintien et le développement des régions périphériques. Osons l'avouer haut et fort : saupoudrer des subventions, multiplier les groupes de « lologues » ou les commissions d'étude qu'il faut subventionner équivaut à ajouter des récipients, et l'eau dégouline toujours du plafond.

Oserons-nous envisager de réparer le toit? Avons-nous cette clairvoyance, cette détermination et ce courage? Il faut tout de même de l'audace pour admettre tout simplement que la recette utilisée jusqu'à présent pour essayer de prévenir le déclin des régions n'a servi à rien du tout. Il faut trouver autre chose.

Chapitre 11
Le putsch

À la fin de février, j'avais convoqué au Hilton-Dorval les cinq administrateurs à une réunion préparatoire de l'assemblée générale annuelle de LMB; en fait, nous avions normalement douze conseils d'administration que nous tenions simultanément pour les treize firmes rattachées au Groupe LMB. Il y avait là Benoît Auclair, Jean Roquet, Florent Baril, tous trois de Montréal, et les régionaux Guy Simard, président du Conseil, et moi.

Dire que l'atmosphère était tendue est un euphémisme. Le grenouillage avait fait son œuvre. Le silence de la suspicion régnait. On venait pour écouter, pas pour discuter et dénouer une situation. On ne cherchait pas de solutions. Les actionnaires et administrateurs attendaient leur heure. Les rares paroles à être échangées étaient brèves et formelles. Jean Roquet, entre autres, me dira : « Vous êtes chanceux que je vous donne du temps. Ma fille se marie en fin de semaine... » Un peu plus tard, il lancera : « Pierre, c'est fini! Ça va être toi ou moi... »

Le langage de la raison n'avait aucune prise sur des gens qui avaient décidé de croire Julien et de sauter sur l'occasion de se débarrasser d'un président exécutif dont ils enviaient les réussites et qui n'avait pas l'insigne honneur de porter le titre d'ingénieur. Je le lisais dans leurs regards : ils m'avaient accusé sans vouloir m'entendre, ils m'avaient jugé avec promptitude, ils m'avaient condamné avec soulagement et ils se préparaient à m'exécuter avec délectation.

Pourtant, c'était bien nous, Guy Simard et moi et non Julien Duchesne, qui les avaient conduits par la main à l'aisance financière, au statut enviable d'actionnaires d'une

161

firme majeure d'ingénierie... Ils n'ont eu d'audience que pour l'incendiaire de la firme, et non pour les édificateurs. Ils n'ont pas réalisé à l'époque qu'il est hasardeux de se lier d'amitié avec un incendiaire, on risque de se brûler; il l'ont compris quelques mois plus tard... trop tard.

Cette nuit-là, contrairement à mon habitude, je pris un somnifère. Malgré tout, je n'arrivai pas à dormir. Je me tournais et retournais dans mon lit et je me sentais bien seul. Je ne pouvais pas comprendre comment des gens qui, en bonne partie, me devaient leurs succès, des gens avec qui j'avais partagé tant de merveilleuses aventures au cours des vingt dernières années puissent se résoudre à descendre aussi bas; à se servir commodément d'accusations lancées par quelqu'un qui avait déjà confessé et signé une déclaration de fraude pour me condamner sans m'entendre, sans franches explications, sans vraies questions de leur part. J'étais là, devant eux, et ils étaient demeurés muets comme des huîtres : pourquoi?

Mes chers associés, trop heureux de savourer les persiflages de Julien Duchesne, ne se doutaient pas que leur confident leur réservait une autre surprise de taille, cette fois-là, à même leur poche. En effet, au fil des mois, Julien Duchesne, cet artiste, n'avait tout de même pas perdu la vision d'ensemble, il voyait l'étau se resserrer; il n'était pas idiot au point de croire que le manège resterait secret pour toujours. Ainsi, pour jongler avec la situation, comme quelqu'un qui va au casino avec l'argent de l'entreprise, Julien me faisait signer les chèques de déduction à la source : les DAS. Une fois le chèque signé, on passe à autre chose, n'est-ce pas, dans un contexte où on doit signer de nombreux chèques chaque semaine.

Mais voilà, Julien n'expédiait pas les chèques à qui de droit, pour ne pas drainer le fonds de roulement au point de créer une situation alarmante... À l'époque où mes associés souhaitaient plus que tout au monde entendre ses fabulations, nous avions commencé à découvrir le pot aux roses. Il y en avait pour 800 000 $ au provincial et au fédéral. Aussi longtemps que j'ai été en poste, j'ai eu des rencontres avec les gens du fédéral et du provincial pour tenter de remédier à la situation; les 300 000 $ récupérés de la cession de Julien Duchesne ont servi à diminuer cette dette à 500 000 $.

On m'a licencié et je n'ai plus été en mesure de voir au remboursement de cette dette. Après mon expulsion, il s'est produit une extraordinaire magouille qui a eu comme résultat que, sur les cinq associés que nous étions, le fisc a été, quelque part, convaincu qu'il ne fallait réclamer la balance de 500 000 $ plus les frais d'intérêts et de pénalité qu'à moi seul. Le fisc n'a absolument rien réclamé à mes quatre autres associés. J'ai donc dû faire faillite. Je n'ai pas encore vraiment compris cette portion de la magouille; je souhaite sincèrement que quelqu'un me fasse des confidences sur la plomberie interne qui a été élaborée. Tout finit par se savoir; je saurai un jour. L'État fait des entreprises ses collecteurs d'impôts, et ses décisions ont force de loi, elles sont exécutoires...

Le lendemain, à six heures, je prends l'avion et reviens au Saguenay. J'entre à peine au bureau qu'un huissier me porte une convocation pour l'assemblée générale des actionnaires qui se tiendra le 11 mars à l'Auberge des Gouverneurs de Chicoutimi. Le complot a été ourdi par des gens de Montréal forcément. L'ordre du jour ne laisse aucun doute sur les intentions de ceux qui convoquent: fraude; cas de Julien Duchesne; rôle de Pierre Lajoie; rôle du président du Conseil; élections; nominations...

Le président du Conseil, Guy Simard, et moi décidons que nous aurons besoin d'avocats. Me Tom Laven et Me Claude Armand Shepphard nous accompagneront. À l'assemblée du 11 mars, tout se déroule machinalement, par avocats interposés. Une rafale de résolutions rédigées à l'avance. Tous les votes se terminent de la même façon : trois à deux ; Guy Simard et moi votons toujours dans le même sens ; les trois autres font de même. Il n'y a place ni pour les compromis ni pour les explications. Ce fut long, car la même assemblée servait pour treize compagnies : répétition monotone de l'horreur. À la fin de la journée, Jean Roquet se retrouve président, Benoît Auclair vice-président et Florent Baril secrétaire. Je ne suis plus rien. Je ne joue plus aucun rôle. On m'a dépouillé de tout pouvoir. Je me sens dépourvu de tout statut social. Cent fois pire que la descente de police de février : c'est de mes racines dont on vient de me priver, c'est l'arbre auquel j'ai fait donner des fruits qui se retourne contre moi.

Ce 11 mars 1992, j'ai été victime d'un véritable coup d'État, d'un putsch qui allait me démolir moralement, financièrement et socialement. Je ne serais cependant pas achevé...

À la fin de l'après-midi, je reviens à notre résidence du lac Kénogami. Mes beaux-parents y sont en visite. En leur présence, je braille pendant des heures, comme un enfant. Mes bourreaux m'ont exécuté avec toute la grossièreté dont ils ont été capables. Sans m'offrir même une sortie élégante. Sans même m'entendre. Après vingt-cinq ans, j'ai droit aux vingt-six semaines de maladie que je n'ai jamais prises. C'est tout. On publiera les noms et photographies des nouveaux élus au Conseil dans les médias.

Le lendemain, je me rends au bureau chercher mes affaires personnelles. Beaucoup d'employés ont les larmes aux yeux. « Ça n'a pas de bon sens. » « Ils n'ont pas le droit de vous faire ça. » Plusieurs m'écriront des lettres très touchantes que je conserve précieusement. Je retournerai au lac Kénogami et je m'y terrerai comme un animal

164

blessé. Je prends des tranquillisants et j'essaie de me raisonner, me répétant une série de proverbes éculés. Ces belles maximes, comme les tranquillisants, ne diminuent en rien ma douleur profonde, le sentiment d'être devenu un déchet social, de n'être plus rien.

Je loue un télécopieur et je me mets à lancer des S.O.S. à tous ceux que je connais, dont beaucoup ont des dettes morales ou d'autre nature à mon égard. Certains souhaiteraient justement ne m'avoir jamais connu; la plupart me retournent des messages polis et expriment une compassion sincère; certains voudraient m'aider, mais ne savent quoi faire... Autrement dit, si j'avais besoin d'une autre preuve de cette réalité, je l'ai, je suis seul!

Après toutes ces années, je me souviens comme si c'était encore actuel de l'intensité du mal que je ressentais pendant cette période. Ma douleur était bien réelle, elle jaillissait de moi telle une source intarissable; elle m'étouffait et pire encore. Je répétais des proverbes, mais il en était un dont j'aurais dû me souvenir. Un proverbe dont j'ignore l'auteur mais qui m'avait été offert par un jésuite de l'Université Laval : « Les douleurs morales n'ont de prise sur nous que si nous leur en donnons la permission... » Cette permission, je prenais plaisir à la leur donner; j'avais besoin de cette douleur de façon morbide. Il est probable qu'un jour je comprendrai...

La vieille sagesse antique suggère qu'il est illusoire de chercher vengeance pour soi-même, même si on a été victime d'infamies. Les moulins des dieux broient lentement, très lentement, mais ils broient. LMB doit aujourd'hui s'en rendre compte.

Jonquière, le 12 mars 1992

Monsieur Pierre Lajoie

Monsieur Lajoie,

Depuis quelques temps, les insinuations de gens mal informés et de personnes qui n'ont rien de mieux à faire, essaient de détruire votre réputation jusqu'alors intacte, d'homme public et d'homme oeuvrant dans le domaine privé. Nous trouvons inacceptable qu'un tel fait se produise et que ces insinuations sèment le doute sur votre intégrité d'homme d'affaires alors que Le Groupe LMB est monté au sommet en grande partie grâce à votre bonne renommée, à votre implication dans divers comités, fonds de dotation et bénévolat de toutes sortes et surtout votre travail acharné à faire de cette firme la première de la région.

Nous tenons à vous dire que, nous et beaucoup d'autres employés du Groupe LMB, vous conservent leur confiance et leur estime et nous espérons que tout le mal qui vous a été fait ne puisse nuire d'aucune façon à vos projets d'avenir et que vous demeuriez toujours le grand homme que nous avons connu.

Nous espérons que vous et votre épouse saurez oublier tout le mal que la région vous a fait, région pour laquelle vous avez tant travaillé et qui vous l'a si mal rendu.

Nous attendons votre retour avec impatience et continuons d'espérer en de jours meilleurs pour vous et votre famille.

Veuillez accepter, Monsieur Lajoie, l'expression de nos sincères et respectueuses salutations ainsi que nos voeux d'un prompt rétablissement.

Un groupe d'employés dévoués,

Chapitre 12
La recette

Vous avez une idée des problèmes que mes démêlés avec la justice m'ont causés; aussi, quelques fois, j'ai dû aller voir le bon Doc du Lac. Doc m'a fait un bref historique de l'évolution des interventions de la science médicale pour soigner les estomacs, à plus forte raison si vous avez un procureur au derrière...

Depuis sa prime aurore, l'humanité est affligée par ce « J'ai mal à l'estomac ». La sorcellerie et plus tard la médecine ont concocté un nombre incroyable de potions pour tenter d'enrayer cette conséquence de la pression existentielle, du stress d'être vivant. Environ dix pour cent des personnes en sont atteintes.

En vérité, peu de potions apportaient la guérison, seulement une sensation temporaire de soulagement. Sels de fruits, *Rolaids*, diètes au lait ou à la crème, ou finalement une chirurgie à l'emporte-pièce qui vous soulageait des trois quarts de votre pauvre sac composé de muscles, de glandes qui produisent la gastrine (acide qui brûle), de nerfs et de vaisseaux. Le mal revenait constamment...

Quelque temps après, survinrent les antiacides du genre *Maalox*, *Gélusid*, *Peptobismol*, etc. Le mal revenait encore et toujours...

Il y a vingt-trois ans, suite aux intercessions d'un disciple[3] du Frère André et à 168 ascensions à genoux des marches de l'Oratoire Saint-Joseph pour être soulagé de ses maux d'estomac, Esculape a envoyé à un de ses commettants l'inspiration pour la découverte de la

---

3. Nous avons appris que ce disciple est mort d'une infection aux genoux quelques semaines après avoir été soulagé de ses maux d'estomac.

cimétidine *Tadmet*. Les spécialistes seulement pourraient en prescrire après une gastroscopie rigoureuse – le tuyau d'un mètre utilisé méritait d'être vu.

D'innovations en brûlures d'estomac, le *Tadmet* devient désuet et il est remplacé par ses descendants tels les *Zantax* et *Pepcid*. De merveilleux instruments plus flexibles et plus efficaces sont apparus; la gastroscopie souple (fibre optique) vit le jour. La recherche a continué d'être à la hauteur des attentes en offrant une nouvelle classe de médicaments, soit les inhibiteurs de la pompe à protons.

Finalement quelqu'un a été en mesure de hurler le grand EURÊKA. La plupart des maux d'estomac sont en fin de compte causés par une bactérie du nom de *Hélicobacter Pilori*. L'arsenal pharmacologique est tout à fait apte à se débarrasser de cette bactérie, clandestin passager de notre estomac depuis l'aurore de l'humanité...

L'estomac, tout comme l'économie régionale, malgré sa simplicité apparente, demeure complexe, sensible et réactif. Il faut respecter ses lois, le dorloter et, si vous lui demandez d'avaler l'impossible, il vous enverra des messages...

Merci aux disciples d'Esculape qui ont eu l'humilité et le bon sens d'appliquer les nouvelles recettes aussitôt que la science leur en a donné la possibilité.

Revenons à notre économie régionale et essayons de voir si ses intervenants, soumis à l'échec depuis quarante années, auront le courage des disciples d'Esculape. Oseront-ils changer de recette? Leur reste-t-il un petit peu de fierté, d'amour-propre?

Les actifs les plus significatifs d'une civilisation, d'un pays, d'une région et d'une ville se constituent au fil de plusieurs décennies; rarement du jour au lendemain. Un arbre met environ, selon les espèces, quarante ans pour atteindre la maturité. Il y a fort peu de choses que l'on puisse faire pour accélérer sa croissance. Par contre on peut faire certaines choses pour ne pas lui nuire.

L'expérience nous a appris que les phénomènes socio-économiques sont complexes et multidimensionnels. Il faut donc éviter de tomber dans le piège de la petite logique simpliste, compte tenu de la complexité de ces phénomènes. La mise en garde est fort utile, mais, d'une part, il ne faut pas qu'elle cautionne un constat d'impuissance; d'autre part, il ne faut pas devenir bête au point de passer à côté de l'essentiel.

Le nombre de recettes de pain – à levain – impressionne. Elles varient d'une région et d'un pays à l'autre, mais l'essentiel demeure:

- des gens qui en ont besoin au point de payer un certain prix;
- un boulanger amateur ou professionnel;
- de la farine;
- de la levure;
- une certaine période de temps;
- des conditions pour lever.

D'une simplicité déconcertante, n'est-ce pas? Pourtant, bien des personnes réussissent tout de même à manquer leur recette. Chacune des composantes peut faire défaut d'une certaine façon.

Avons-nous réussi notre recette de développement régional? Qu'en est-il de nos états d'âme?

Des gens qui en ont besoin
au point de payer un certain prix
Nous avons avancé dans les chapitres précédents que la volonté de développement régional, à part la vertu, constitue le seul consensus qui réussit à se dégager de notre société pluraliste centrée sur les besoins individuels. Il ne s'élève aucune ou très peu de voix discordantes pour

nier ce besoin. Bien sûr, il y a une certaine proportion des intervenants qui sont pris dans le filet du fatalisme, selon lequel il n'y a rien à faire contre les forces de concentration de l'économie capitaliste au service de l'économie mondiale; l'agonie des régions est une triste réalité qu'il faut accepter. Heureusement que cette minorité ne s'exprime pas vraiment, elle considère qu'il serait indécent de le faire.

Nous ne comptons plus les organisme provinciaux, régionaux, municipaux ou autres qui ont comme mission de mousser l'économie des régions. Pratiquement tous les secteurs de l'enseignement occupent directement ce champ de préoccupation, et une quantité phénoménale d'énergie humaine y est investie.

Et pour ce qui est du prix? Y a-t-il quelqu'un qui puisse le quantifier? Existe-t-il un algorithme qui permettrait à un ministre des Finances d'anticiper que X millions de ressources de l'État peuvent produire Y volume d'augmentation du produit intérieur brut d'une région?

La réalité est beaucoup plus simple : personne ne sait vraiment. Ce que nous savons, c'est que, depuis environ quarante ans, nous acceptons passivement que les élus, toutes allégeances confondues, utilisent une proportion dont peu de gens se soucient vraiment des ressources du trésor public pour mousser le développement régional par le biais de ses nombreuses créatures. Non, nous ne savons pas. La seule certitude que nous avons est que la confiance se trouve fortement érodée face à ce mode d'intervention de l'État. D'ailleurs, les politiciens eux-mêmes, qui sont les cliniciens de service, font leur constat d'échec sur toutes les tribunes, sauf pendant leur(s) propre(s) mandat(s).

Peut-être un jour découvrirons-nous que l'investissement en ressources financières n'a pas du tout besoin d'être aussi élevé.

Au Saguenay–Lac-Saint-Jean, dans la région 02, nous avons la chance, que nous ignorons, d'avoir un saint Jean-Baptiste qui prêche dans le désert depuis environ vingt-cinq ans sur le développement du Moyen Nord, sur la prise en charge des régionaux de leurs leviers de l'économie, sur le rôle invalidant de l'État en regard du développement, sur l'effet pervers de certaines politiques gouvernementales ou de l'absence de politique gouvernementale cohérente.

Par contre, un saint Jean-Baptiste a la réputation de dire des choses éminemment vraies, crues, cinglantes et même dérangeantes. À moins d'y être contraint, on préfère ne pas l'écouter. Même que certains ont des plans de carrière assez insolites pour les saints Jean-Baptiste.

Il s'agit de Sergieh Moussally, économiste du département des Sciences économiques et administratives de l'Université du Québec à Chicoutimi. Il a été le premier au début des années 1970 à sensibiliser la population au développement des ressources du Moyen Nord. À cette époque, les gens n'étaient même pas encore familiers avec l'idée d'essayer d'influer sur le développement régional. En conséquence, peu de gens prêtaient vraiment attention à son discours clairvoyant. Certains économistes ont des réputations bien méritées de pelleteurs de nuages, mais Moussally ne fait parler que des données provenant de sources vérifiées. À titre d'exemple, nous avons introduit deux tableaux provenant d'un article du professeur Moussally.

Ces deux tableaux mettent en lumière une autre réalité cinglante : le provincial nous fait subir un déficit fiscal d'environ 300 000 000 $ année après année et le fédéral nous taille d'environ 70 000 000 $ bon an mal an. Ainsi donc, les quelques broutilles de subventions que l'on nous saupoudre de temps à autre ne sont rien en comparaison de nos propres leviers économiques, dont on nous dépouille. Nous souhaitons que notre saint Jean-Baptiste ait une fin de carrière plus glorieuse que l'original et que les décideurs, politiciens, et intervenants de tous les niveaux commencent à prêter attention à son message. Certains des articles percutants de Sergieh Moussally sont offerts sur le site www.saguenaylacstjean.ca, à la rubrique : Documents et liens documentaires.

Chose certaine, le premier ingrédient de la recette est disponible et en abondance. Nous produisons un énorme surplus financier dans la région 02; une grande proportion de ces surplus devrait nous être laissée pour soutenir notre maintien et notre développement régional. Pour illustrer le sort des régions ressource, jetons un coup d'œil à la carte intitulée : *Flux des ressources humaines, matérielles et financières*. Pas étonnant que les régions ressource soient exsangues et manquent de leviers de développement. Situation inévitable ou résultat de politiques sans vision?

Un boulanger professionnel ou amateur

La plupart des grandes entreprises sont nées de l'impulsion d'une personne. Bien souvent, cette personne n'avait pas de formation scolaire particulière dans le domaine précis de son entreprise. Elle avait un certain capital libre dont elle n'avait pas absolument besoin pour se procurer son épicerie de la semaine. Cette personne n'était pas salariée d'une grande entreprise.

D'abord et avant tout, elle avait confiance dans son idée et elle avait de la détermination. Ensuite, elle a eu la sagesse de s'adjoindre des collaborateurs spécialisés qui apportaient d'autres connaissances.

Selon mes observations du monde des affaires, ce genre d'entrepreneur représente vraisemblablement un ou deux pour cent de la population. Ces personnes sont

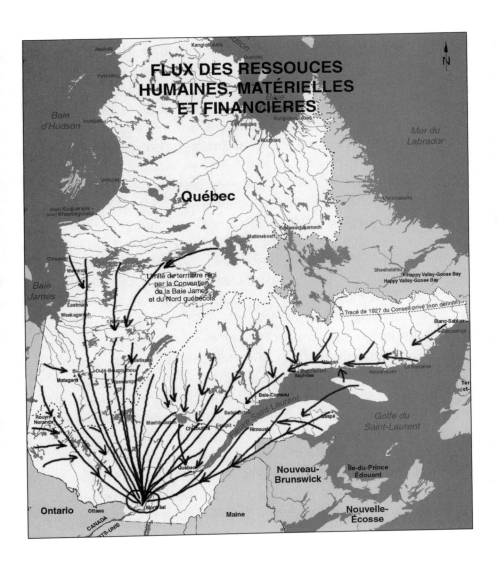

probablement distribuées également dans toutes les régions.

Tout vient en abondance dans la nature; tel ce bouleau qui libère des centaines de milliers de graines de semence. Parmi ces milliers de graines, il suffit qu'une seule tombe dans un milieu présentant les conditions idéales et la graine y prend racine. Une forêt se prépare...

Il en va probablement de même pour les idées de lancement d'entreprises. Des milliers flottent de façon diffuse dans la tête des entrepreneurs. Il suffit d'influer sur les conditions. D'ailleurs, la littérature sur l'entreprenariat se mesure aussi en centaines de kilos.

La vie socio-économique des régions périclite parce que socialement nous échouons à cette tâche d'influer sur les conditions. Du moins, nous avons échoué jusqu'à ce jour, alors qu'il y a bien des régions du monde qui ont des histoires à succès dans le domaine. Osons mettre de côté les *gratteux* et osons libérer la force la plus dynamique du capitalisme: les entrepreneurs libres d'entraves... Je ne sais pas comment vous calculez, mais voici un de mes calculs: un entrepreneur créant quelques emplois est plus précieux économiquement que 100 fonctionnaires ayant une sécurité d'emploi éternelle. Parce que 10 parmi ces fonctionnaires essaieront de faire trébucher l'entrepreneur, 40 autres bien nourris dans les relents de la social-démocratie se consumeront de jalousie et les 50 autres... sont en congé de maladie, en burn out, en libération syndicale, en manifestation, ou bien ils n'arrivent pas à comprendre de quoi nous parlons, habitués qu'ils sont au niveau intellectuel des quotidiens à grande diffusion.

De la farine

Les civilisations sont semblables les unes aux autres en ce sens que l'histoire de la civilisation est la chronique de l'utilisation plus ou moins efficiente des ressources auxquelles elle a accès pour se créer un mode de vie partagé par une collectivité. À en juger par l'histoire écrite des peuples, plusieurs civilisations en sont venues à disparaître lorsqu'elles avaient épuisé leurs ressources.

À l'opposé, certaines nations qui n'ont que fort peu de ressources sur leur territoire national réussissent, à force d'ingéniosité et de labeur, à s'en procurer par le commerce ou le recyclage. L'exemple le plus extraordinaire est celui du Japon qui ne dispose pratiquement d'aucune ressource naturelle sur son territoire.

Les ressources sont abondantes en Amérique. Elles sont aussi faciles d'accès et nous nous y sommes habitués. Par ailleurs, le volume des ressources est de moins en moins important avec l'émergence de la technologie. Quelques centaines de kilogrammes de ressources peuvent réussir à maintenir en fonction tout un processus industriel. Ces quelques kilogrammes peuvent provenir d'une grande variété d'endroits de la planète.

Non, la farine pour la fabrication de pain ne fait vraiment pas défaut en Amérique. Cependant, l'accès aux ressources faciles n'a pas aiguillonné notre sens de l'ingéniosité. Tout était facile. Dans la région 02, les ressources étaient abondantes; elle ont été cédées par pans entiers aux flibustiers avec la collaboration empressée de ministres. Combien parmi vous sont informés du régime des contrats d'approvisionnement forestier...

Trop tard pour s'indigner; une bonne proportion d'entre eux appartiennent déjà aux Américains qui nous imposent des taxes à l'exportation sur le bois d'œuvre. Imaginez : une entreprise peut revendre le patrimoine national. Elle peut revendre son contrat d'approvisionnement et d'aménagement forestier (CAAF) à des acheteurs étrangers.

De la levure

Les quelques grammes de levure et la pincée de sel constituent les plus petits ingrédients de la recette du pain, et pourtant, leur action est déterminante. Il s'agit du catalyseur qui enclenche la réaction du pain. On peut tergiverser sur bien des ingrédients, mais pas sur la levure.

Les grands capitaux pour financer des idées qui ont fait leurs preuves se bousculent aux portes des entrepreneurs. L'offre de capital de risque, pour donner un second souffle à une entreprise déjà sur pied, dépasse la demande.

Nous sommes maintenant vraiment proches du cœur du problème, le pivot de tout mon exposé. Il n'y aura vraiment aucune percée dans le domaine de l'assistance au développement régional à moins que tous les intervenants ne reviennent à la case départ, à la levure.

La levure est le petit capital appartenant à l'entrepreneur et qui lui permet de consacrer son temps et ses énergies à la création de son entreprise, son « bébé ». L'entrepreneur est cet être exceptionnel, motivé par sa vision, son ambition et son inépuisable énergie qui vibre, qui entre en transe lorsqu'il jouit d'une certaine liberté d'action pour innover, pour créer. Ceux qui étudient le phénomène de l'entreprenariat lui collent bien des épithètes : cachottier, visionnaire, individualiste, irréaliste. Plusieurs de ses comportements, vus dans la loupe de la psychologie traditionnelle, sont hors norme. Entre nous, si tous ses comportements entraient dans la catégorie normale et stéréotypée, cette personne travaillerait trente-cinq heures par semaine dans une usine, ou bien elle serait un fonctionnaire qui ne serait vraisemblablement pas aiguillonné par le désir de lancer une entreprise.

En parler augure bien, mais pour l'instant nous ne faisons que parler; les vrais incitatifs qui pourraient survolter les entrepreneurs, les pousser à s'attaquer à de nouveaux défis et à faire pleuvoir les retombées économiques sur les régions ne leur sont pas encore offerts. Nous sommes trop mesquins en tant que société. Nous sommes encore prisonniers du sacro-saint concept de la société égalitariste.

Nos porte-parole de société clament haut et fort sur toutes les tribunes que nous souhaitons des sociétés affluantes, mais en autant que ceux qui contribuent à créer la richesse n'aient pas de traitement de faveur, que nous soyons tous égaux devant l'impôt.

L'analogie suivante conviendrait bien à la situation qui prévaut dans nos sociétés à messages contradictoires : il y a des fruits pour tous sur les arbres. Les plus juteux et les plus mûrs sont au bout des branches les plus frêles et instables. Les plus braves et les plus vigoureux du groupe montent aux arbres pour aller cueillir les fruits. Ceux qui n'osent pas monter aux arbres leur réclament des fruits. « Lancez-nous-en davantage, nous en avons besoin de plus. – Nous sommes tous égaux ; nous avons droit à autant de fruits que vous qui vous aventurez dans les arbres, nous devons tous partager... car nous sommes des victimes-parasites. » Il n'est pas du tout certain que ce groupe suscitera des vocations de grimpeur-cueilleur...

Nous avons une forte tendance à nous servir de la loi du dénominateur commun dans le monde occidental, depuis la Révolution des bolcheviks et depuis la Révolution française, pour ce qui est du partage. Elle assure un minimum aux moins talentueux ou à ceux qui ont été victimes de conditions défavorables. Voyons voir, ce que nous voulons dire en chiffres.

Admettons que le numérateur (ligne du haut) représente théoriquement les unités de production utilisables et produites par des personnes. Le dénominateur commun (ligne du bas) est le nombre de personnes à se partager ces fruits.

$$\frac{1000+700+200+50+30+20+10+1+1+1+1+0+0+0+0....}{50} = \frac{2014}{50} = 40,28$$

Selon ce scénario, tous auront droit à un partage de 40,28 unités de production. Il devient évident que chacun recevra moins lorsque le nombre des non productifs augmentera. Lorsque le dénominateur augmente à 75, on obtient un partage de 26,85 unités de production par personne et un dénominateur de 100 personnes produit des parts individuelles de 20,14 unités de production.

On peut philosopher *ad nauseam* sur l'équité, l'éthique, le sens commun de ce partage, etc. Le débat fait rage continuellement sur la façon de partager le fruit de la production des éléments industrieux. Notre société semble particulièrement apte à produire des moralisateurs qui prêchent davantage le partage que la contribution à la production. Dans leur univers théorique de partage, toutes les victimes-parasites – dont certaines ne sont plus du tout victimes depuis deux générations – ont des droits, des droits, des droits et des droits et bien peu d'obligations ou de devoirs. Ces pseudo-positions éthiques ont un nombre incroyable d'adeptes et de chevaliers servants, de pourfendeurs, de moralisateurs. Si seulement le quart de ces pourfendeurs consacraient leurs énergies à la cause d'augmenter les unités de production à partager...

Je ne veux même pas prendre part à ce débat virulent; je ne fais que l'exposer. Toutefois, j'affirme que lorsque la société sera contrainte d'augmenter le nombre des unités de production à partager, elle devra revoir ses incitatifs réels à produire davantage... si elle veut pouvoir en partager davantage.

Aucun gouvernement ne contribue à créer de la richesse, il en dilapide plutôt une certaine proportion selon son degré d'inefficacité. Le facteur le plus pernicieux est constitué des niveaux de gouvernance qui veulent s'imposer partout, dans tous les domaines, alors qu'ils n'ont pas compris que la meilleure contribution qu'ils pourraient apporter serait de ne pas nuire. Contrairement à la croyance populaire, au Québec, 95 % du produit intérieur brut est le fait de petites entreprises de moins de 50 employés.

Chacune de ces petites entreprises a eu un créateur, un entrepreneur qui lui a donné naissance. Ces petits entrepreneurs sont la levure de la richesse de tout le monde occidental et ils le demeureront. Ce sont les seules personnes qu'il devrait être permis de cloner en milliers d'exemplaires et de placer dans un climat favorable... À l'annexe 5 nous avons dressé une liste sommaire de certains entrepreneurs que nous souhaiterions cloner.

Il est probable que dans quelques décennies nous ferons la preuve que la prospérité sur un territoire donné est beaucoup plus un « menu à la carte » que ce que nous sommes disposés à croire maintenant. Jusqu'à ce jour, nous avons tendance à nous en remettre au hasard, à la chance ou à un concours fortuit de circonstances, avec le résultat que nous connaissons. L'horoscope peut-être...

Il y a pire : une cohorte de fonctionnaires, dont certains sont semblables à ceux qui sévissaient au lendemain du Directoire en France, ont le droit virtuel de vie ou de mort sur les entreprises.

Une certaine période de temps
Les grands pins qui ont été coupés par les premiers intervenants, d'abord au Saguenay et ensuite au Lac-Saint-Jean, avaient en général un âge vénérable de 150 ans. Les

moines défricheurs qui sont venus s'implanter au nord du Lac-Saint-Jean près de l'actuelle ville de Dolbeau ont eux aussi abattu de formidables grands pins dont ils arrivaient à tirer des pièces de bois de 12 sur 12 pouces sur plus de 30 pieds de long. Ces moines pensaient tout simplement que les grands pins repousseraient rapidement. Eh bien non! Ces grands pins plus que centenaires étaient sans doute eux-mêmes la culmination d'un cycle forestier encore plus vaste, de 500 ans peut-être.

Ces grands écosystèmes sont, nous l'avons tous deviné, le fruit d'un nombre impressionnant de facteurs, dont certains ne nous sont même pas encore connus. Un nombre impressionnant de facteurs, certes, mais il en est un qui les contient, qui les enveloppe et les transcende tous : ce facteur primordial est le temps. On peut modifier, tripoter, altérer, survolter, éliminer ou encore souhaiter croire que l'on peut agir sur tel ou tel facteur, mais le temps impose sa loi inexorable si l'on veut en arriver au résultat recherché.

L'activité socio-économique d'une région constitue elle aussi un écosystème fort complexe. Chacun des écosystèmes possède ses caractéristiques qui lui sont propres. Toute comparaison avec un autre écosystème est aléatoire. Chacun obéit par contre au même tyran : le temps.

Je voudrais ici que nous nous interrogions sur les chances de réussite d'un politicien ou d'un parti politique qui, nouvellement élu, décide soudainement de prendre le bâton du pèlerin et d'activer le développement des économies régionales. Son horizon de planification est de quatre ans, huit tout au plus. Ses deux outils demeurent une certaine enveloppe budgétaire pour saupoudrer des subventions et l'autorité pour créer bien des comités d'action. Si bien intentionnées que soient ces personnes, nous connaissons fort bien leurs chances de succès. Nous en palpons le bilan tous les jours dans les régions ressource.

Lorsqu'il nous arrive de prêter distraitement l'oreille aux élucubrations de ceux qui, universitaires ou autrement savants, viennent de se découvrir une vocation de développeurs des économies des régions, on peut être assuré de voir rebondir, comme du maïs à éclater, les exemples de Silicone Valley, de la Beauce ou encore des pays scandinaves. Ce que l'on ne mentionne pas est probablement plus important que ce que l'on énonce : Silicone Valley est un phénomène plus ou moins concerté de quatre décennies. L'intensité de l'activité économique de la Beauce est probablement la résultante de trois générations de familles parmi lesquelles on valorisait la débrouillardise. La première loi visant à encadrer l'exploitation des forêts publiques a été votée, en Scandinavie, en 1760; pour nous, c'était la Conquête. Notre toute première loi pour encadrer de façon bien timide l'exploitation de la forêt publique n'a pas encore dix ans. Non, certains résultats ne se produisent pas de façon aléatoire ou structurée du jour au lendemain.

À moins de prendre des leçons du jardinier, nos chances d'influer sur le développement des régions sont faibles. Le jardinier a une philosophie; il pose des actions qui ont fait leurs preuves au fil des siècles. Il sait qu'il ne verra pas de résultats dans l'immédiat, mais il va de l'avant avec sa noble occupation. Des actions bien ciblées, mais les résultats viendront plus tard... Convenons qu'il n'y a pas là matière à enthousiasmer un politicien qui veut se faire réélire dans quatre ans. À moins que nous ne méritions des gouvernements d'une extrême clairvoyance et dotés d'une vision économique à long terme, il sera préférable de ne compter que sur les forces du milieu pour mousser ce développement des régions... et il faudra que certaines pratiques de prédation soient modifiées...

Des conditions pour lever

Une forêt saine est constituée d'une variété d'espèces, quelques grands arbres, des arbres de taille intermédiaire et un couvert de végétation de moindre taille. Chacune de ces espèces joue un rôle bien précis dans l'écosystème. L'équilibre s'est lui-même créé. Théoriquement, nous savons tous qu'il est inutile d'essayer de tirer sur les feuilles pour les faire pousser plus vite. Pourtant, dans la réalité, nous le faisons constamment et tous les jours par des interventions mal ciblées qui ont pour véritable finalité de donner de la visibilité à un groupe de politiciens : toujours en gardant à l'esprit que l'on recherche un résultat immédiat. Nous continuons de souhaiter l'avènement d'un héros sorti de nulle part qui viendrait remettre sur pied l'économie moribonde de telle ou telle région ressource. Nous avons toujours à l'idée que deux ou trois grandes entreprises suffiraient... comme si deux ou trois grands arbres constituaient un couvert forestier. Tout d'abord, il y a de grands arbres parce qu'il y a eu avant un écosystème complexe qui a permis leur croissance, et non l'inverse.

La loi des organismes vivants est la croissance ; la stagnation est inquiétante et il faut lutter de toutes ses énergies contre la décroissance. Cette loi s'applique aux organismes gouvernementaux. Quelque part, il faut que leur croissance s'arrête. L'interventionnisme de l'État sombre, à un certain point de transition, dans du paternalisme aux effets secondaires non souhaitables. Un peu comme des parents qui font tout pour leurs adolescents ; ces adolescents tarderont à se prendre en main. Les parents qui ont tout essayé pour que leurs jeunes choisissent tel ou tel secteur d'activités en auraient long à raconter sur leur taux de réussite. Cela ne vous rappelle-t-il pas l'efficacité des interventions gouvernementales dans l'économie des régions ?

Il y a un univers de différence entre un interventionnisme du type intrusif et une aide qui s'assure en même temps de ne pas nuire. Chaque fois qu'un fonctionnaire ou une créature de l'État entre en contact avec un entrepreneur en émergence, nous sommes assurés que c'est pour exiger quelque chose de lui et lui saper du temps et des énergies. Ce qui fait dire à bien des entrepreneurs qui sont passés par le processus des subventions que chaque sou de la subvention a été gagné à un coût élevé par des démarches, des énergies, du temps et des courbettes. Les premiers pas d'un enfant ou d'un poussin sont vacillants. La moindre intervention contraignante peut le déstabiliser et le faire tomber. Tant mieux s'il se relève, mais il n'était pas du tout obligatoire de le faire tomber... pour l'aider. L'assister dans ses premiers pas est autre chose.

Il est bien évident que personne n'aime faire des *mea culpa* sur la place publique, mais les recommandations du rapport Lemaire sur les irritants des entreprises dans leurs rapports avec l'État devraient faire l'objet exclusif d'une session parlementaire. Il y a fort à parier que le rapport Lemaire servira à ramasser de la poussière sur une quelconque tablette. Avons-nous vraiment quelque chose à perdre à changer de recette? Les paris sont ouverts; y a-t-il quelqu'un qui soit disposé à parier que les recommandations du rapport Lemaire seront appliquées à la lettre?

Il ne faut pas être rétrograde au point de déclarer que toutes les interventions de l'État et les services offerts aux entreprises méritent la hache. Les interventions et services de l'État doivent pouvoir se comparer aux infrastructures électriques, de chauffage et de plomberie d'une maison. Ces infrastructures doivent contribuer à créer un « climat » dans lequel la vie sera confortable. Mais le jour où ces infrastructures ne créent pas le climat souhaité et que les habitants de la maison doivent y consacrer trop de temps et d'énergie, il est temps de revoir leur rôle. Oui, un État industriel moderne doit offrir des infrastructures adaptées aux entreprises. On s'en convaincra bien vite en jetant un coup d'œil sur les pays du Tiers-Monde.

La principale force qui a créé la prospérité du monde occidental est le travail non entravé des entrepreneurs, petits et grands, et ce, dans un climat où le rôle des entrepreneurs était reconnu et où ceux-ci avaient la certitude de pouvoir jouir d'une partie de la richesse qu'ils allaient contribuer à créer. Ces gènes d'entrepreneur sont distribués également parmi un bassin donné de population; à l'instar des graines en dormance dans le sol. Aussitôt que le climat favorable s'installe, nous pouvons être persuadés que la magie fonctionne. Là où nos interventions s'égarent, c'est lorsqu'on essaye de survolter la magie sans concentrer son intervention sur le climat.

La magie a toujours fonctionné par elle-même. On peut par contre agir sur les composantes du climat. Nous dressons une liste de pistes d'intervention de nature à agir sur le climat.

Jetons à nouveau un coup d'œil sur la carte des flux des ressources humaines, matérielles et financières. Les grosses flèches représenteraient les flux de matière première et de personnes. Une autre série de flèches représenterait les ponctions financières en impôts, taxes et autres. Tous ces flux nourrissent les grands centres et, par voie de conséquence, drainent les ressources matérielles, financières et humaines des régions. Les mêmes flux fonctionnent aussi pour les autres provinces du Canada. Aucun de ces flux n'est forcé ou obligatoire; ils sont tous le résultat d'une décision humaine planifiée, voulue et concertée. Plusieurs de ces flux sont tout simplement des non-sens. Imaginons que l'État pomperait de l'eau du lac

Saint-Jean et la transporterait à Québec dans de grandes citernes; une légion de fonctionnaires s'en occuperaient, à quel coût? et quarante pour cent de cette eau nous serait retournée par la route pour l'irrigation de certaines cultures. Pensez-vous réellement que cette comparaison soit enfantine?

Il n'en tient qu'à nous de décider qu'il en sera autrement. Faisons comme Hydro-Québec: construisons des barrages en régions éloignées pour endiguer ces flux et mieux les contenir, et ces barrages produiront la prospérité des régions qui, elle, rejaillira sur les grandes métropoles.

Voici ce qui se passe lorsque nous laissons les fonctionnaires de la Capitale prendre notre économie en main. Les hôpitaux de la ville de Québec utilisent du lait qui provient du Saguenay–Lac-Saint-Jean. Les hôpitaux de Saguenay utilisent du lait du Saguenay–Lac-Saint-Jean qui a été traité à Granby.

Voyez à ce sujet la carte des mesures administratives pour atténuer les flux à la page 186.

Je n'achète pas de *gratteux*, mais permettez que je rêve quand même à des régions prospères. Nous venons de vivre une nouvelle élection, de nouveaux députés embarqueront dans la grande chaloupe du parti, il y aura plusieurs séances d'information pour que chacun suive la ligne du parti et oublie tout le reste, les groupes de pression et les grands syndicats s'occuperont de la vitesse et de la direction de la chaloupe. Il y aura peut-être des dissidents qui seront jetés par-dessus bord. Non, chers régionaux, la solution ne nous sera pas présentée sur un plateau... Voici mes suggestions.

Ingrédients
• Prélèvement d'une taxe locale pour l'utilisation des ressources de la région. Les fruits de cette perception

MESURES ADMINISTRATIVES POUR ATTÉNUER LES FLUX

seront versés à des organismes locaux pour mousser l'économie des régions.

• Taux d'imposition des personnes qui diminuera proportionnellement à l'éloignement des grands centres pour en arriver à 0 dans les régions vraiment éloignées. Après tout, nous ne représentons qu'environ 15 % de la population. L'incidence sera minime sur les finances de l'État.

• Même principe pour les entreprises à propriété régionale qui acceptent, après la juste rémunération du capital, de réinjecter leurs excédents dans l'entreprise. Le dégrèvement d'impôt sera affecté au revenu personnel des propriétaires du capital régional. Il ne nous restera plus ensuite qu'à être jaloux d'un riche qui ne paie pas d'impôt personnellement, mais qui a créé et maintenu 200 emplois

• Les taxes sur les produits pétroliers diminueront selon le même principe.

• Instauration de prix dégressifs de l'électricité et du gaz naturel pour des fins industrielles.

• Établissement de très faibles coûts de fréquentation des cégeps et universités des régions éloignées au point d'attirer des étudiants brillants qui choisiraient d'y rester.

• Incitatifs fort attrayants pour la grande entreprise de faire de la seconde et de la troisième transformation en région.

• Incitatifs fiscaux personnels aux actionnaires régionaux d'entreprises qui créeront des emplois durables.

• Investissements structurants : j'estime que l'aluminium est sur la bonne voie au Saguenay–Lac-Saint-Jean. Ne tombons pas dans le même travers que l'on reproche aux gouvernements en investissant tout au Saguenay. Il faut un énorme centre de recherche universitaire sur les produits dérivés du bois et de la pâte à papier à Saint-Félicien. Quelque chose de calibre comme le laboratoire de recherche sur l'aluminium à Chicoutimi. Pour l'heure, nous pouvons produire des poutrelles de plancher, des panneaux laminés et des panneaux de particules agglomérées. Pauvres de nous, cette usine est tombée aux mains des Américains; avec la caisse de retraite. Peut-être qu'un jour nous apprendrons... C'est tout de même mieux qu'exporter des milliers de camions de madriers. Avec un investissement structurant comme un laboratoire de recherche, il serait possible d'identifier à l'intérieur d'une dizaine d'années d'autres produits dérivés du bois. Exporter de la pâte pour alimenter des papetières en Angleterre ou en Europe est aussi primitif qu'exporter du bois de sciage aux États-Unis. Personne n'a-t-il jamais eu le goût d'imaginer faire autre chose avec la pâte, ne serait-ce que du carton? Au lieu peut-être d'essayer de se faire allouer des CAAF[4], des CAAF, et des CAAF, peut-être devrions-nous instituer les CAAF honorifiques... Ne croyez-vous pas que la loi devrait être amendée pour interdire la vente de CAAF en même temps que l'usine?

• Tous les bons vins et fromages de France ne sont pas fabriqués sur les trottoirs de Paris. Les épinettes ne poussent pas beaucoup sur Grande-Allée ou sur tous les boulevards René-Lévesque. Les kilowatts d'électricité ne sont pas produits dans les métropoles. Les mines sont situées en région comme les alumineries. Les administrations de ces ressources doivent donc être expédiées là où elles doivent aller: dans les régions ressource, incluant les fonctionnaires indispensables. Les autres, prière de les

---

4. Le contrat d'approvisionnement et d'aménagement forestier confère à son bénéficiaire le droit d'obtenir, sur un territoire forestier qui y est délimité, un permis d'intervention pour la récolte d'un volume de bois ronds d'une ou de plusieurs essences en vue d'assurer le fonctionnement de son usine de transformation de bois, à charge par le bénéficiaire d'exécuter les obligations qui lui incombent en vertu de la présente loi et du contrat et de réaliser des traitements sylvicoles permettant d'atteindre le rendement annuel prévu au contrat pour chaque aire destinée à la production forestière. Selon: Loi sur les forêts. L.R.Q., chapitre F-4.1, article 42.

garder en ville pour les manifestations et la semaine de trois jours; en région nous manquons de jours. Québec est d'ailleurs en train de se faire spolier de tous ses leviers par Montréal. Cette concentration dans les grandes métropoles ne mène nulle part. Il faut donc intensifier la décentralisation des services gouvernementaux vers les régions éloignées.

• Y a-t-il une quelconque objection, logique, technique, financière ou autre pour que l'administration de toutes les opérations de chantiers d'Hydro-Québec soit déménagée à Chibougamau et à Sept-Îles et que toutes les opérations aériennes soient centrées dans le cœur géographique du Québec, à Roberval, au même endroit que les avions-citernes pour combattre les feux de forêts? Toutes les infrastructures publiques sont en place. Sommes-nous moins méritants qu'Air Inuit ou Air Creebec? Qu'attendons-nous pour exiger ces redressements de situation de nos politiciens?

• Maintenant que le dispendieux canard de la SEBJ a été ressuscité de ses cendres, il faut le déménager au plus tôt vers Chibougamau. En effet, toute son implication est située seulement et exclusivement au nord du 49e parallèle sur le territoire conventionné. Le fait que son siège social soit à Montréal relève de l'incohérence totale. C'est ce genre de bêtise de la part des politiciens qui condamne les régions à l'indigence programmée. Y a-t-il quelqu'un qui oserait nous faire croire qu'il faut que ce siège social soit situé à mille kilomètres de sa base d'action et d'intervention? La SEBJ n'a strictement rien à voir avec la région métropolitaine de Montréal.

• Le lait, les animaux et les produits de la ferme, doivent-il vraiment être envoyés à l'extérieur de la région? Est-on à ce point dépourvu d'imagination et de moyens? Tout commence dans l'imagination, ensuite il faut y croire et travailler, travailler et travailler encore et même le soir après souper. Il y a un couple de héros nationaux dans le modeste rang Simple Nord de Saint-Félicien. Les propriétaires de la ferme Olofée[5] inc. Bernard Lepage et Bergerette Tremblay, se sont laissés aller à imaginer qu'il était possible de faire autre chose avec l'avoine plutôt que de l'envoyer à l'extérieur de la région, à travers les camions de madriers et les citernes de lait. Ils ont mis sur pied la première usine de flocons d'avoine au Québec. Madame Bergerette Tremblay a les yeux mouillés et la voix nouée d'émotion lorsqu'elle évoque comment la pluie vient amorcer le merveilleux miracle de la croissance de l'avoine. Cette avoine qui, une fois transformée, accomplira un autre miracle inexpliqué de la vie en transférant ses propriétés énergétiques au corps humain à travers la nutrition. Pourtant, l'ombre de la faillite a souvent obscurci le radieux soleil qui contribuait au fonctionnement du miracle dans les champs de la famille, au nord du 48e parallèle. Les cliniciens et les scribouilleurs qui aiment bien qualifier les entrepreneurs avec des attributs tels que : désordonnés, impulsifs, incohérents et ayant des difficultés à communiquer ravaleraient leurs balivernes en rencontrant ces deux entrepreneurs : madame Tremblay leur exposerait le modèle conceptuel de planification humaine et stratégique qu'elle est en train d'implanter dans l'entreprise familiale. Il y a des « chârcheurs » qui cherchent en laboratoire des pistes d'entreprenariat, des avenues de développement régional; écoutez bien le conseil stratégique de Bergerette Tremblay : « Regardez dans votre panier d'épicerie. » Quel pourcentage de notre panier d'épicerie est produit dans la région alors que nous vivons

---

5. Terme de marine qui signifie : remonter dans le vent.

dans une région essentiellement agricole? Aujourd'hui, il y a sur les bancs d'école des jeunes qui seraient enthousiasmés par la réussite de cette famille, ils y trouveraient leur vocation de vie. La graine du miracle de l'entreprenariat pourrait être semée dans l'imagination de ces jeunes. Encore faut-il que nos commissions scolaires et les autres organismes aient la sagesse de faire le pont par l'émulation et des visites guidées. Il faudrait ériger un petit mausolée sur le bord de la route 169 avec des indications de visites guidées, des néons et des clignotants... Un timbre régional devrait être imprimé à leur effigie. Rien de moins. De plus, madame Bergerette Tremblay mentionne avoir reçu une grande faveur de Dieu : la famille a de la relève... Ces gens sont aussi en mesure de vous enseigner un autre secret, une autre vérité universelle, un autre scoop qui déclenche la formidable dynamique humaine de l'entreprenariat : Bernard Lepage s'impatiente souvent lors des réunions avec ses associés, soit son épouse et ses enfants : « Ben bon, on va arrêter de le dire et on va le faire! »

• Toutes les actions humaines prennent d'abord naissance dans l'esprit humain, sous la forme d'un rêve. Le travail et la persévérance font le reste. Un certain succès se manifeste et l'émulation est une technique qui a toujours fonctionné. Pourquoi n'aurions-nous pas un hebdomadaire consacré exclusivement à l'émulation de l'entreprenariat. Ce petit hebdo pourrait être parrainé par les bons clubs sociaux de la région. Il serait rédigé en collaboration avec les associations d'étudiants qui pilotent des micro-entreprises à succès. Nos commissions scolaires pourraient introduire un cours continuel sur l'entreprenariat en commençant au primaire. Ce cours devrait être obligatoire à tous les niveaux et pour toutes les orientations. Il comprendrait des visites pédagogiques de tous les succès industriels ou commerciaux de la région, petits, moyens et grands. Ce sont en effet les jeunes assis sur les bancs d'école aujourd'hui qui seront – ou non – les entrepreneurs de demain; ce sont eux qui déménageront – ou non – vers Montréal demain. Les futurs députés et ministres, les prochains détenteurs de leviers économiques sont actuellement sur ces mêmes bancs. Les adultes de la direction de l'hebdo pourraient nourrir continuellement les jeunes cerveaux avec les préoccupations à long terme d'une région comme le Saguenay–Lac-Saint-Jean, vous savez, ces efforts collectifs qu'il faut soutenir pendant vingt ans et plus... Les débouchés pour la pâte à papier et les produits dérivés du bois sont sur les bancs d'école, ayons l'humilité de solliciter leur aide; construisons-leur un centre de recherche à Saint-Félicien. De grâce, aidons-nous!

• La population des sept régions ressource de la province ne représente que 15 % de l'ensemble de la population du Québec. Que l'on réduise de 60 % la fonction tous azimuts des percepteurs de l'État; d'ailleurs, le processus de perception en lui-même doit dilapider au moins 15 % du fruit qu'il produit. Un actuaire ayant accès à tous les livres et registres nous ferait la preuve comptable que l'État, non seulement ne s'appauvrirait pas, mais qu'il en sortirait gagnant dès le premier exercice comptable. Un comptable de profession et féru d'avancement social et politique comme M. Jean-Marc Bard nous confirmerait la viabilité de cette avenue d'autonomie régionale.

• Un peu plus loin, nous donnons une recette de développement et d'autonomie régionale. Pour ces objectifs, le gouvernement se pense obligé de devoir répondre avec une STRUCTURE impliquant des centaines de fonctionnaires alimentés avec la ponction de la sueur des régionaux.

• Il y a un vacuum d'émulation au Québec. La religion

a été détrônée de sa position dominante. Les valeurs qui l'ont remplacée ne donnent pas de garantie de promotion de l'avancement sociétal. Ce vacuum a été envahi par des valeurs socialistes présentées comme sociales-démocrates; un employé de construction qui rote ses deux grosses bières du midi, qui n'a suivi aucun cours pour accéder au marché du travail, doit gagner sa vie honorablement, mais une société qui le convainc qu'il doit gagner aussi cher qu'un professeur de cégep ou un médecin se tire dans le pied. La même chose pour les travailleurs de villes, les policiers et les pompiers. Nous n'allons nulle part avec ces idées qui continuent tout de même à s'imposer; pourtant, nous avons eu la preuve de leur ineptie avec l'effondrement du système socialiste de l'Union soviétique. C'est ce genre de nivellement par la base, de corrosion qui a amené l'implosion du régime. Remplaçons ce vacuum par une émulation totale, à tous les niveaux, de toutes les façons, sur toutes les tribunes par la promotion de l'entreprenariat. Faisons-en une religion dans les familles, les écoles, les cégeps, les universités et chez nos dirigeants. Il s'agit d'une meilleure avenue pour nous permettre d'avoir davantage de richesses à partager au service de la dignité humaine pour l'accomplissement de sa finalité ultime, rejoindre son Créateur. La société russe mettra un siècle à se remettre de ses avatars.

Dans quinze ou vingt ans, nous aurions agi de façon tutélaire sur la vie socio-économique des régions. Nous aurions créé des conditions favorables pour que les graines d'entrepreneurs en dormance germent, ce qui permettrait du même coup à la magie de fonctionner par elle-même. Le taux de reproduction est trop faible en laboratoire.

Un État est semblable à une personne. Les limitations les plus restrictives sont celles que l'on s'impose soi-même. Un État qui fait le même constat d'échec depuis quelque trente ans et qui n'ose pas envisager d'essayer d'autres recettes se limite dans ses moyens de façon inacceptable.

Vous tous qui avez des enfants, des petits-enfants, ou qui en aurez un jour, osez rêver à des régions prospères, à des milieux de vie où il fait bon vivre, où vos enfants continueront près de vous la grande chaîne de la Vie. De grâce, cessez d'attendre après le gouvernement. Osez rêver, laissez tomber les *gratteux*. La prospérité est à la carte et elle fonctionne comme le REÉR; il faut y penser à l'avance.

Des combats de titans

Mes chers concitoyens de régions éloignées, camarades entrepreneurs et hommes d'affaires, sachez que nous aurons à livrer des combats de titans pour arracher notre dû à la machine administrative de l'État. Ceux qui n'ont pas les nerfs solides feraient peut-être mieux de ne pas prendre part à ce combat.

À l'assaut, mes braves régionaux. Fonçons sur la première tranchée creusée dans le bas de la falaise du cap Diamant : les grandes agglomérations concentrent 70% de la population et 80% de la députation. Gardez à l'esprit l'aqueduc et les égouts de Montréal.

Après la première tranchée, il y aura des survivants, quelques-uns devront probablement retourner chez eux; ils ont des familles à nourrir; ils n'ont pas, après tout, des ressources inépuisables, il y a une limite à guerroyer. Des entrepreneurs de région doivent payer leurs dépenses de voyage, eux... Ils ne peuvent pas manger dans les beaux restos autour de la Colline parlementaire; ils doivent se rabattre sur les excellents McRonald's, les pratiques Jim Bortons et les rapides Runaway le long de l'ancienne route 138.

Par contre, d'autres continueront l'escalade de la falaise.

Voici une autre situation. Je vous épargne une plomberie probablement aussi ténébreuse qu'incohérente pour résumer en vous disant qu'il y a un énorme arrosoir à pelouse à Ottawa – au Canada. Il s'agit de la SCHL, la digne, respectable et noble Société centrale d'hypothèque et de logement qui remplit tout de même une tâche importante socialement. Vous n'avez pas l'air de me croire... Comme vous êtes devenus cyniques!

De cette source au Canada part un boyau en dérivation vers la SHQ, Société d'habitation du Québec, au Bas-Canada, pour alimenter un arrosoir qui déverse des ondées providentielles sur les logements à prix modique en ce pays ci-devant désigné comme le Bas-Canada.

Ceux qui ont sous-estimé monsieur Parizeau derrière sa bonhomie joviale d'intellectuel aristocrate ont toujours eu des surprises. Il a l'œil, il est rusé et faites attention avant de haler sur sa chaîne. Certains l'ont appris à leurs dépens dernièrement! Tenez-vous-le pour dit. Toujours est-il que monsieur Parizeau s'était aperçu que, bien sûr, il y avait quelques fuites dans le boyau provenant d'Ottawa, qu'il arrivait une certaine quantité d'eau à l'arrosoir du Bas-Canada, mais que, pour une raison inexpliquée par les lois gouvernant la mécanique des fluides, il n'en sortait pas vraiment assez à l'autre bout.

Nous ne savons pas vraiment qui s'est occupé, en première main, de la plomberie, mais il avait été décidé, en 1985, que la Corporation Waskahegen – logements – serait financée à 75 % par la SCHL et à 25 % par la SHQ. Il s'agit d'une OSBL, organisation sans but lucratif, fondée il y a 31 ans. Le premier siège social était situé à Montréal, il a déménagé vers Maniwaki, puis vers Mistassini au Lac-Saint-Jean. La Corporation Waskahegen a mis sur pied depuis 2 500 logements à prix modique dans environ 80 villes du Québec. Waskahegen dispense plusieurs types de services à ses membres dont du parrainage, de l'encadrement pour des entreprises collectives, etc. Environ 25 000 personnes bénéficient des services de la Corporation Waskahegen.

C'est ici que l'action commence. Les ressources financières de la Corporation Waskahegen, qui transitent à 25 % par la SHQ, voilà qui est suspect! Ce qui devait arriver arriva. Les fonctionnaires de la SHQ se sont engagés dans des manœuvres d'encadrement administratif des activités de la corporation à un point tel que l'opération s'est transformée en un enlèvement pur et simple, un rapt. Les fonctionnaires de la Vieille Capitale n'acceptaient tout simplement pas que l'opération et le contrôle d'une corporation leur échappent, et, qui plus est – c'était ajouter l'injure à l'insulte –, que son siège social soit situé dans une négligeable bourgade de régionaux.

Le président de la corporation Waskahegen est, somme toute, un personnage bien modeste, il est trop occupé à parcourir des milliers de kilomètres afin de réunir et rencontrer les membres de l'organisme pour faire l'épanchement de ses émotions sur les tribunes publiques. Ce brave président a malheureusement quelques tares qui font qu'il ne devrait pas, techniquement, *fitter* dans le décor, des tares assez difficiles à pardonner. Il n'a usé que très peu de pantalons sur les bancs d'école et il a eu la dignité de manier la scie mécanique pour gagner sa vie à une certaine époque.

Sa dernière tare est encore pire : ce président de Waskahegen appartient à un groupe que Nathalie *La Presse* Petrowski désigne sous le vocable suivant : « le prolétariat suburbain le plus misérable d'Amérique du nord »; des poussières, ils ne sont que 25 000 au Québec.

Si j'ai bien compris, il s'agit d'une sous-espèce, une

dérive génétique entre le pur Ilnu[6] et le visage pâle payeur de taxes. Ce sont les hors-réserves. Les métis de Louis Riel. Hors-réserves! Bien malin est celui qui peut dire s'il s'agit d'une délivrance ou d'une stratégie douteuse. Des coquins s'empresseront d'ajouter qu'ils paient des taxes; oui, ils se font tailler comme toutes les brebis du troupeau par les taxes à la consommation, mais très rares sont ceux qui se qualifient pour l'imposition sur leur revenu.

Et dire que je pensais que nous avions été débarrassés du système de castes[7] avec la Charte des droits et libertés.

Revenons à notre assaut du cap Diamant, le président de la Corporation Waskahegen monte à la charge avec nous pour défendre nos intérêts régionaux. Les fonctionnaires l'ont reconnu : 433 chefs d'accusation de fraude. Transporté à l'urgence, il a attendu dans le corridor pendant trois jours son tour d'être examiné; ce n'était pas vraiment important puisqu'il était socialement mort.

Au Ministère, on s'est aperçu de la bavure et les gros canons ont été mobilisés pour sauver la face. Pour restaurer l'honneur du président de la Corporation Waskahegen? Non, pour sauver la face. C'est ici que le président nous a refusé sa collaboration, car il est lié par une entente de non-divulgation et de non-collaboration... Nous avons dû affecter une stagiaire pour faire la recherche dans les archives de la presse régionale. Le dossier s'est avéré impressionnant; il y a assez de substance pour au moins quatre ou cinq exécutions...

Imaginez la situation. Une personne, non sur ses

---

6. Les Ilnus sont 13 000 au Québec, répartis dans neuf communautés.

7. Vous êtes-vous déjà demandé à quelle caste sociale vous appartenez? Fonctionnaires – Politiciens – Crime organisé – Utra-syndiqués – Non-autochtones Travailleurs autonomes – Salaires bas à minimum – Chômeurs – BS – Hors-réserves – Une des nombreuses castes autochtones – Payeur de taxe? Trudeau devait nous avoir débarrassés des castes avec sa charte...

gardes, se fait piéger et tombe dans un panier de crabes, et pas des crabes pee-wee. Un panier de crabes est souvent tressé en fibres d'osier et, de ce panier, des sons, des secousses, des odeurs et des petits liquides s'échappent, autant d'éléments pour la presse écrite et parlée. Affaire probablement très ténébreuse... Les excuses publiques ont été assez timides...

Le coup classique de l'oreiller de plumes dispersées au vent a tout de même bien fonctionné. Ramassez les plumes maintenant. Durant tout le reste de sa vie, ce président croisera des gens qui lui souriront, certes, mais parmi ces personnes, au moins 40 % penseront en silence : « Ouiiiii... maisssss! Moi, Pierre Lajoie, je suis bien placé pour comprendre. »

Le président de la corporation Waskahegen m'a fait savoir dernièrement qu'il était disposé à faire front commun avec nous pour tout dossier régional – économie et emploi – et qu'il était partant pour une autre escalade du cap Diamant; son organisation n'arrive pas à éponger les besoins sociaux criants des membres de sa confrérie. Les personnes habitant dans des belles maisons arrivent difficilement à imaginer qu'un logement décent, un toit sur la tête est une question plus que primordiale pour des gens qui ont été expulsés, éjectés du système dans lequel on peut recevoir un salaire en échange d'un travail. Nos préoccupations sont d'un autre niveau.

Pour les entrepreneurs régionaux, la vie, la survie n'est pas de tout repos. La plupart du temps, ils doivent faire les funambules sans filet. « Signe ici une petite hypothèque inoffensive sur ta maison, un petit transfert général de créances juste au cas où... »

Les entrepreneurs régionaux n'ont pas une sécurité éternelle d'emploi ni une pension pour une vie et demie distillée de la sueur des pauvres et de la dette de l'État.

Coup de chapeau à un entrepreneur qui réussit à attraper quelques miettes qui tombent providentiellement d'une table et le soutiennent dans sa lutte pour créer des emplois... Un petit tuyau à ceux qui attendent leur chèque de chômage : vous feriez peut-être mieux de ne pas trop compter sur le gouvernement pour vous trouver un job... collez-vous plutôt sur les entrepreneurs.

Au chapitre 16, nous introduirons quelques réflexions sur le rôle que pourraient jouer les autochtones dans le développement régional. Ce rôle est par contre menacé. Tout se jouera dans les mois à venir...

Pour terminer, j'ai imaginé la structure d'une recette gagnante. Elle pourrait nous permettre de gérer nous-mêmes une partie de ce qui a rendu, jadis, notre région attrayante, à savoir ses énormes pouvoirs hydroélectriques.

LA SAGUENAY POWER!

Nous utiliserons ce titre pour des raisons historiques, économiques et logiques. Il en va de même, à peu de choses près, pour les autres régions.

Raisons historiques
• La Saguenay Power a été la première compagnie à distribuer, à grande échelle l'hydroélectricité au Saguenay–Lac-Saint-Jean.

• Le Saguenay a toujours été depuis des siècles et continue d'être une voie d'eau navigable. Le trafic maritime y est d'ailleurs en augmentation.

Raisons économiques
• Le Saguenay constituait pour les autochtones un segment de la route des fourrures. Il avait donc un impact économique pour eux.

• Cette magnifique rivière a eu la même signification économique pour les populations de régionaux qui sont venus s'établir ici à partir de Charlevoix.

• Une bonne proportion des produits de nos usines et nos ressources naturelles quittent par le Saguenay pour aller de par le monde. En contrepartie, des matières premières y arrivent en provenance de partout pour alimenter les procédés de nos usines.

• Presque toutes les rivières du bassin hydrographique du Lac-Saint-Jean, le lac Saint-Jean lui-même et le Saguenay viennent tout juste de terminer leur importante mission économique de porteurs de billes de bois.

• Des barrages nous ont offert l'énergie électrique dans nos maisons et nous ont permis de prendre part à la révolution industrielle qui semble se maintenir pour nous donner accès à la prospérité.

• Les villes qui ont conservé leurs équipements de production et de distribution électrique y ont puisé des revenus intéressants au fil des années.

• Les retombées économiques des activités et sports reliés à l'eau font en sorte qu'il s'agit d'un apport économique incontournable. Pour l'instant, nous sommes un peu lents à découvrir comment nous pourrions harnacher l'eau gelée sous forme de neige pour mousser l'activité économique, mais nous y parviendrons.

Raisons logiques

• Un fermier possède ses champs, des animaux et des instruments aratoires. Un pêcheur possède des instruments de pêche et un accès à certains plans d'eau. Une famille possède un ensemble de biens. Une industrie possède en propre des bâtiments, des équipements et un ensemble de procédés. Une ville possède des infrastructures de tous genres. Des communautés humaines possèdent des biens en commun.

• Pour toutes ces raisons, il faut impérativement aux régions ressource un capital auto-généré à partir de ses ressources pour commencer à se prendre en mains. Même les politiciens constatent l'échec des politiques et interventions gouvernementales déployées jusqu'à ce jour à l'égard des régions. Nous proposons une solution facilement réalisable. Nous voulons tout simplement cesser d'être des mendiants qui convoitent leurs propres ressources.

De porteur d'eau à...

Notre relation avec l'eau a été plus dominatrice que nous ne sommes disposés à le réaliser de prime abord.

Après la Conquête, nous avons été des « PORTEURS D'EAU » et il nous a fallu environ deux cents ans pour nous extirper de cette entrave. Nous nous sommes libérés physiquement et économiquement du joug du porteur d'eau, mais il n'est pas sûr que nous nous en soyons libérés mentalement. Plusieurs croient encore qu'il est normal que les jeunes quittent les régions...

Nous hésitons à croire en nous, en notre avenir, en nos capacités. Nous tergiversons sur la direction de notre société, nous ne sommes pas vraiment persuadés de pouvoir influer ni sur la dynamique ni sur la trajectoire. Nous avons tellement hésité que d'autres sont venus pour s'occuper de nos ressources. À part certaines exceptions, ou le fait de quelques entrepreneurs, nous avons attendu que des grandes compagnies viennent nous apporter une « prospérité minimale pour faire l'épicerie », mais ces grandes compagnies n'avaient pas vraiment la même idée que nous en tête. Elles voulaient effectivement notre bien et elles ont pris les dispositions pour l'avoir. Même que beaucoup de Contrats d'approvisionnement et d'aménagement forestier (CAAF) appartiennent à des étrangers...

Nous avons ensuite sombré dans une autre variante de la profession de porteur d'eau. Nous sommes devenus les PORTEURS D'EAU DU GOUVERNEMENT. Nous sommes les porteurs d'eau par le niveau d'imposition et de taxation, par la fuite de nos ressources humaines, de nos ressources premières et financières.

Il est encore possible à chaque région de corriger la trajectoire et d'influer sur la dynamique socio-économique des régions. Pour le Saguenay–Lac-Saint-Jean, voici comment nous allons nous reprendre en mains.

Rappelons-nous notre histoire, chaque fois que nous nous sommes fait porter par l'eau, nous avons prospéré, nous avons fait des bonds en avant. Cessons totalement et complètement d'être des porteurs d'eau et faisons-nous à nouveau porter par l'eau.

L'instrument de libération

Nous allons contraindre nos politiciens à instaurer un cadre légal qui permettra aux régions ressource qui le souhaiteront de former une Dotation régionale énergie & ressources. (DRÉR)

But

Posséder, regrouper, créer ou développer des ressources régionales afin de les exploiter pour en tirer des bénéfices régionaux et nous donner les ressources financières qui permettraient de prendre en main notre développement social, économique, humain, municipal et territorial.

En remplacement de...

Ce levier économique se substituerait à l'ordre établi actuel, soit le processus institutionnalisé, étatisé de spoliation, d'exaction, de dérive, d'écoulement de nos ressources humaines, naturelles et financières vers les grands centres. On nous « prend » pour venir nous en « redonner en partie » et nous disons merci. Même qu'on a diverti Hydro-Québec de sa mission pour la faire jouer au père Noël en distribuant des oboles dans toutes les municipalités et des cataractes de dollars en douce aux autochtones.

Comment?

Nous allons cesser de mendier des permissions de tous les groupes de pression qui n'habitent même pas notre territoire et nous allons nous prendre en main. Nous allons harnacher harmonieusement avec le minimum d'impact environnemental nos petites rivières qui présentent un potentiel économique. La Dotation régionale énergie & ressources sera la propriétaire légale de tous ces actifs de production, car nous les financerons par le biais de nos hommes d'affaires, et du financement public régional[8]. Nous n'augmenterons pas la dette d'Hydro-Québec. Rapidement, il y a deux barrages sur la rivière Chicoutimi, deux sur la rivière aux Sables, et quatre autres petits barrages potentiels.

Nous sommes déjà propriétaires d'une proportion du barrage qui sera construit sur la Péribonka, et, à ce titre, notre région a droit à une redevance pendant toute la durée de vie active de ce barrage.

Nous sommes écœurés d'être à la remorque des opinions de tout le monde pour le harnachement de l'Ashapmachouane. Nous n'avons rien à faire de leur point de vue, car il s'agit de notre cadre de vie, de celui de nos enfants et de nos petits-enfants. Nous allons tenir un référendum régional et, si les résultats sont positifs, nous harnacherons cette magnifique rivière. Profitons-en pour contrer le plus grand mensonge des écologistes : même harnachée, l'Ashapmachouane aura le même potentiel récréo-touristique que maintenant. Avons-nous vraiment perdu toutes les rivières que nous avons harnachées? Les groupes financiers de la région, les fonds des syndicats, le financement public seront invités à participer à une proportion du financement. On pourra même émettre des obligations pour le financement de l'Ashapmachouane que tous pourront acheter, même les petits épargnants. Ces obligations seront plus sûres que les marchés actuels.

---

8. Nous sommes capables de faire du financement public régional. Nous avons souscrit un milliard de dollars avec la formule de la Caisse d'entraide économique avant que l'aventure soit torpillée par la conjoncture économique et par les grandes institutions financières.

Nos entreprises seront les maîtres d'œuvre de ces ouvrages et nos ressources régionales les construiront.

Nous prendrons possession des droits de coupe sur les ressources forestières de notre espace de vie et nous bénéficierons collectivement de ces retombées économiques. Il en va de même des droits miniers et des droits des carrières.

La mécanique des chiffres

Les ressources nettes serviront pour les fins suivantes :
• Une banque de capital de risque pour le financement de projets majeurs.
• Un fonds pour la valorisation structurée de l'entreprenariat. Cette valorisation devrait avoir une vision, des clientèles cibles, une planification stratégique rigoureuse et, surtout, avoir les moyens de ses ambitions. La valorisation de l'entreprenariat est maintenant une science.
• Un fonds pour aider les différentes fondations des hôpitaux de la région pour l'achat d'équipements médicaux de pointe.
• Un fonds pour venir en aide financièrement aux événements socio-économiques qui sont plus souvent qu'autrement des générateurs de retombées économiques et sociales pour la région dans son ensemble :

Les Grands Spectacles à La Baie.
Les grandes fêtes d'hiver à Chicoutimi et à Jonquière.
Les grands festivals du nord du Lac.
La promotion de la vélo-route.
Les Fêtes gourmandes à Delisle.
Les Grands Jardins de Normandin.
Le Jardin zoologique de Saint-Félicien.
La Traversée internationale du lac Saint-Jean.
Le Village fantôme de Val-Jalbert.

Et autres événements induisant des retombées économiques.

• Création d'une infrastructure de « sentiers » et son entretien pour le sport de la motoneige, ce qui mettra vin au « zignage » périodique et récurrent en début, en milieu et en fin de saison... Tous les leviers économiques sont les bienvenus.

• Un fonds pour un certain type de détresse sociale mais qui n'empiète pas sur les missions des autres organismes.

• Un comité régional à direction transparente présiderait aux allocations des fonds pour les besoins que nous venons d'énumérer.

Équité sociale

La somme nette des ressources financières divisée par le nombre d'habitants de la région nous donnera un montant per capita pour le développement régional. Ce capital per capita pourrait être pondéré par un facteur de trois pour les autochtones et les hors-réserves. Ces concitoyens partageant avec nous le même espace de vie seraient nos partenaires sur un pied d'égalité. Il nous faut maintenant parler en termes de montant per capita. Finie l'époque des cadeaux aléatoires qui mettent à contribution toujours le même perdant : le payeur d'impôts et de taxes.

Quand?

Nous commençons maintenant. Tous les propagandistes que nous interpellons peuvent débuter la réflexion et songer à un plan d'action.

Les propagandistes

Voici ceux qui pourraient contribuer sur une base

volontaire à cette campagne visant à saisir nos leviers économiques :

Les animateurs de radio et de télévision.
Les journalistes.
Les associations d'étudiants – Leur avenir.
Les Chambres de commerce.
Les clubs sociaux : Kiwanis, Richelieu, Lions, Rotary.
Les Chevaliers de Colomb ont un impact social très considérable même en périphérie de leur mission.
Tous les autres groupes qui doivent toujours mendier des fonds pour poursuivre leur action sociale respective.

Nous pouvons amorcer maintenant notre projet qui prendrait environ cinq années pour se réaliser à 50 %. L'Ashapmachouane pourrait prendre plus de temps, deux années pour poursuivre les études déjà avancées et six années pour la construction par nos maîtres d'œuvre régionaux..

Pour conclure, tous les voyages commencent par le premier pas. Nous sommes capables de faire ce premier pas vers la réalisation de notre Dotation régionale énergie & ressources, la DRÉR. Nous sommes capables de nous prendre en main. Avant de devenir les porteurs d'eau du gouvernement, avant la phase de l'endettement social, nous avons fait des réalisations collectives impressionnantes, des églises, des arénas, et centres urbains et bien d'autres choses encore. Les gens d'ici, comme dans toutes les autres régions ressource en possession de leur destin et de leurs ressources, ont montré ce qu'ils pouvaient réaliser dans le passé. Les régionaux, s'ils reprennent leurs leviers économiques, le peuvent encore et le pourront davantage. Faisons-le pour nos petits-enfants. Pour nos enfants, il est trop tard, nous leur laissons des dettes et une autoroute, bientôt à doubles voies pour converger vers les grands centres derrière les camions transportant nos ressources.

Nous avons manqué trop de rendez-vous avec le développement régional – ne manquons pas celui-ci à compter de maintenant. Je m'engage à en parler à 20 personnes autour de moi; un annonceur radio pourra le faire avec 150 000 auditeurs et un journaliste avec 100 000 lecteurs.

Les gens des autres régions éloignées sont aussi débrouillards que nous, ils auront eux aussi leur Dotation régionale énergie & ressources.

Chapitre 13
La remontée

En avril 1992, monsieur Edmond Larouche arrivait de Miami, lorsqu'il entendit parler de mes déboires. Il cogna donc à ma porte en compagnie de ses deux fils et laissa tomber simplement : « Ça fait huit ans que nos chemins ne se sont pas croisés, mais je vais t'aider et je ne te lâcherai pas. Si tu as des projets à entreprendre, on est là. Il est urgent que tu sortes de ton lit et que tu recommences à vivre. L'engagement vaut aussi pour mes deux gars. Si jamais il m'arrivait malheur, ils vont te donner le même soutien. » Et nous nous sommes donné la main; ce qui représente encore, à mon avis, le meilleur contrat.

Une embellie, pour reprendre un très beau vieux mot français : une éclaircie dans un ciel encore chargé de nuages, mais où un peu de soleil pointait. Nous nous étions accordé quelques jours de réflexion. C'était pour moi une délivrance de penser à autre chose qu'à mes maudites difficultés, et une renaissance de pouvoir calculer de nouveau comme un entrepreneur. LMB, mon ancien bébé, possédait à l'époque trois laboratoires en ingénierie et analyse des sols et de l'eau : Éco-Sag, situé à Jonquière et qui se spécialisait dans les analyses physico-chimiques; Métriclab, installé à Saint-Eustache, dont la raison d'être était la géochimie; Techmat, du Saguenay, dont les activités tournaient autour des techniques des sols et bétons et de l'hydrologie.

Techmat a été racheté par ses employés et Métriclab sera vendu à des gens de Montréal. Éco-Sag m'intéressait pour plusieurs raisons : il était localisé à Jonquière; je croyais à l'avenir des analyses physico-chimiques; le groupe de techniciens y était particulièrement compétent et dévoué. De plus, ma fille Ann, biochimiste et microbiologiste de formation, y était directrice générale.

Aujourd'hui, Éco-Sag a pratiquement cessé toute activité. Avec le support de la majorité des employés de ce laboratoire, nous avons décidé d'ouvrir notre propre laboratoire, Éco-Santé, dans un local de la rue Saint-Félix, à Jonquière. Nous tenions à introduire le mot « santé » à l'intérieur de la raison sociale, car je crois fermement que, dans un avenir rapproché, toutes les analyses médicales se feront par l'entremise de laboratoires privés. Année après année, le secteur public nous fait la preuve qu'il lui est, à toutes fins utiles, impossible de contrôler ses coûts, et lorsque l'on ne contrôle pas ses coûts, on peut rarement contrôler la qualité : nous parlons de votre sang. Le secteur privé a de meilleures performances dans ce domaine; nous le savons tous, mais nous n'osons pas y recourir pour l'instant au nom de je ne sais plus quel principe. Nous serons patients.

Pendant les mois de juillet, août et septembre 1992, les anciens employés d'Éco-Sag vont nettoyer, aménager, peindre nos locaux abritant auparavant une entreprise qui travaillait le granit. En septembre 1992, ce fut l'inauguration en grande pompe. C'était pour moi l'occasion de renouer avec la vie publique après plusieurs mois de retrait partiel, si je fais la comparaison avec mes activités professionnelles d'avant le putsch chez LMB ou comme bénévole.

La presse, qui ne m'avait pas épargné, ne m'épargnera pas. Elle titrait : LAJOIE REPART EN AFFAIRES... Nous nous retrouvions quatre actionnaires : les deux frères Larouche, moi-même et ma fille Ann, qui agissait et agit encore comme directrice générale. J'avais, sans rémunération, la responsabilité du développement. Nous avions comme clients cibles Alcan, les papetières, les scieries... Nous nous sommes d'abord consacrés aux analyses de l'eau et du sol. Nous avons ajouté l'air à partir de 1998.

Et nous avons engendré un succès, non sans peine, mais qui demeure certain. Je ne veux pas enterrer les lecteurs sous les chiffres, mais voici quelques indications : nous avons acheté pour plus de 500 000 $ d'équipement; de 1992 à l'an 2000, nous avons doublé le personnel.

En plus de ma réintégration dans le monde des affaires, je me préoccupais aussi de laver un peu mon image dans la communauté. En 1993 et 1994, j'allais travailler activement à la mise sur pied du premier Centre d'entrepreneurs sur l'île de Montréal, pendant la fusion de la Chambre de commerce et du *Board of Trade*.

À l'été 1994, pendant deux semaines, j'allais remplacer un des animateurs-vedettes de CKRS-Radio à l'époque, monsieur Jacques Cayer, à son émission du midi. J'ai pu constater alors que ma notoriété était encore bonne, et beaucoup d'auditeurs m'ont assuré de leur respect et de leur confiance. Cela m'a fait chaud au cœur.

Permettez-moi tout de même de raconter une anecdote qui illustre un peu le genre de problèmes nouveaux auxquels j'étais confronté. Je vous ai raconté qu'on m'avait sans élégance montré la porte de LMB avec pour seule compensation vingt-six semaines de congé de maladie. À la fin d'août, je me présentai donc au chômage. Je me souviens avoir garé mon auto sur le premier emplacement visible du parking et m'être fait apostropher vertement par un gardien : « T'as pas le droit de stationner là! » J'avais une Buick Summerset. Lorsque je conduisais une Mercedes, je pouvais me garer n'importe où... Sans rien entendre.

Bien ressaisi de mon engueulade, je pénétrai dans l'édifice. J'étais le seul client à porter un complet et une cravate. Le patron me reconnut et il me fit signe de monter directement à son bureau. La semaine précédente, le laboratoire Éco-Santé avait fait une demande pour des techniciens, et il croyait que c'était la raison de ma visite... Lorsque je lui appris que je venais comme futur bénéficiaire, il eut un sourire gêné et me signifia que je devais redescendre pour attendre dans la file... Plus tard, pendant mon procès, je recevrai la visite de deux inspecteurs d'Emploi et Immigration, très polis, qui m'apprendront que je n'avais plus droit à mes prestations puisque, étant retenu par un procès, je n'étais pas disponible à l'emploi... Je leur devais donc 1 200 $, car j'avais fait de fausses déclarations en indiquant ma disponibilité alors que j'étais devant le tribunal... Je rembourserai cette somme à 100 $ par mois pendant douze mois.

Un autre événement survint. Moins anecdotique, celuilà. Plus lourd de conséquences dans le temps. Lorsque j'enseignais à Roberval, Val-Jalbert me fascinait. J'y avais entraîné des étudiants membres du Club des jeunes naturalistes pour la cueillette de plantes et de fossiles et l'exploration des cavernes et des gorges de la Ouiatchouan. J'avais même écrit à l'Office national du film pour proposer un projet de long métrage.

À la fin des année 1980, LMB avait connu quelques ratés. La firme avait laissé passer une occasion d'affaires en or en refusant ma suggestion d'acheter la petite centrale Kanada de Mont-Laurier. Ce n'était pas dans notre domaine, disaient mes associés. De même, nous n'avions pu obtenir la Cartonnerie Jonquière. Le segment était prometteur puisque les frères Lemaire sont en train d'y construire un autre empire... Mes associés n'avaient pas confiance en ma vision.

J'avais l'envie et le besoin d'entreprendre un projet et de le mener à terme.

À l'époque, le gouvernement provincial, sous la gouverne de Mme Lise Bacon, avait décidé de promouvoir une politique de production hydroélectrique par de petites centrales, construites et gérées par l'entreprise privée. Le temps des grands projets de type Baie-James était terminé. Une phrase de René Lévesque me revint à l'esprit; je la cite de mémoire: « En plus d'être belles, les petites rivières devraient pouvoir nous faire bénéficier de l'énergie qu'elles possèdent. » Et, évidemment, je me suis souvenu de la fameuse chute de Val-Jalbert.

En 1989, je mets sur pied MCQ-Hydro-Canada et je rencontre les dirigeants de la SEPAQ qui gérait les installations récréo-touristiques du Village fantôme. Nous signons un protocole d'entente qui leur assurait, ainsi qu'aux populations de la MRC Domaine-du-Roy, des retombées plus qu'intéressantes contre la permission de construire deux turbines sur la rivière qui traverse le site. Une partie seulement du débit de la rivière serait canalisée dans un tunnel qui conduirait l'eau à la centrale souterraine près du canal de fuite dans le lac Saint-Jean. Aucune infrastructure n'aurait été visible de l'extérieur. La vocation récréo-touristique du site n'aurait subi aucune altération.

Jusqu'à 1991, les relations avec la SEPAQ, la MRC et le gouvernement sont cordiales et transparentes. De partout à travers le monde nous arrivent des offres de financiers intéressés à investir. En 1991, c'est le début de la crise chez LMB. Est-ce une coïncidence? C'est le moment que choisit le gouvernement pour s'interroger... Et il enclenche un débat sur la gestion privée ou publique des ressources hydroélectriques.

Il n'y a pas eu d'appels d'offres! C'est le nouveau message en provenance de Québec. Dorénavant, il y aura donc appels d'offres... MCQ-Hydro-Canada répond donc à toutes ces contraintes administratives pour la Chute-à-Martine de Desbiens. Les Montagnais également. De même que GE Capital en consortium avec SOCCRENT. Ce consortium obtiendra le droit de construire et de gérer. Mais, pas plus que nous ne pourrons le faire à Val-Jalbert, ces derniers soumissionnaires ne pourront réaliser leur projet.

Le Parti québécois, qui venait de reprendre le pouvoir, instaura la Commission Doyon sur le développement hydroélectrique. En 1993, le projet de Chute-à-Martine sera renvoyé aux limbes pendant que d'autres projets semblables se concrétiseront dans la province. MCQ-Hydro-Canada devra, entre autres, faire face au BAPE, le Bureau d'audiences publiques pour les projets à impacts environnementaux. Il suffit qu'un citoyen écrive une demande cohérente au ministre pour qu'on mette automatiquement ce processus en branle. Dans notre cas, nous avions droit au BAPE parce que notre projet – 24,8 Mw – égalait ou excédait 10 mégawatts; s'il n'avait généré que 9,9 mégawatts... Un syndicaliste de l'Hôtel-Dieu de Roberval avait donc envoyé une lettre et, de plus, les Amérindiens protestaient à haute voix : ils réclamaient la chute de Val-Jalbert; n'était-elle pas sur leur territoire ancestral? Deux ans plus tard, les Montagnais obtiendront une centrale sur la rivière Mistassini, sans appel d'offres, évidemment. Si André Caillé pouvait parler... J'espère qu'il écrira ses mémoires. Les gens léthargiques de la région sont demeurés estomaqués devant le fait accompli. Les Montagnais détiendront 51 % des actions, alors qu'Hydro-Québec aura assumé une large proportion des coûts... Bravo à Hydro-Ilnu. Je reproduis ci-après deux lettres qui éclairent la démarche : la mienne pour une Approche commune et leur réponse. Ceux qui ont des illusions sur l'Approche commune et les fumistes qui veulent les entretenir n'ont qu'à bien analyser le contenu de ces deux lettres...

M.C.Q.
HYDRO-CANADA INC.

Jonquière, 10 avril 1991

Conseil des Montagnais du Lac St-Jean
151, rue Ouiatchouan
Mashteuiatsh (Québec)
G0W 2H0

A l'attention de Madame Colette Robertson
Société de Développement Economique
de Mashteuiatsh

Madame Robertson,

A deux reprises déjà, dont une fois à Monsieur Rémi Kurtness et une autre fois à vous-même et à Monsieur Jos Cunial, nous avons eu l'occasion d'exposer notre projet de construction d'une mini-centrale de 25 mégawatts sur la rivière Ouiatchouan. En même temps, nous avons proposé au groupe Montagnais de participer à la réalisation de ce projet. Nous avons aussi ajouté que nous aimerions développer d'autres projets hydroélectriques de la même manière.

En ce qui concerne Val-Jalbert (rivière Ouiatchouan), vous devez savoir qu'à ce jour, le projet de 25 mégawatts a été accepté par la Société des Etablissements de Plein Air du Québec et par le Ministère de l'Energie et des Ressources. De plus, tout récemment, nous avons obtenu d'Hydro-Québec un protocole ferme sur l'achat de l'électricité. Actuellement, nous produisons notre étude d'impact, conformément à une directive spécifique du Ministère de l'Environnement du Québec. Nous serons heureux de vous montrer les documents auxquels nous référons.

En outre, nous avons déjà obtenu par résolution, l'appui de toutes les municipalités du territoire, celui de la MRC du Roy et enfin, l'appui de nombreux organismes et sociétés du milieu.

Le projet de Val-Jalbert repose sur une analyse technique et une étude de faisabilité très fouillées réalisées par un groupe d'experts reconnu à tous les niveaux, que ce soit à l'Hydro-Québec ou ailleurs, dans le domaine de l'ingénierie et de l'hydroélectricité.

A ce jour, bien que nous n'ayons pris aucun engagement définitif, le financement a trouvé preneur auprès d'institutions financières majeures.

Nous avons toujours affirmé que notre entreprise aurait une attitude d'accueil pour des partenaires régionaux. Aujourd'hui encore, nous sommes toujours en attente d'une offre quelconque. A cet égard, il vous appartient donc de manifester votre intérêt.

Agréez, Madame Robertson, l'expression de nos sentiments les plus distingués.

MCQ HYDRO-CANADA INC.

Pierre Lajoie, Adm. A.
Président

CONSEIL
DES MONTAGNAIS
DU LAC ST-JEAN

PARTAGER SES RICHESSES C'EST ENRICHIR SON PEUPLE

Mashteuiatsh, 15 mai 1991

M.C.Q. HYDRO-CANADA INC.
Monsieur Pierre Lajoie, président.

Monsieur Lajoie,

Pour faire suite à votre lettre du 10 avril dernier, permettez-moi d'abord de vous remercier de l'intérêt que vous manifestez à l'égard d'une implication éventuelle des Montagnais dans le développement hydro-électrique, par l'implantation de mini-centrales sous la gouverne de M.C.Q. HYDRO-CANADA INC.

Quand on parle de développement sur nos territoires, il faut évidemment amener les occupants de ce territoire à s'intéresser à ce même développement. Mais comme vous en conviendrai, nous n'avons cédé ces territoires à quiconque, et nous sommes encore ceux qui avons le dernier mot sur son développement.

Vous comprendrez certes que notre volonté de s'affirmer est parfaitement légitime et que pour les Montagnais de Mashteuiatsh, le développement en territoire est devenu une priorité. Ce que nous désirons, c'est de pouvoir développer ce même territoire, dans l'harmonie de l'environnement et de nos valeurs.

Nous piloterons en tout droit ce dossier indépendamment de vos démarches et de vos actions. Veuillez bien considérer la présente intervention, comme étant une intervention positive, permettant à la communauté de Mashteuiatsh de se créer un développement à l'image de nos valeurs intrinsèques.

Je vous prie de recevoir, monsieur Lajoie, l'expressions de mes salutations très cordiales.

La directeure du Développement économique,

Colette Robertson, Adm. A.

cc: Directeur général, Conseil des Montagnais du Lac St-Jean

Siège Social
151.Ouiatchouan
Mashteuiatsh
Québec G0W 2H0
Tél.: (418) 275-2473
Télécopieur:
(418) 275-6212

Dans le Québec contemporain, les deux plateaux de la balance n'ont pas le même poids... Nous voilà donc devant le BAPE. Au début, c'est un débat d'experts et de fonctionnaires : tout va très bien. Nous avions amplement satisfait toutes les exigences d'études environnementales, et nos mesures de mitigation de l'impact environnemental étaient non seulement acceptables, mais novatrices. Sans parler des retombées économiques pour le milieu. Puis vint le temps des mémoires des particuliers et des groupes. La majorité s'opposaient au projet; entre autres, un des syndicats de l'Hôtel-Dieu et les Montagnais dont nous spoliions le territoire sacré; ces oppositions n'ont pas été une surprise totale. Mais l'opposition venait aussi de la part d'organismes dont la prise de position était beaucoup plus étonnante : la MRC Domaine-du-Roy, qui, pourtant, avait soutenu nos efforts dès le début et qui avait même changé son schéma d'aménagement, ce qui n'est pas peu de chose, pour nous accommoder; et la ville de Roberval par l'entremise de son coloré maire...

Les audiences du BAPE ont pris fin. Semble-t-il que le peuple avait parlé, et le projet était sabordé. Et plusieurs ont savouré leur victoire.

Examinons en détail la nature de leur victoire. Le projet de harnachement de la chute de Val-Jalbert comprenait deux volets compensatoires. Le premier consistait à assurer une redevance annuelle de quelques centaines de milliers de dollars, pendant cinquante ans, pour le Jardin zoologique de Saint-Félicien. Cette infrastructure touristique est une réalisation grandiose et combien héroïque. Les touristes de toutes provenances sont unanimes dans leur enthousiasme. Elle est toutefois l'otage de deux ou trois fins de semaine de belle température pendant la saison d'été qui déterminent si elle fera un profit ou un déficit. Ce jardin zoologique est un bijou dans un écrin, mais ce n'est pas assez pour assurer sa viabilité, la beauté seule ne suffit pas.

Nous sommes habitués dans la région à l'annonce pathétique et en grande pompe que le Zoo est aux « soins intensifs ». C'est le déclencheur : une armée de bénévoles ainsi que les traditionnels clubs sociaux de la région partent en campagne de financement pour assurer la survie financière du Zoo. Tous les pères Noël à subventions du fédéral et du provincial paradent alternativement ou simultanément, mais toujours triomphalement, avec un chèque. Malheureusement, l'abonnement aux subventions ne devra jamais s'interrompre, car les employés risqueraient de se passer de paye certaines semaines. La quantité d'énergie engagée par des bénévoles est tout simplement astronomique, et surtout édifiante, pour réussir, campagne après campagne, à mendier la survie de ce zoo. Entre autres, un certain Robert Lamontagne, dont il a été question plus avant, y a consacré plusieurs années de bénévolat. Voilà pour le premier volet. Bravo aux autochtones et aux opposants. Le Zoo n'obtiendra pas sa source de financement fixe ; il n'aura qu'à sonner l'alarme à nouveau.

Le deuxième volet consistait à utiliser l'énergie cinétique de la chute de Val-Jalbert, près de Roberval au Lac-Saint-Jean, pour créer le plus formidable jeu de fontaines, de lumière et de son. Des geysers auraient exécuté, pour le plaisir des touristes quatre saisons par année, des danses rythmées agrémentées de jeux de lumière. Un programme informatique aurait pu moduler des variations à l'infini de ces trois éléments, eau, son et lumière, pour produire des symphonies à la fois pour les yeux autant que pour les oreilles. Les hymnes nationaux de tous les pays auraient pu être exécutés par les geysers, la lumière et les sons de la chute, sans aucun apport extérieur d'énergie.

L'autosuffisance énergétique la plus totale. La mécanique produisant ces spectacles féeriques aurait pu servir de cadre scolaire pour expliquer à d'innombrables classes de jeunes la nature de la conversion de l'énergie cinétique de la chute en geysers et en électricité pour produire la lumière et les sons. Une terrasse couverte aurait accueilli des touristes à longueur d'année : laissez-vous aller à imaginer ces symphonies un samedi soir d'hiver, alors que le mercure plonge à −20 °C. L'énergie électrique de la chute aurait pu servir à rendre le site totalement autonome. L'affluence de tous les endroits de la planète aurait été telle qu'il aurait fallu décupler les capacités d'accueil du site. Cela nous aurait changés de l'obligation de partir en campagne de financement pour assurer le paiement des factures d'exploitation du site, mois après mois.

Voilà pour le deuxième volet. Le site de Val-Jalbert n'obtiendra pas sa source permanente de financement engendrée par l'eau de la chute.

Un autre volet de financement aurait pu être consacré aux Grands Jardins de Normandin. Cette réalisation est semblable à un nageur de calibre potentiellement olympique, mais qui n'a que peu accès à l'oxygène dont il aurait bien besoin pour performer. Comme le Jardin zoologique, il est l'otage de deux ou trois belles fins de semaine l'été. La somme de bénévolat qui a été consacrée à la mise sur pied de cette réalisation a été tout simplement colossale.

La concertation est le propre d'un groupe de personnes volontaires et intelligentes socialement; c'est l'ingrédient nécessaire à la réalisation d'un projet dont plusieurs tireront des bénéfices. Les autres ingrédients sont le temps et les ressources financières. À l'opposé, il est paradoxal de constater la tâche que des détracteurs perfides et mesquins peuvent accomplir en quelques instants avec une allumette. Le nombre de personnes affectées est encore plus considérable.

La frilosité, l'incohérence, les ambitions mesquines, la peur du risque et le peu de courage des élites régionales devant les mots d'ordre partisans en provenance de Québec sont en bonne partie responsables de l'état socio-économique pitoyable de nos régions, pourtant riches en ressources naturelles et humaines. Nous avons investi 500 000 $ d'argent non subventionné pour réaliser des études du potentiel de la chute de Val-Jalbert et pour obtenir les 17 des 18 permis requis. Il a fallu se faire « passer au BAPE »; pauvre moi peut-être, mais surtout pauvres régions. J'ai personnellement payé pour l'apprendre, et les régions du Québec en souffrent : toutes, elles se retrouvent dans des culs-de-sac impossibles à défoncer.

Chapitre 14
Les pratiques d'affaires inc.

Le *Globe and Mail* de Toronto m'avait désigné un des *Whiz-kids* des années 1970. J'étais un des *Golden Boys* du Québec inc. Une fois mis en accusation, je renvoyais donc aux Québécois du monde des affaires et du fonctionnarisme une image véridique d'eux-mêmes, et cette image, ils la détestaient. On allait me le faire payer cher. J'allais devenir le bouc émissaire.

Les organismes gouvernementaux se croient obligés de mettre en garde contre le bakchich les hommes d'affaires ou les universitaires désireux d'exporter des biens ou du savoir vers les pays d'Afrique du Nord, du Moyen-Orient ou de l'ex-URSS. Il s'agit d'un système sophistiqué de prébendes ou de gratifications à verser de la base au sommet de la hiérarchie administrative pour jouir d'une probabilité raisonnable d'obtenir un contrat. On en parle à mi-voix, on en murmure dans les cocktails entre deux martinis. On l'expose comme quelque chose d'exotique, un reliquat d'un passé féodal dont ces pauvres pays en voie de développement se débarrasseront certainement un jour pour rattraper notre niveau de civilisation et d'éthique, mais qui, malheureusement, sévit encore.

La vie est rarement facile. Pour l'affronter, il faut au préalable apprendre les lois qui la gouvernent. Les découvrir aléatoirement est plus dangereux. La vie des hommes d'affaires honnêtes n'est pas une sinécure et ce n'est pas demain la veille que l'on va rédiger le manuel « Comportement en affaires pour les nuls », car ces lois sont élusives, différentes, changeantes, particulières, ponctuelles, évanescentes, et certaines autres ont une date de péremption. Tout bureau d'ingénieurs, de comptables, d'architectes, d'entrepreneurs en construction qui veut surnager et réussir se doit d'apprendre, et rapidement! Il est facile de faire mettre votre entreprise sur la liste officielle des fournisseurs du gouvernement – et d'attendre le téléphone peut-être? Le système garantit que tous seront traités équitablement et c'est probablement le cas. *Tous seront traités également, mais à commencer par les amis!* Humain, oui humain et certains sont plus profondément humains que d'autres... Aussi, il n'est peut-être pas pertinent de faire remarquer à l'officiel qui reçoit les enveloppes de soumissions qu'il ressemble à Mister Bean et qu'il a mauvaise haleine. Ne demandez pas non plus à son assistante si elle est parente avec Olive Oil. Par contre il est facile de prendre une retraite obligée en offrant un beau billet de banque à un acheteur professionnel des grandes entreprises. À cet égard, Alcan, Hydro-Québec et d'autres du même calibre ont développé des services professionnels d'achat hautement éthiques et surtout hermétiques qui inspirent confiance à ceux qui sont invités à prendre part à des processus d'appels d'offres.

Malheureusement, il y a ceux qui contournent les systèmes établis. Les mieux branchés réussissent quelque chose de comparable à défier les lois de la gravité; ils ne sont même pas sur les listes de fournisseurs. Généralement, ce sont des agents libres, des flibustiers qui font flèche de tout bois. La meilleure trouvaille est de se désigner comme consultants. Ce genre de ressources occultes est caractérisé par l'absence relative d'une quelconque compétence. Heureusement ou malheureusement, un décideur s'estime soudain coincé dans l'obligation d'avoir recours à leur expertise pointue et de leur adjuger des contrats juteux... et dire qu'il y en a encore qui ne croient pas à la lévitation.

Il est par contre totalement faux de penser que l'on

peut percer par la simple ruse, sans une compétence certaine. Les appels d'offres publics en sont un bon exemple. La sophistication des devis va sans cesse croissant dans tous les domaines, et la quantité d'énergie requise pour y répondre est astronomique. Il faut y investir les meilleures ressources de l'entreprise pendant des semaines – des ressources qui ne peuvent pas être utilisées ailleurs. Dernièrement, un appel d'offres était lancé pour une section de route dans la réserve faunique des Laurentides. Contrat d'environ 17 M$ et l'entreprise adjudicataire l'a arraché par une marge de 3 000 $ parmi deux douzaines de concurrents provinciaux. N'est-ce pas qu'il faut maîtriser les paramètres de la profession? Maintenant, cher adjudicataire, il faut que tu livres les travaux à la date prévue, qu'ils soient acceptés et faire un profit raisonnable. Ne pas trop compter sur les avenants...

Par contre, il y a certains secteurs moins bien balisés. Pour une entreprise, certaines dépenses pour fins de représentation sont admissibles, directement ou indirectement : dons à des partis politiques, loges au Forum anciennement, à l'amphithéâtre Bell maintenant, fins de semaine et repas fastueux pour des sous-ministres ou autres fonctionnaires placés aux nœuds de décision, voyages de pêche, etc. Va pour la pointe de l'iceberg. Nous ne vous parlerons donc pas de l'iceberg, car il est constitué des dépenses occultes. Vous ne saisissez pas la nuance? On ne peut pas en parler parce qu'elles sont justement occultes.

Quant aux hautes instances, on ne les achète plus comme au temps de Duplessis, c'est vrai. Mais on s'assure leurs faveurs de façon plus subtile : on les achète à option ou par anticipation en leur promettant un poste sur des conseils d'administration à généreux jetons de présence, ou des vice-présidences, ou d'autres postes de cadres qui les amèneront au bureau pour ramasser leurs chèques de paye et remplir leurs formulaires de notes de frais; ceci une fois qu'ils auront quitté la politique active, évidemment... Et je passe par-dessus ces anciens candidats défaits qui obtiennent des sinécures dans les organismes de surveillance gouvernementaux...

Et que dire de ces journalistes, si prompts à se réclamer de l'éthique de la profession, qui acceptent invitations sur invitations de la part des ministères du Tourisme de pays étrangers, quand ce n'est pas l'avion, la chambre d'hôtel et bien d'autres douceurs pour se rendre à l'assemblée générale annuelle des multinationales. Pourront-ils rédiger en toute objectivité un article ou un éditorial sur la qualité d'accueil de tels pays? Sur la façon dont telles grandes entreprises s'acquittent de leurs responsabilités sociales?

Aucune université n'enseigne ces réalités, mais c'est dans ce monde qu'un jeune entrepreneur doit apprendre à naviguer. Les travailleurs salariés peuvent se syndiquer pour défendre leurs droits, imposer des conditions de travail, négocier... Pas l'homme d'affaires. Bien sûr, le droit des affaires existe et la majorité le respectent; mais, hors des codes, il existe des règles implicites contre lesquelles on ne peut rien. On peut les ignorer, protester, gueuler, se scandaliser... Si on le fait trop publiquement, on sera Gros-Jean comme devant : hors circuit, ostracisé, désigné dans la confrérie restreinte du Québec, du monde de la politique et des affaires comme un *rebelle zélé*. On ne retournera plus vos appels et vous n'aurez plus qu'à retirer vos billes et à vous trouver un emploi pour un patron qui, lui, obéira à l'*omerta*...

Pour sortir de l'argent noir (lubrifiant), une entreprise n'a pas cinquante-six façons à sa disposition. Se faire payer elle-même au noir, ce qui, pour une firme qui fait affaire avec des ministères ou de grosses organisations, est impossible; ou demander aux cadres supérieurs de gonfler leurs notes de frais et de verser les surplus dans une caisse *ad hoc* dont le contenu servira pour diverses fins plus ou moins avouables, surtout lorsque les « quêteux » de tous les partis politiques font leur tournée... Je ne dis pas que c'est juste. Je dis essentiellement ceci : notre société hypocrite en est une de bakchich, tout autant que ces sociétés du Tiers-Monde contre lesquelles on nous met en garde lorsqu'on se lance dans la belle aventure de la mondialisation et qu'on s'apprête à faire des offres de services en Afrique Noire, en Afrique du Nord, au Moyen-Orient ou en Europe de l'Est.

Cette situation pourrait constituer pour les universités avant-gardistes une excellente piste de mémoires de maîtrise ou de doctorat dans les facultés d'administration ou de comptabilité. Ô, illustres maisons du savoir, enseignez-nous, nous vous en prions, comment constituer des fonds d'entreprise pour les diverses fins occultes, sans défriser personne.

Chaque profession comporte des règles édictées et répertoriées dans un quelconque manuel; mais il y a aussi les zones grises, plus ou moins communes à tous, au sujet desquelles il ne faut pas écrire. Ces zones grises sont la prérogative individuelle de chacun des membres de la profession. Pour les médecins, l'euthanasie passive, ou peut-être active, illustre bien la situation. Pour les notaires, il y a d'autres types de zones grises. Toutes les professions ont des zones grises qu'il faut assumer en tant que membre de la confrérie. Par contre, la faute suprême est de ternir l'image de la famille. Les gens d'affaires ont aussi des pratiques obligées; ceux qui ne sont pas d'accord se font évincer rapidement par le système.

Dans un merveilleux pays voisin de celui où habitait Alice, il y avait un génie de la mécanique. Il alla voir un jour le roi afin de lui offrir son concours pour fabriquer la plus extraordinaire machine, qui délivrerait les paysans du royaume de plusieurs tâches ingrates. Le roi fut emballé par son projet, surtout par la perspective de libérer ses fidèles sujets de plusieurs tâches ardues. Il octroya au génie de la mécanique de très gros budgets et lui assura le concours de plusieurs autres scientifiques, ainsi qu'un nombre incroyable de collaborateurs exécutants qui lui obéiraient au doigt et à l'œil. Il lui donna aussi accès aux ateliers de la cour. Dans ce royaume, les sciences de l'hydraulique, de l'électricité, de l'électronique et de l'informatique étaient d'application courante. La machine aurait besoin de la contribution de toutes ces sciences. Des émissaires furent envoyés dans tous les royaumes des alentours pour acheter des composantes qui serviraient à la machine. Il fallut à l'équipe de réalisation plus de mille jours pour compléter la machine et faire les essais. Le jour de l'inauguration se révéla le plus beau jour de la vie de l'inventeur. Le roi envisageait déjà de faire fabriquer plusieurs autres machines. Ce fut un jour d'allégresse dans tout le royaume; des scientifiques des royaumes voisins avaient même été invités. Plusieurs scribouilleurs rédigeaient déjà les louanges de la machine, de la grande mansuétude du roi et du génie de l'inventeur.

Une journée et demie après le début de la mise en service de la machine, elle cessa net de fonctionner. Grande consternation dans le royaume. Le roi annonça la formation d'une commission royale d'enquête scientifique pour étudier les plans de la machine. La commission coûta très cher au bon roi, car il dut faire venir les plus éminents savants de tous les royaumes connus. La commission rédigea un rapport sur la conclusion de son enquête après deux cents jours. Aucune faute technique n'avait été détectée sur les plans, et la machine avait été construite très fidèlement. Mystère le plus total. Une machine plus que parfaite qui ne fonctionne pas. Échec et mat.

Le roi promit une récompense à celui qui trouverait la cause du problème. Un jeune réparateur de bicyclettes, à la grande consternation de tous les éminents scientifiques, trouva la réponse. Les scientifiques étaient tellement concentrés sur l'atteinte de la perfection qu'ils avaient négligé un tout petit détail : aucun raccord n'avait été prévu pour graisser la machine. Impossible de lubrifier les mouvements... Allons donc, c'est impossible, la machine était tellement parfaite.

La politesse, l'affabilité, la courtoisie, la gentillesse, la compréhension sont les lubrifiants des relations humaines, rarement les beaux dollars. Le dénominateur commun demeure l'honnêteté. Armé de cette attitude d'esprit, vous avez votre passeport pour la très, très vaste majorité des situations. Pour les exceptions, il faut faire du cas par cas... *See Sam the Agent*...

Miroir, miroir, dis-moi... Cessons de regarder au Moyen-Orient ou dans les républiques de banane; regardons chez nous.

L'éducation, dans notre si chaste société, commence par un pourboire au livreur de journal, au coiffeur, au pompiste, à la serveuse ou au barman, au portier de l'hôtel, à la gardienne d'enfants, au jardinier. Les plus rusés d'entre nous ont fait le calcul suivant : même si le garage est un endroit où on se fait tailler, un modeste pourboire au pauvre mécanicien maculé de cambouis, qui peine dur dans l'ombre de son patron qui fait des beaux dollars sur son dos, vous assurera une facture moins salée la prochaine fois que vous reviendrez au garage. Alliez-vous oublier les déménageurs qui risquent leur dos pour votre piano dont personne ne sait jouer, ou encore pour vos pièces en granit noir de la rivière Péribonka? Le modeste employé du bureau d'urbanisme de votre ville est très dévoué, il gagne peu et il a trois enfants de moins de quatorze ans. Se pourrait-il que les deux billets de première pour le film *Harry Potter* vous aient aidé à avoir votre permis un mois plus tôt et comme par miracle? Il n'y a plus de restrictions tatillonnes. Bien sûr, simple coïncidence.

Mais il arrive un point dans l'échelle sociale, je ne sais plus si c'est vers le haut ou vers le bas, où cette pratique cesse. Vous avez parfaitement raison. On parvient à une frontière très distincte et facilement identifiable qui sonne le glas de cette pratique. On ne donne plus de pourboires. On passe en mode reconnaissance, gratification pour services rendus au-delà du simple devoir. Les moralisateurs iront jusqu'à prononcer le mot pot-de-vin qui, ne vous y trompez pas, est diamétralement opposé à l'ancienne pratique des contributions à la caisse électorale du parti; j'allais commettre une gaffe : de tous les partis. Il y a une importante distinction éthique à faire entre une cotisation, une contribution volontaire, voire humanitaire, et un pot-de-vin. Vous avez bien raison, voici un « mauve » pour vos bonnes œuvres.

Tous ne partent évidemment pas sur un mauvais pied. Moi, j'ai été exposé fort jeune à ces pratiques; mon parrain, lors de mon baptême, a dû allonger quelques dollars au sacristain pour qu'il accepte de faire sonner les cloches. Ces pratiques nous marquent lorsqu'on est jeune, malléable et vulnérable...

J'ai agi en temps que membre actif de la confrérie des hommes d'affaires qui doivent à l'occasion lubrifier la machine. Il faut d'abord se procurer l'huile – crime dont on m'accuse – et ensuite l'appliquer aux bons endroits. LMB était une machine qui carburait à la vitesse grand V et, lorsqu'il a vraiment fallu, nous avons lubrifié. Force m'est de croire que le lubrifiant que je me procurais était appliqué dans le cadre des activités d'affaires de l'entreprise : personnellement, j'ai été ruiné par un procès. Si j'avais engrangé pour ma personne, ne serait-ce que cinq pour cent de la fortune que l'on m'attribue, j'aurais pu gagner, à l'usure, plusieurs procès. J'aurais alors revêtu mon veston de téflon, et le tic tac de l'horloge aurait cessé d'être celui d'un détonateur... il serait devenu mon allié.

Chez moi, je nourris les oiseaux l'hiver avec des graines dans diverses mangeoires. La petite mésange charbonnière, entre autres, m'impressionne au plus haut point, si petite par $-30\,°C$ certains matins d'hiver, si minuscule et si vulnérable dans un univers aussi indifférent que cruel. C'est à se demander où elle peut bien blottir ses quelques grammes la nuit, elle si frêle. Va pour les jours de beau temps, mais qu'advient-il d'elle pendant les jours de tempête où les conditions sont trop hostiles pour aller se procurer quelques parcelles de nourriture? Elle doit essayer de se fondre, de se faire toute petite, dans quelques épines de résineux, au bord de l'hypothermie parce qu'elle n'a pas mangé depuis quelques heures.

Non, les jours de tempête ne sont pas son premier choix, mais elle les subit. Il en va de même de l'homme d'affaires qui doit parcourir la planète pour essayer de dénicher quelques contrats et de les ramener chez lui. Toutes proportions gardées, il est aussi fragile que la mésange en quête de nourriture dans un environnement aussi indifférent que cruel. Donner des *gratifications,* des *reconnaissances* n'est vraiment pas son premier choix, mais, lorsqu'il le faut, il le faut. Il faut aussi trouver le lubrifiant pour le faire.

La grande majorité des hommes d'affaires sont honnêtes, courtois et ils obéissent à un code de déontologie. Pour cette même majorité, la poignée de main est un contrat qu'ils respecteront. Ils n'ont pas besoin de recevoir de pourboire. Ils n'aiment pas non plus en donner. Mais, parfois, peu de choix s'offrent à eux. Bravo à ces hommes, ce sont des collaborateurs dans la création de la richesse collective. Par contre, ils sont lucides : ont-ils besoin d'un traiteur, d'un architecte, d'un plombier pour faire arriver des choses, des événements? Ils les paient... ils se sont procuré le fric quelque part...

Il faut déployer beaucoup d'imagination pour se procurer de l'huile. Il en faut encore davantage pour créer des emplois, pour contribuer à produire de la richesse pour le mieux-être de la société; même les pourfendeurs, les envieux et les pisse-vinaigre qui participent rarement à la création de la richesse et qui brandissent des codes de déontologie et d'éthique reçoivent un salaire de quelque source : probablement de l'industrie et du labeur de gens comme moi et mes collègues du monde des créateurs d'emplois et de richesse collective.

La cloche sonne pour un autre round. Vive la boxe – au moins, là, c'est clair...

Chapitre 15
Le procès

Janvier 1995. Les férus de la série *Columbo* et de romans à sensation vont être bien servis : le dénouement commence. La fraude Julien Duchesne avait été perpétrée en 1991 et, trois années après, je me retrouve en accusation dans un procès; vous avez bien lu, on intente un procès à celui qui avait été la première victime de la supercherie.

La réalité judiciaire m'a rattrapé. Après des semaines d'interrogatoires préalables et un long rituel avocassier, je me retrouve devant un juge. Et un jury. Sur deux cents de mes concitoyens et concitoyennes, les procureurs en ont retenu douze qui auront à décider de mon innocence ou de ma culpabilité.

Jusqu'à la dernière minute, je ne croyais pas que ce processus aboutirait à ce spectacle grandiose et burlesque qu'on appelle pompeusement un procès. Pour moi, toute cette histoire n'était qu'une enfilade de rumeurs, de *placotages* de bureau, de frustrations, d'envie et de jalousie; le tout sur la toile de fond tendue par Julien Duchesne.

Selon ma compréhension des choses, comme actionnaire et président exécutif de LMB, j'avais été la victime d'une fraude. Ce n'était pas l'opinion des enquêteurs de la SQ, ni celle du procureur de la Couronne, Me Paul Roy. Le jury, composé de femmes et d'hommes ordinaires, trois ans et demi après les faits, aurait à juger de ma culpabilité ou de mon innocence sur sept chefs d'accusation dont la liste apparaît à l'annexe 2. Fait à remarquer, par respect pour un minimum de réalisme, nous devrions parler de quatre chefs d'accusation. En effet, trois des accusations ressemblent plus aux accrochages d'un bègue qu'à des accusations distinctes. Pour le même dollar, il y a eu détournement et vol. C'est à croire qu'il y a eu deux résultats distincts. Le procureur a certes manqué d'imagination. En se forçant, il aurait peut-être pu ajouter trois autres accusations de conspiration; ce qui aurait porté le total à dix chefs d'accusation.

Ils n'ont aucune idée du monde dans lequel j'évoluais, ce Québec inc. dont je décrirai certaines caractéristiques au chapitre suivant, ni des responsabilités qui étaient les miennes. Ce Québec inc. dont LMB était un joueur important est le vecteur qui crée l'activité économique, l'emploi, l'aisance financière, l'accès au logement, à la nourriture et au bien-être relatif des sociétés. Une partie principale sert pour les besoins de base (voir le graphique de la répartition des dépenses de l'État p. 93).

Une autre partie de cette aisance est aussi utilisée pour se payer un système de justice. Dans ce système de justice, il y a trop de jongleurs, de manipulateurs de vérité, de pseudo-philosophes qui n'ont qu'une réponse en bouche : le petit peuple à l'esprit obtus et vindicatif doit absolument être tenu à l'écart de l'administration de la justice – pour nous laisser, évidemment, toute la piste de danse. Il faut, bien sûr, des philosophes et des jongleurs; certains sont à leur place dans les universités et dans les cirques; mais ces personnages ne doivent jamais oublier que quelqu'un les nourrit par sa sueur...

Mais *the show must go on*. Je ne détaillerai pas le déroulement du procès, ce serait fastidieux, de quoi décourager tout lecteur. Je vous livrerai plutôt quelques impressions. La première en est une de profonde solitude de la part de l'accusé.

À ton propre procès, tu es presque de trop! Les avocats et le juge s'entendent comme larrons en foire. Ils utilisent le même jargon juridique, se lancent des points de droit, font des effets de manche et de toge et se livrent parfois à des sous-entendus ou à des règlements de compte d'ordre personnel qui n'ont rien à voir avec la cause en cours en autant que l'accusé muet puisse en être conscient. On décide de ta liberté ou de ta détention, et tu es confiné à une passivité totale. Spectateur, c'est ce que tu es. J'avais parfois l'impression d'assister à une représentation du Procès à l'ancienne dans le cadre du Carnaval-Souvenir de Chicoutimi.

Défilèrent des témoins. Plusieurs anciens collaborateurs, plusieurs à qui je portais une longue amitié que je croyais réciproque. Certains me chargèrent. D'autres, comme cette secrétaire d'un certain âge, essayèrent de me disculper, mais le procureur de la Couronne tournait et retournait leurs réponses jusqu'à ce qu'elles signifient le contraire de ce qu'ils avaient voulu exprimer.

De vieux amis et associés en affaires passaient à la barre comme témoins de bonnes mœurs. Beaucoup m'avaient rencontré au cours des mois précédents et m'avaient donné des claques dans le dos en me répétant : « On est avec toi, Pierre! On ne te lâche pas, Pierre! » Sans m'être hostile, une fois à la barre, disons que leur appui était beaucoup plus mesuré... Je ne veux pas être injuste : le tribunal impressionne et refroidit les ardeurs, mais tout de même...

Des détails, qu'une animatrice de tribune téléphonique s'entêtait à trouver croustillants, étaient réverbérés sur les ondes. Les médias se pourléchaient les babines. Ils en redemandaient. Toute cette merde réjouissait ceux que ma montée fulgurante avait dérangés, pour utiliser un euphémisme. Les voyeurs avaient matière à faire travailler leur imagination et leur langue. Comme accusé et mis en cause, je devais entendre tout ça. Laisser ma famille entendre tout ça et me taire. Pas question de protester. On m'avait bien fait la leçon : laisser agir les procureurs. Et la Justice ? Cette comédie des erreurs allait prendre fin.

Le dénouement : vingt-quatre mois moins un jour. Condamné. Puis, victoire en appel devant trois juges qui ordonnent un nouveau procès. De plus, sérieuse tentative d'appel sur le résultat de l'appel par la Couronne...

Pour bien situer le lecteur, qui aura eu une seconde pour jeter un coup d'œil sur la liste des accusations à la page 300, il est capital de saisir la réalité suivante.

L'accusation relative à la Banque Royale

M. André Goulet de la Banque Royale est venu dire à l'honorable Cour que son institution financière, par le jeu des vases communicants, n'avait pas perdu un seul sou avec l'affaire LMB. Alors, à quoi rimaient les accusations faisant de cette institution financière une victime ? Est-ce que le procureur pourrait expliquer la pertinence de ses accusations à la société qui lui verse un salaire ? Mon coefficient de résistance à la torture a été dépassé et j'ai dû plaider coupable sur ce chef. Mais il n'en demeure pas moins qu'il était futile au départ.

Les deux accusations relatives à l'UQAC

Monsieur Lucien Gendron, interlocuteur de l'UQAC dans les dossiers impliquant LMB, a affirmé lors du procès que l'UQAC n'a pas perdu un seul sou dans sa relation avec LMB. Cette relation a même rapporté à l'UQAC 500 000 $, ce qui est tout à fait exceptionnel, voire sidérant, dans ce genre de partenariat. Est-ce que quelqu'un pourrait expliquer la pertinence de cette accusation ?

Les deux chefs d'accusation relatives à Équi-gestion

Équi-gestion est une compagnie qui a été créée quelque temps après le départ de Julien Duchesne de la firme LMB.

Cette compagnie devait fournir des services d'entretien. Il n'y a jamais eu plus de 4 000 $ dans le compte de banque de cette compagnie. Si cette firme avait existé à l'époque de la présence de Julien, il y aurait peut-être eu théoriquement un rapport. Reconnaissez qu'il faut de l'imagination ou un objectif ténébreux pour réussir à formuler deux chefs d'accusation à ce sujet. Est-ce que quelqu'un pourrait expliquer la pertinence de ces deux accusations?

Les deux autres chefs d'accusation relatifs à LMB

Y en a-t-il parmi vous qui ont lu *Alice au pays des merveilles* à leurs enfants? Cette merveilleuse histoire a plus de rapport avec une quelconque réalité que ces deux chefs d'accusation. Dans *Alice au pays des merveilles*, il y a tout de même cohérence... par respect pour le lecteur.

Même les personnages les plus tordus, les entreprises les plus douteuses ne peuvent pas vraiment se voler deux dollars dans la poche gauche, les faire transiter dans la poche droite – détournement – pour se procurer un bien de production ou un moyen de production. Deux chefs d'accusation: un pour détournement et un pour vol.

Ensuite, Monsieur le substitut du procureur, comme vos confrères, vous déplorez le manque de confiance, le manque de respect des gens envers le système...

Ce doit être quelqu'un qui a été broyé par l'appareil judiciaire qui a formulé la plus grande vérité qu'il est possible de dire au sujet de cette opérette: APPARENCE DE JUSTICE. Certains magistrats se plaisent à balancer cette citation pour faire un quelconque effet de toge... Il est probable que d'aucuns, parmi les moins futés, n'ont pas fait le rapport qui leur permet de saisir que c'est d'eux dont parle la citation... pas forcément du système...

Jetez un coup d'œil sur la tarte de la répartition des dépenses de l'État. Rien de moins que 7 % du budget de la province, 3,5 milliards de vrais dollars, dans un contexte où il n'y a pas d'argent pour la santé... vont pour l'apparence de justice. Dans ce chiffre, il y a :

- la somme incroyable (900 000 $) que mon procès et la sombre mise en scène qui l'a précédé ont coûté;
- les frais de voyage et de séjour des policiers dans un hôtel de Chicoutimi pendant mon procès : approximativement vingt-cinq semaines;
- le coût de la défense des Hells Angels alors que je me suis ruiné pour assumer ma défense;
- un nouveau palais pour l'apparence de justice à Bordeaux...

Chapitre 16
L'« **Alliance** » **commune**

Il pourrait se produire, pour le développement régional, un incroyable alignement de planètes, comme on n'en a pas vu depuis six cents ans, mais...

Les autochtones des régions pourraient devenir nos formidables alliés, nos incontournables collaborateurs, car nous partageons le même espace de vie, mais...

À ma grande consternation, cet ultime rendez-vous est promis au sabotage. Il ne s'agit probablement pas d'une machination. Il s'agit tout simplement de la bêtise humaine à l'œuvre.

La situation est triste à en pleurer. S'il fallait que la bêtise l'emporte. Mais il semble justement que la bêtise est en train de l'emporter. Il est rare que nous fassions les choses à demi dans la bêtise, mais si nous torpillons totalement cette opportunité, elle ne se présentera plus jamais, jamais.

J'ai l'oppressant sentiment que le scénario qui a cours chez nos voisins est en train de se répéter ici. En effet, les Américains ont la même marotte que nous : régler le problème autochtone, d'un coup, d'une « shut », avec un *silver bullet*. Ces chers Yankees utilisent une variante monétaire : les Gamo-dollars artificiels. Sur le portail informatique de l'Éditeur (www.jcl.qc.ca), vous pouvez prendre connaissance de deux reportages, en version originale anglaise et dans une traduction française, du prestigieux magazine *Time*, montrant l'extraordinaire fiasco de la politique américaine pour induire de la prospérité chez leurs autochtones en autorisant les casinos sur les réserves. Leur fiasco, comme le nôtre, est à la mesure de leur incompréhension... Ils ont créé des apparatchiks plus puissants et envoyé des vagues de désolation et de désespoir parmi les populations de pauvres. Les parallèles sont tellement criants, notamment avec les premières ententes de la Baie-James, la Paix des Braves et la proposition d'Approche commune.

Le gouvernement du Canada s'est longtemps servi des autochtones pour narguer les provinces et leur passer des messages. La petite histoire pan-canadienne à ce chapitre est assez édifiante. Par toutes sortes de pratiques paternalistes, on a fait monter les enchères des droits des autochtones. On les a intoxiqués en leur laissant toujours croire qu'ils n'avaient pas vraiment à se prendre en main, que le père Noël allait bientôt passer : une loi leur donnant des terres, des privilèges, des droits et les ressources des payeurs de taxes allaient régler tous leurs problèmes. Et les autochtones l'ont cru et souhaitent vivement continuer à le croire – tous leurs chefs ou pseudo-parrains sont à la poursuite de ces déclencheurs d'abondance. Cependant, le niveau du chantage aux droits a atteint de tels sommets qu'il faut bien vite transférer le fardeau aux provinces. Le gouvernement fédéral, exalté par son courage politique, ne souhaiterait garder que les aspects n'impliquant aucun coût financier.

Pour le gouvernement du Québec, Paix des Braves et Approche commune ne sont qu'un tout nébuleux, mais qui avait le mérite de constituer une excellente occasion de tenter un doublé politique, évidemment à n'importe quel coût. La dernière élection nous laisse songeur sur l'à-propos de cette stratégie électorale, s'il en est une

Les municipalités et les autres groupes sociaux, comme une majorité d'intervenants, sont sympathiques à l'idée de régler le problème autochtone d'une seule « shut », avec une baguette magique : l'approche américaine quoi ! Tout ce qu'ils sont en mesure de saisir dans ce débat, c'est qu'il n'est peut-être pas sage de s'opposer à une idéologie dont le gouvernement a fait son cheval de bataille. Ce faisant, que l'on hypothèque les générations qui suivent ou que l'on nuise plus que l'on aide ne fait pas partie de leurs horizons de préoccupation. On a toujours besoin quelque part de s'alimenter dans les crèches de l'État.

Il serait bien stérile de leur tenir rigueur du fait qu'ils ne comprennent pas vraiment la réalité autochtone. Il est toujours plus facile et plus attrayant de souscrire aux idées angéliques, de vertu, de pacifisme; pourvu que ce soit sur le budget de quelqu'un d'autre.

À propos des autochtones, comment le dire avec élégance? Qui se soucie vraiment des autochtones? La majorité silencieuse autochtone est encore plus aphone que le payeur de taxes que l'on s'empresse de trahir le lendemain des élections. Il n'aura même rien à dire dans le débat. Alors, vous imaginez bien les autochtones... Quel sera l'impact financier sur ceux qui mettent des mots dans la bouche des autochtones? Ce sera la plus lucrative affaire depuis les premières ententes de la Baie-James. Ces foires impliquant des déluges de dollars sont très lucratives. « De toute façon, se disent ces magouilleurs, si l'on ne se rend pas à nos exigences, nous piloterons les plus extraordinaires poursuites judiciaires, qui dureront un quart de siècle. »

Est-il possible que certains commencent à se douter que la route, le véhicule vers l'intégration sociale et économique ne passe pas nécessairement par des dollars artificiels (qui finiront de toute façon dans les entonnoirs des apparatchiks), par des mesures d'ostracisme, par des terres, par un niveau de gouvernement parallèle, par des droits, des droits, des droits, par des conflits toujours attisés, par une politique d'exclusion structurée et finalement par une voie économique parallèle qui reste à être inventée de toutes pièces?

Est-il possible qu'il y ait certains individus lucides parmi ces autochtones qui commencent à réaliser qu'ils sont les vrais détenteurs des mécanismes de prise en main et de marche vers la décence économique qui sera tout sauf instantanée, contrairement aux promesses de nos marioles politiques? Pourtant ils disposent du plus grand droit sans entrave, toutes ressources financières disponibles, dont des humains ou des groupements humains peuvent jouir sur cette planète : se prendre en main.

La perception sociale de l'Approche commune

En cette journée de fin de février 2003, je viens de vivre une bien triste expérience. Je suis allé dans un établissement commercial de la rue Racine de Chicoutimi, dans deux centres commerciaux, à la cafétéria de l'Université du Québec à Chicoutimi, dans un édifice commercial de Jonquière et dans un restaurant de Métabetchouan. À ma grande consternation, sans écouter particulièrement les conversations, j'ai entendu des gens déblatérer sur les autochtones et sur l'Approche commune. Quelle situation incroyable! Les pauvres autochtones, qui ne sont au courant de rien, qui n'ont rien demandé, et qui soudain sont pris à partie par des Blancs! Si, au moins, les gens faisaient la distinction entre les pauvres autochtones et les magouilleurs! Se faire mépriser alors qu'on n'a rien demandé, pour des exigences qu'on n'a jamais eues et qu'on a encore moins formulées, n'est-ce pas bête à en pleurer?

D'un autre côté, on se gargarise avec les résultats de la commission parlementaire, constituée presque exclusivement des valets des idéologies faciles. En effet, qui est contre la vertu?

Un prof de cégep publie les résultats d'un sondage qui indique que les pauvres autochtones se dirigent vers un face à face avec une trop grande, beaucoup trop grande proportion de la population. Mais on s'empresse d'y voir une autre interprétation. Si cette approche est retenue, les autochtones auront vraiment raté, maintenant et pour les générations futures, l'intégration aux démarches de développement de l'économie régionale. Toujours le réflexe de chasseur-cueilleur : prélever quelque chose de prêt à consommer. Nous avons d'ailleurs entretenu cette illusion et, si la tendance se maintient, nous avons bien l'intention de continuer.

Notre plus grand mensonge

Il nous faudrait un psychologue national qui nous ferait passer notre blocage mental qui nous empêche de faire une mise au point sur tout le débat autochtone. Cette mise au point serait en fait l'énonciation d'une loi planétaire qui a même valu pour les autochtones avant que nous arrivions ici. « Les territoires et les richesses naturelles appartiennent aux groupes qui les utilisent pour y construire des civilisations, idéalement inclusives. La civilisation la plus inclusive de l'histoire écrite de la planète est celle de l'Amérique qui fait l'envie de presque tous les habitants de la terre. Nous prêchons la liberté et certains groupes ont utilisé ce privilège pour ne pas prendre part volontairement à la prospérité et nous avons respecté ce choix. Ces groupes doivent aussi assumer les conséquences de leur choix. Et nulle part sur la planète le fait de vagabonder n'a donné le droit de propriété, le droit des constructeurs de civilisations a toujours prévalu. Cette loi a créé l'Amérique que nous connaissons aujourd'hui. Comme pour la loi de la gravité, être d'accord ou non est de seconde importance. Nous sommes tellement ridicules dans notre blocage que les autochtones pensent que nous sommes à deux cheveux de nous excuser d'être venus en Amérique.

Notre style de civilisation a engendré l'abondance et

des consommateurs insatiables. Or on ne peut pas et jouir des bienfaits du style de civilisation actuelle et conserver les modes de vie des civilisations précédentes. C'est comme vouloir consommer sans lire les étiquettes qui énumèrent les mises en garde. Notre faux paternalisme lâche nous force à dire aux autochtones, oui, oui vous pouvez conserver votre mode de vie traditionnel et jouir de toutes les commodités de la civilisation. Je ne sais pas comment on définit un mensonge, mais cette affirmation face aux autochtones s'en approche.

Nous ne sommes pas vraiment mal intentionnés face aux autochtones. D'une part, il y a notre blocage national qui empêche de verbaliser une réalité. D'autre part, notre niveau d'avancement spirituel est, pour l'instant, insuffisant pour réaliser que dans le mouvement de cœur d'un humain, fils de Dieu, vers son frère humain, sur le continuum de la charité chrétienne, il y a un point de fracture au-delà duquel on tombe dans la lâcheté rose. La lâcheté rose, c'est d'essayer de se convaincre que l'on est vertueux alors que nous refusons de prendre nos responsabilités. Notre lâcheté rose est tellement insidieuse, qu'il est virtuellement impossible que vous ne vous laissiez pas prendre.

Nos vacheries envers les autochtones

En fait, il s'agissait d'étourderies, car elles n'étaient pas vraiment préméditées; mais les ravages ont été, sont et seront encore plus dévastateurs.

La première étourderie a été notre whisky qui a envoyé des vagues de dévastation qui sévissent encore parmi les populations autochtones. Sans doute vont-ils en survivre, mais ils auraient pu s'en passer. Ils ont été affectés à 75% dans le corps et à 25% dans l'âme.

La seconde étourderie est et sera plus dévastatrice encore. Elle les affectera à 75% dans l'âme et à 25% dans le corps. Elle assassinera l'âme de plusieurs générations de jeunes qui n'aspirent qu'à une chance de mordre dans la vie. Elle sera vicieuse et insidieuse, car nous lançons notre calamité et nous nous en retournons vers le sud dans nos villes. Le vice se propagera, s'appliquant à susciter malicieusement de fallacieux espoirs et prendra ensuite un malin plaisir à détruire graduellement des attentes, à fermer lentement la porte de la vie sur des milliers de mains qui n'aspirent qu'à la franchir.

L'exemple le plus criant est en train de se dérouler à la Baie-James chez les Cris. Les déluges de dollars ont créé une classe d'apparatchiks qui ont vite appris comment prendre le contrôle d'un compte de banque pour favoriser le développement autochtone, c'est-à-dire le leur. Ces apparatchiks, avec notre complicité, se sont appliqués à construire un cadre de vie totalement artificiel, dans des villages artificiels en dehors de tout courant économique. Des journalistes chevronnés devraient faire un reportage sur Oujé-Bougoumau dont les fenêtres viennent de Winnipeg. Quelle sera l'activité économique de ces pauvres autochtones dans vingt, quarante ou cinquante ans? C'est ce qu'on appelle le piège de la dépendance mis en place par des lunatiques irresponsables. À l'intérieur de ces cadres de vie artificiels, on a créé une gamme de postes allant de légèrement bidon à super-bidon. Des familles se sont emparées de la richesse. Les sommes versées ont tout simplement créé des riches et non de la richesse. Le taux de millionnaires par mille habitants est plus élevé chez les Cris que parmi la population de Blancs.

La supercherie des compagnies à plumes, les co-entreprises, est l'outil idéal pour que les apparatchiks détournent toutes les éventuelles retombées dans leurs coffres personnels. Ces compagnies à plumes sont une arnaque de Blancs qui consiste à faire figurer un certain pourcentage de capital-action d'apparatchiks autochtones ou de familles influentes pour acheter leur silence et les anesthésier. Cette pratique fait monter d'environ vingt pour cent le coût des travaux, l'État s'assure de ne rien voir, le payeur de taxes se fait tailler, les pauvres autochtones de la majorité silencieuse n'auront que des babioles et la concentration de millionnaires apparatchiks augmentera.

Attention, tous ne peuvent pas être apparatchiks ou être proches d'une famille influente et avoir un poste bidon. Pour l'immense majorité d'autochtones qui n'attendent plus rien de la présente existence, on leur distribue certes des broutilles dont ils ont bien besoin, et, pour les consoler de ne pas appartenir à la classe de privilégiés, on les subventionne pour aller faire du camping, on loue assez souvent un hélicoptère (150 000 $ à 200 000 $) pour aller chasser l'outarde et garder la tradition.

Il s'agit toujours d'une grave erreur de sous-estimer la clairvoyance des jeunes. À compter de treize ou quatorze ans, ils réalisent que leur monde est complètement factice et irréel, que les adultes leur font miroiter de faux espoirs et qu'il n'y a vraiment pas d'avenir digne de ce nom pour eux. Cette génération de jeunes, qui ne peuvent plus être traînés de force en forêt, passe une partie de sa vie devant le téléviseur, et le choc de sa réalité l'éclabousse chaque fois qu'elle touche à la poignée de sa porte. Ces jeunes trahis, même par leurs apparatchiks, constituent donc une proie facile pour tous les paradis artificiels. Plusieurs choisissent l'exit. Les premières ententes de la Baie-James sont un échec pour les pauvres Cris sans voix et ils l'ont compris. Contrairement à la perception générale des sans voix, les apparatchiks sauteront sur toutes les tribunes avec nos politiciens aveugles sur commande pour défendre ces ententes comme les plus avant-gardistes du monde moderne au XXIᵉ siècle. Connaissez-vous des consommateurs de drogue qui dénoncent leurs fournisseurs?

On dit que certains événements ne se produisent qu'une fois par millénaire et cet événement s'est produit pour les Cris dernièrement. Leurs apparatchiks sont tout de même clairvoyants, ils ont su détecter les comportements erratiques de politiciens en rut terrorisés par une échéance électorale et leur arracher 3,5 G$ de dollars avant une élection pour la permission de construire un barrage. Il faut tout de même reconnaître la virtuosité du coup.

Des dollars artificiels produiront des résultats artificiels. Comme l'héroïne, ce 3,5 G$ produira une phase d'euphorie pendant quelques années pour quelques apparatchiks et leurs proches. La concentration de millionnaires parmi les apparatchiks sera d'une vitesse fulgurante. La désillusion sera encore plus catastrophique pour un nombre encore plus grand de Cris. Mais, après l'euphorie, il y aura la trajectoire de descente qui engendrera du désespoir.

Les médicaments, spécialement ceux qui sont artificiels, produisent des effets secondaires. Il y aura des survivants biologiques, l'âme de la plupart aura été éteinte, et les petits-enfants de ceux qui ont réussi la passe du 3,5 G$ iront sur toutes les tribunes d'Europe nous accuser d'avoir tenté de les détruire avec une arme de destruction massive, l'arme la plus corrosive jamais apparue sur la planète : l'argent artificiel. Ils auront probablement raison. Et dire que plusieurs pensent encore que la lâcheté rose n'est qu'un simple concept théorique.

L'échec lamentable des tentatives des Américains pour aider les autochtones avec des Gamo-dollars artificiels ne nous aura pas servi. Nous pensons faire mieux avec un scénario différent. Tout comme aux Américains, la clef de la compréhension nous a échappé et elle est pourtant simple. Nos sociétés peuvent supporter sans trop de catastrophes une collection d'apparatchiks, car nous avons une classe moyenne. Chez les autochtones, il n'y avait qu'une classe de pauvres. Aussi tout afflux de dollars artificiels crée une classe d'apparatchiks qui ont regardé beaucoup de films à la télé. Le scénario se répète dans tous les pays pauvres où des dirigeants mettent la main sur une source artificielle de richesse.

Toutes les tentatives pour régler d'un coup, avec une baguette magique, le problème autochtone seront toujours dérisoires, improductives et dévastatrices. Tout d'abord, y a-t-il un problème autochtone? Peut-être pas de la façon dont nous aimerions le définir!

Il n'y a pas une telle chose que le « problème autochtone » au Québec et au Canada. Les braves autochtones du nord du Canada ont survécu dans les conditions les plus hostiles de la planète pendant dix mille ans et plus d'histoire connue. Ils traversent simplement quelques journées difficiles d'adaptation dans le grand continuum de la marche et du mixage des civilisations. Nous-mêmes qui sommes la résultante d'une vingtaine de races, comme eux, avons fait face à des menaces encore bien pires et nous avons toujours survécu; nous sommes des survivants, eux et nous. Ils ont tout simplement eu la bonne ou la mauvaise fortune – nous ne savons plus – d'entrer en contact avec une civilisation effervescente, différente, agricole, technique, dynamique, dévorée d'ambition, ayant certains côtés de grandeur humaine, certains côtés plus sombres. Mais attention : il y a toujours des effets secondaires à nous côtoyer. Ou ils se fusionnent à nous pour un bond en avant ou il s'évanouissent lentement comme des milliers de groupes ethniques avant eux. Il est probable qu'ils choisiront la survie.

Si notre sens moral pouvait donc arriver à la cheville de nos moyens techniques! Hélas, osons espérer que notre niveau de conscience spirituelle prendra une courbe croissante lorsque nous nous serons repus de la présente phase matérialiste et que nous nous comporterons dans un avenir prévisible en citoyens planétaires moraux et conscients des répercussions de notre interaction avec nos concitoyens qui partagent le même espace de vie. Nous abandonnerons alors les pratiques de lâcheté rose et nous pratiquerons le courage doré. Ce courage doré est justement en train de poindre dans une loi et il s'agit de la Loi sur la gouvernance pour les autochtones.

Donner des dollars artificiels à quelqu'un qui est en mesure de travailler, c'est le tuer. La vitesse importe peu, mais il semble que si notre victime meurt lentement, à distance, le ventre plein, petit à petit, nous nous sentons moins coupables. De toute façon, nous avons de l'expérience; nous nous sommes entraînés sur une frange de notre propre peuple, à un point tel que ce sont les Mexicains qui sont obligés de venir faire nos récoltes de pommes et de légumes – des millions de dollars de bleuets se perdent faute de cueilleurs – et nos systèmes de conventions collectives nous empêchent de mobiliser des ressources disponibles auprès de nos personnes âgées.

Pour en revenir à une perspective de développement régional en collaboration avec les autochtones, l'avenir est fort incertain. À moins qu'il y ait un changement de cap, il faudra les ignorer. Le projet d'Approche commune n'est autre chose que la création d'un cadre artificiel qui créerait un niveau factice de gouvernement, partitionnerait inutilement le territoire. Ce qui me désarçonne le plus dans ce drame est cet acharnement que l'on met pour s'aliéner le courant de sympathie qui existait naturellement envers les autochtones. Bientôt ce courant de sympathie aura disparu si on persiste à l'étouffer.

Il est cependant encore possible de changer de cap.

Lettre ouverte adressée à Rémi Kakwa Kurtness

Mon cher Rémi,

Imagine-toi que je me fais le porte-parole des gens ordinaires, les sans nom, les gens modestes, ceux que l'on endette pour les générations à venir. Nous voulons nous adresser directement aux autochtones que nous côtoyons furtivement depuis plus de trois cents ans. Nous voulons aussi parler aux jeunes autochtones, car nous avons aussi une génération montante de jeunes. Nous voulons aussi évacuer quelques baveux, quelques imposteurs étrangers à ce débat qui touche notre espace commun de vie. Par contre, nous n'avons pas de tribune, et les gens ordinaires de ton peuple vaquent à leurs occupations. Ils ne peuvent pas être à notre écoute; ils lisent peu. Aussi, nous allons nous adresser à toi, Rémi Kakwa Kurtness.

Rémi Kakwa, j'ai bien connu ton père qui était un homme extrêmement pratique et qui avait un sens inné de l'anticipation des événements sur un solide support de gros bon sens. Nous avons réalisé ensemble des projets intéressants. Ton père était partant pour tout projet ayant une probabilité de rapporter des dividendes réels aux Montagnais de Pointe-Bleue. Nous avons besoin de vous pour le développement de notre économie régionale et je souhaiterais soumettre à tes jeunes un plan qui aurait de meilleures chances, selon mon estimation, d'atteindre les objectifs que le projet actuel d'Approche commune.

Le moins que l'on puisse dire, Rémi Kakwa, est que l'approche actuelle ne suscite pas l'enthousiasme, n'est-ce pas? Ne crois-tu pas que le fait de refuser un référendum véhicule un message encore plus important que les négociations elles-mêmes? Le fait même de s'inquiéter à ce sujet est déjà inquiétant dans une société anesthésiée comme la nôtre.

Enfin, voyons ce que nous pouvons faire. Toi, Rémi Kakwa Kurtness, et moi, Pierre Lajoie, avons passé, allègrement dans mon cas, le cap du demi-siècle et nous ne pouvons pas vraiment

*prolonger la garantie indéfiniment. Bientôt une vague de jeunes,
ceux qui ont entre douze et dix-huit ans maintenant, vont nous
expulser de la piste de danse. Tu connais la détresse existentielle
des jeunes de ton peuple; nos jeunes sont aussi affectés par un
type un peu différent de détresse existentielle.*

*Quelle sorte de piste de danse allons-nous leur laisser? Pour
l'instant, les pronostics sont sombres; il nous faut y travailler
rapidement avant que le Moissonneur ne nous fasse signe.*

*Si tu veux bien, nous allons faire un exercice que les adultes
sont peu enclins à faire: nous allons abandonner nos artifices et
nous projeter dans les aspirations des jeunes. Moi et ma gang de
Visages pâles, nous devrons nous débarrasser de nos positions
moralisatrices, qui valent ce qu'elles valent..., car la jeune
génération est plus éthique et elle a une conscience sociale et
environnementale. Donc, elle est moins puritaine, plus ouverte
sur les autres et sur le monde. Toi, ton histoire de plumes n'est
plus vraiment vendeuse; un peu comme ma ceinture fléchée. Toi-
même, tu es plus habile avec un « wedge » au golf que dans la
confection de contenants en écorce de bouleau, et tes habiletés
dans la « langue » ne sont pas vraiment impressionnantes. Les
fonds d'aulnes, les savanes et les maringouins pour tes jeunes...
S'il vous plaît, Rémi Kakwa... y vas-tu vraiment toi-même?*

*Voici le public – entre douze et dix-huit ans – auquel nous
allons faire une proposition si tu le veux bien, car nos jeunes se
ressemblent de plus en plus par ce qui les habite.*

De qui se compose notre clientèle cible?

*Elle. Capable de décoder tous les mensonges des adultes,
elle ne croit pas aux fausses lueurs d'espoir. Est accablée par le
sentiment que la fatalité de la vie a tout décidé pour elle. Elle a
une bonne idée du chemin de croix que la vie lui offre; elle n'a
qu'à regarder autour d'elle. Elle garde toutes ses appréhensions
en silence. La nostalgie l'enveloppe plus souvent que les éclats
de rire ne la font tressaillir.*

Lui. N'a à peu près pas de modèle de comportement économique. Il est conscient de l'abîme entre la réalité décrite à la télévision et le processus avec lequel sa famille a dû composer pour mettre de la banik sur la table. Il ne sait pas vraiment encore s'il faut souscrire à la rancœur envers les Blancs. Personne ne l'a vraiment convaincu qu'il peut être le principal artisan de sa réussite.

Oui, il s'agit de notre relève, de notre clientèle cible. Arrêtons nos monologues stéréotypés qui s'adressent d'abord à nous-mêmes pour nous conforter sur un paquet de positions auxquelles nous n'arrivons plus vraiment à croire...

Il faut laisser à ces jeunes un canevas propre; non hypothéqué par notre système actuel de pensée et d'être qui a bien besoin d'être revigoré; il faut avoir l'humilité de le reconnaître. Je ne ferai pas de nobles fermiers de tous mes jeunes et tu ne feras pas de valeureux coureurs des bois des tiens. Ils ont tout simplement d'autres aspirations. Ayons le bon sens de le reconnaître.

Reprenons notre négo qui ne durera que quatre fins de semaine. Les séances se tiendront à Saint-Félicien, La Baie, Baie-Comeau et Havre-Saint-Pierre.

La négo se fera portes ouvertes, personne n'en sera exclu. Nous souhaitons une forte représentation de jeunes des deux peuples; la proposition s'adresse d'abord et avant tout à eux. Et peut-être seras-tu désarçonné lorsque tu réaliseras que certains « durs », qui ont le courage de te regarder dans les yeux et de te dire : nous voulons aussi ça et ça dans notre négo, seront beaucoup plus tes amis que certains politiciens non recyclables en mal de visibilité. Tu seras peut-être étonné que ces durs deviennent des « vendeurs ». Rémi, la proposition mérite d'être considérée et essayée, ne serait-ce que comme ultime tentative pour laisser à ceux qui suivront un canevas vierge.

À ces négociations, nous inviterons une « éminence grise » du provincial et une du fédéral. En effet, les éminences grises, tu sais, sont les personnes qui donnent des instructions aux manipulateurs de marionnettes. Ça fonctionne comme les anonymes des alcos et les fonds occultes, on ne peut pas vraiment en parler, mais elles peuvent nous aider ou faire dérailler le projet. Elles passeront le mot à qui de droit qu'il faut marcher dans ce projet.

Contenu de l'Offre commune : Régime municipal

Bravo pour l'abandon du statut de réserve, de cette structure utile qui a tout de même contribué à vous sauver de l'extinction. Bienvenue dans le congrès des Municipalités. En parlant de surface de territoire municipal, l'offre serait mieux passée si la demande avait été accompagnée de la création d'un parc industriel ultramoderne... peut-être commun avec celui de Roberval. Un super-parc industriel avec toutes les infrastructures, dont le chemin de fer. Qui sait, nous aurions peut-être pu t'aider à le meubler.

Mais avant de poursuivre, il y a quelque chose que je n'ai pas vraiment compris. Vous vous débarrassez du carcan des réserves, comme d'un plâtre. Pourquoi faut-il payer ? Pourquoi faut-il payer quelqu'un à qui on enlève un plâtre ?

L'isolement des autochtones

Il est toujours trop commode d'aborder le « problème autochtone » par l'aspect financier. Et, qui plus est, si on pouvait le régler avec une carte bancaire, crois-moi, nous essaierions ! C'est tellement facile de tout arranger à coups de poignées de beaux dollars !

Nos sociétés offrent d'incroyables ressources d'éducation, de formation et d'intégration, gratuites, conviviales et débouchant sur des emplois viables. Pourquoi les autochtones n'en profitent-ils pas, ou fort peu ? Ils sont gênés, terrorisés et en quelque sorte paralysés par les fausses ombres de nos stéréotypes mutuels. Ils croupissent dans l'isolement de leurs réserves, leurs corrals. La crainte et la gêne sont leurs deux pires geôliers. Il nous faut éroder, faire fondre lentement cet obstacle large comme le Saint-Laurent à Tadoussac.

Pour les gens de ma génération, l'aiguille est trop proche de minuit, il est trop tard. Mais il y a tout l'espoir du monde pour les jeunes qui ne demandent qu'à mordre dans la vie. S'il nous reste un peu de lucidité, mettons la table, préparons le festin qui permettra de célébrer la vie des jeunes.

Instaurons un programme de mixage Illnu – Visage pâle, un peu dans le style Katimavik Canada-Monde. Ce programme, supporté par des ressources financières suffisantes, offrira, toujours sur une base de volontariat, les possibilités décrites ci-après.

À des Illnus, il permettra de faire des stages de travail rémunérés, dans des entreprises qui les intéressent. La banque d'entreprises qui les accueillera sera constituée sur une base volontaire.

À des entreprises illnues, il permettra de formuler une demande à l'administrateur du programme pour obtenir les services gratuits d'une personne ressource possédant une ou des compétences dans un domaine qui apparaît stratégique.

Les Commissions scolaires intéressées instaureront le programme Illnu – Visage pâle pour les étudiants, sur une base de fins de semaine d'échange familial. À l'été, les échanges pourront se prolonger d'une à deux semaines. Il y aura des visites d'observation pour certains programmes de formation technique ou autre.

Une banque de trop jeunes retraités sera créée sur une base volontaire pour aider des organismes ou des entreprises illnues. Tu sais, Rémi, ces trop jeunes retraités sont souvent les plus compétents de l'industrie. Nous avons été trop stupides pour qu'ils aient le goût de continuer à nous enrichir collectivement.

Ce programme pourra être garanti pour deux générations de personnes, soit environ quarante ans.

Ce ne sont que les esquisses des grandes lignes du programme... Il y aura des variations régionales.

Rémi, ce programme osé et novateur pour briser l'isolement

des autochtones et faire s'évanouir les préjugés réciproques serait le premier du genre au Québec et au Canada. Ce programme, une fois sur ses rails, pourrait faire boule de neige chez nos frères cris qui sont encore plus isolés, emmurés et qui ont soif, eux aussi, de mordre dans la vie.

Tous les gains dans la lutte contre l'isolement des autochtones seront les premières étapes intelligentes pour amorcer d'autres réactions en chaîne qui, elles, se produiront d'elles-mêmes. Ces réactions en chaîne sont désignées comme : les échanges humains, la possibilité réelle de prise en main, la construction de l'estime de soi, les entreprises, les premières étapes vers une vie digne appuyée et nourrie par une économie réelle et autosuffisante.

N'importe lequel groupe d'immigrants qui débarque en Amérique est intégré à l'économie après une ou deux générations pourvu qu'il ne s'enferme pas dans l'isolement. Il est vrai qu'il est plus facile à ces immigrants de se comporter ainsi parce qu'ils sont dans les grandes villes. Mais quand même. Ceux qui se piègent dans des ghettos ne s'intègrent pas. Le partitionnement du territoire et un autre ordre de gouvernement ne feront qu'exacerber l'isolement. Le principal problème des autochtones est d'abord et avant tout l'isolement et les faux messages de leurs leaders qui veulent leur faire croire qu'ils continueront à vivre comme il y a deux cents ans.

Développement régional

Nous avons grand besoin des autochtones et des hors-réserves dans nos efforts pour survolter le développement régional. Vous êtes des partenaires incontournables et il faut unir nos forces, ramer dans le même sens. Les hors-réserves nous ont assurés de leur entière collaboration.

Autofinancement de nos ambitions communes

Je n'ai pas besoin d'épiloguer longuement sur la dégénérescence des régions à tous les points de vue. Les politiciens eux-mêmes sont d'accord pour convenir de l'échec le plus désolant des politiques ou de l'absence de politiques pour un maintien et un développement réel et efficace des régions. Il y a encore plus désolant de la part de nos politiciens qui font semblant que nous ne sommes pas paralysés par une dette colossale. Ils arrivent même à l'occulter, ils en ont parlé très peu pendant la campagne électorale, et encore bien moins pendant l'exercice de leur mandat. L'État a perdu sa légitimité. Et que dire de ses moyens réels d'intervention, dans l'hypothèse où il y aurait une volonté politique... Nous ne représentons qu'une infime proportion des préoccupations des politiciens, compte tenu du nombre négligeable de votes que représentent les régions-ressources. En un mot, Rémi, il est illusoire de compter sur l'aide des politiciens.

D'abord, faisons front commun. Le mode de financement proposé est décrit dans la section de Saguenay Power. Nous réitérons l'équation proposée :

Levier per capita pour le développement régional

Rendement de Saguenay Power

Non-autochtones (280 000) + Illnus 3 (9 000) + hors-réserves 3 (12 000)

Les hors-réserves ont aussi leur place exclusive au banquet de notre espace de vie. Ils ne sont ni plus ni moins méritants que d'autres groupes.

Foresterie

Nous allons te procurer une entrée plus honorable dans l'univers de la foresterie, une entrée plus durable et plus professionnelle.

Tout d'abord, comment se fait-il qu'aucun autochtone n'ait jamais fréquenté la merveilleuse École de Foresterie de Dolbeau? Cette école produit des diplômés qui sont tous placés avant de finir leur cours. Les élèves qui graduent de cette école sont les

254

chaînons du groupe le plus prometteur en foresterie avec l'ensemble des autres intervenants de la conservation. Ils seront les gestionnaires et les moissonneurs de la forêt que nous réussirons bien à sauver.

Voici le marché : nous allons trouver des ressources financières pour augmenter le nombre de places disponibles à l'École de Foresterie de Dolbeau. Nous pouvons aussi dupliquer cette histoire à succès, à Washwanipi, à Mistissini, à Baie-Comeau et à Sept-Îles.

Finalement, dans l'attribution des CAAF, il y aurait toujours un pourcentage au prorata de la population – facteur de 3 –, réservé pour votre groupe et pour les hors-réserves. Ainsi, lorsque vous aurez des équipes professionnelles dans quelques mois, vous aurez accès à la ressource au même titre que les autres habitants de la zone. Même chose pour les contrats de reboisement.

Cette approche constituerait un gage de progression réelle. De plus, Rémi, nous montons aux barricades pour obtenir notre centre universitaire de recherche sur les dérivés du bois et de la pâte à papier à Saint-Félicien. Les hors-réserves sont sur la ligne de départ avec nous et nous aurions bien besoin de quelques entrepreneurs visionnaires additionnels. Tes frères pourraient avoir une place d'honneur avec les hors-réserves pour la paternité de ce centre de recherche, universitaire et industriel. Ce serait une première au Canada et au Québec.

Ce centre serait probablement le plus beau cadeau que nous pourrions faire à la jeune génération et à celles qui suivront... Dis-moi, n'as-tu pas hâte qu'être illnu, hors-réserves ou Visage pâle ne soit plus qu'un souvenir folklorique et que nous soyons tous assis à la même table généreuse et accueillante ?

Carrières pour les jeunes

Rémi, il y a quelques décades, alors que je m'adonnais à la plus noble profession qui soit, la pédagogie, les choix de carrière se comptaient sur les doigts des deux mains. Aller à l'université *(quatre ou cinq professions libérales), travailler dans l'industrie en général, papetières, alumineries, scieries, œuvrer dans la foresterie et, finalement, devenir fermier. Aujourd'hui, les choix de carrière sont impressionnants et diversifiés.*

Tantôt, je t'ai parlé de foresterie. Il s'agit du segment le plus à portée de main pour ton peuple. Mais, je te prie de me croire, il y a des centaines d'autres possibilités pour les jeunes Illnus.

Si tu veux, commençons par briser l'isolement progressivement, et les jeunes Illnus oseront s'aventurer dans de merveilleuses carrières, de la santé, des sciences sociales, de l'électronique, de l'alimentation, des arts, des techniques et des autres que nous ne connaissons pas encore.

Leviers de décisions du développement régional

Rémi, si tu veux te joindre à nous et aux hors-réserves, nous allons faire une table de rencontre pour dicter aux politiciens ce qu'il adviendra de nos ressources et nous utiliserons l'outil du référendum populaire si l'objectif semble contesté par une partie significative de la population. Ce sera la décision des vrais habitants et utilisateurs de notre espace de vie.

Tel serait, en gros, l'objet de la tournée de consultation-négociation; le menu ne demande qu'à être bonifié.

Rémi, nous avons commencé à nous attabler dans notre espace commun de vie il y a environ cent cinquante ans. Dans notre esprit, il y a toujours eu une place d'honneur réservée sur une base continuelle pour votre peuple. Personne d'autre n'a jamais occupé cette place et elle vous est toujours réservée. Dans le passé, pour différentes raisons, vous ne vouliez pas vraiment venir vous asseoir et occuper la place d'honneur qui vous était réservée. Vous disiez que ce n'était pas votre genre de vie; ce que nous avons toujours respecté. Et même que nous ne savions pas vraiment comment vous « garrocher » des croûtes de pain dans les aulnes, ce qui n'était pas tellement revalorisant pour vous. Nous admettons, par contre, que souvent nous nous sommes comportés en rouleaux compresseurs et que certains des nôtres ont été grossiers. Nous avons probablement la même proportion de racistes et d'intolérants que vous, mais il ne faut pas s'empêcher de faire progresser la fraternité humaine pour ça. La civilisation progresse lorsque, dans un groupe donné, il y a 51 % des gens de bonne volonté. C'est le 1 % qui fait toute la différence, comme le 2 % de variation des gènes qui fait la différence entre un homme et un chimpanzé.

Rémi, nous avons été un peu surpris de l'approche tangentielle que tu as utilisée pour essayer de te faire inviter au banquet alors que la table est la tienne, que nous t'attendons depuis environ cent cinquante ans et que le nom de ton peuple et celui des hors-réserves étaient et sont écrits en lettres dorées sur l'enveloppe des convives du banquet.

S.V.P., communique le contenu de ma lettre ouverte à tes jeunes...

Pierre Lajoie
Éden du Saguenay–Lac-Saint-Jean–Côte-Nord–Basse-Côte.

Chapitre 17
David et Goliath

Vendredi 12 novembre 1999, huit heures. Une autre journée devant moi. Des démarches à effectuer, des clients pour Éco-Santé à relancer et des décisions importantes à prendre. Lundi prochain, le 15 novembre, je dois me présenter à nouveau devant la cour pour un nouveau procès. Le procès initial et la victoire éclatante devant la Cour d'appel n'ont pas suffi. Le système veut encore de la chair. « Faut nettoyer ça! » pour reprendre l'expression d'un juriste à mon endroit.

Des amis, des avocats me conseillent : « Plaide coupable sur au moins un chef, Pierre. Faut sauver la face du système. Après tu vas avoir la paix. Tu vas pouvoir mener tes affaires en toute tranquillité. Tu sais bien que tu ne feras pas de prison. Fais un deal... » Et d'autres, en qui j'ai tout autant confiance, m'exhortent à continuer de me battre, à ne pas lâcher alors que le procureur de la Couronne est dans les cordes : « Ce n'est pas le temps de laisser tomber... Ils ne te feront jamais de procès. Le dernier a coûté assez cher, merci, et ils ont eu l'air fou en appel... »

Voici les deux dernière phrases de la plaidoirie de l'avocat maison de ma propre logique. « Je devrai prendre une décision et m'y tenir. Je n'ai plus le luxe du temps. » À l'opposé, je n'arrivais absolument pas à faire taire la voix de ma conscience interne, de ma lampe de vie; vous savez, cette petite voix qui fait que nous sommes uniques, partiellement enfants de Dieu et potentiellement éternels. Cette voix hurlait sans cesse, haut et fort, elle me distrayait et enterrait mes efforts de logique : « Non, non, tu n'as rien à te reprocher, ne plaide pas coupable après une vie au service de la société, des gens, de la droiture, de l'entreprise, de la vie et de ta famille. Laisse les pourceaux se vautrer dans la boue; tu as été éclaboussé, tu dois restaurer ton honneur, tu te le dois à toi en premier lieu, et aux autres ensuite... »

Il y a un autre fait non négligeable. LMB ne faisait pas partie de la liste des organisations criminelles avec charte déposée et photo de famille annuelle. Non, elle était une société ordinaire. Je n'avais donc pas droit aux meilleurs avocats payés par l'État.

À mon âge, je ne suis pas encore un vieillard, mais j'ai tellement de projets à réaliser. En fin de semaine, j'en discuterai avec mes avocats et, surtout, avec mon épouse. Je ne voudrais pas lui faire subir un autre procès, ainsi qu'à mes deux filles.

J'en suis à brasser ces idées sombres et à terminer mon café lorsqu'un article de *La Presse* attire mon attention : Gain contre la Banque Royale. Un monsieur André Lizotte vient de gagner sa cause contre la Banque Royale et RBC Dominion. Pour faire valoir ses droits, ce citoyen a perdu huit ans de sa vie, s'est endetté de 1,3 M$ et a été réduit à l'indigence, au point de devoir fréquenter la Maison du Père. Lors d'une conférence de presse qu'il donnait la veille à l'hôtel Crown Plaza, les journalistes ont trouvé qu'il avait tout de même l'air heureux, bien que ses problèmes ne soient pas terminés : RBC Dominion devrait porter la cause en appel et refuser ainsi de verser à monsieur Lizotte les 3,5 M$ plus les frais que le tribunal l'a condamné à payer. « David contre Goliath. » C'est l'expression que ce héros des temps modernes emploie devant la presse. Ce monsieur Lizotte me rappelle d'ailleurs un entrepreneur de notre région qui a réussi à obtenir justice après une dizaine d'années d'appels et de manœuvres légales de toutes sortes contre une société d'État. Il a eu raison, mais il était trop tard : il était financièrement et physiquement ruiné.

Ces personnes ne faisaient pas non plus partie du crime organisé, elles ont dû payer leurs avocats...

Les manœuvres dilatoires de ce genre sont l'arme privilégiée des puissants pour tester et noyer les capacités de se défendre des petits qui ont été spoliés ou lésés. Ces manœuvres dilatoires sont accueillies avec bienveillance par les différents tribunaux. Les compagnies d'assurances sont les championnes toutes catégories de ce genre de stratagème pour ne pas payer les dédommagements qu'elles se sont engagées à payer par contrat. Par contre, ne vous avisez pas de ne pas payer votre prime... elles n'ont pas besoin de la sanction des tribunaux pour vous retirer votre couverture.

Tout propriétaire de PME peut voir débarquer un bon matin un escadron d'inspecteurs du fisc dans son entreprise; tout professeur qui enseigne à des mineurs peut se voir accusé de pédophilie; toute personne en poste d'autorité peut se voir accusée tout à fait gratuitement de harcèlement sexuel par une tire-au-flanc névrosée, revancharde; tout entrepreneur peut voir ses notes de frais scrutées à la loupe et être mis en accusation pour fraude... Par la suite, c'est: « Défends-toi! » Tu sautes du trentième étage, sans filet!

Le lundi 15 novembre 1999, je me présenterai pour la cent quarantième fois au Palais de Justice de Chicoutimi. Depuis sept ans et neuf mois, j'ai dû m'y rendre, avec déplaisir, pour toutes les raisons imaginables, des plus banales aux plus sérieuses, dépôt de mon passeport, signature de papiers, interrogatoires préalables... et, surtout, chaque matin, pendant les cent jours qu'a duré mon procès; un record dans les annales judiciaires, à ce qu'on m'a dit.

C'est la bagarre d'un être humain, de chair, de sang et d'émotions contre un système qui, lui, est sans âme.

Lorsque le citoyen arrête de travailler pour se défendre, il essuie des pertes : manque à gagner, perte possible de clients qui l'ont jugé coupable avant même que le procès ne commence, image médiatique déformée, faillite financière, baisse de crédibilité sociale, coûts familiaux, psychologiques... Les serviteurs du système, eux, par contre, ont l'esprit tranquille : policiers, officiers de justice de tous ordres, avocats de la Couronne, huissiers, juges tirent leur subsistance de son désarroi. Ses malheurs sont leur gagne-pain ; ils ne sont pas pressés, ni stressés. Il s'agit d'un milieu où ils nagent à l'aise. Ils ont même leur propre langue, ou jargon professionnel, leurs procédures. À l'occasion, un procureur en mal d'ego avoue bien candidement aux journalistes que le système n'est pas parfait et que certains changements seraient souhaitables. Mais, croyez-moi, c'est la dernière chose au monde qu'ils désirent, le système les sert trop bien. J'ai à l'image ce brave policier de la Sûreté du Québec qui partait de Québec en auto pour venir à Jonquière me remettre en main propre un papier légal. Il avait l'air bien portant, assez détendu, hormis son expression triomphatrice. Il avait fière allure, le labeur ne semblait pas avoir trop affecté son corps athlétique.

En fait, tous ces acteurs, peu importe le côté de la clôture où le hasard et l'ambition – ou l'absence d'ambition ou d'envergure – les a placés, se comprennent et collaborent sans difficultés. Votre avocat expliquera et traduira si ça lui chante. Souvent, je me suis senti de trop, un intrus à mon propre procès. Cet appareil n'a pas d'entrailles. Tu as le droit de te défendre, mais à quel prix ?! Combien d'heures, depuis 1992, ai-je perdu dans ce temple de la justice ou ailleurs ? Combien d'heures volées à mes affaires, à ma famille et à mes autres proches ? Je songe à la fable de La Fontaine, *Le pot de fer et le pot de terre*. L'individu ne peut qu'en sortir broyé. Et s'il finit par gagner, il ne saura pas plus pourquoi que s'il avait perdu. Cet univers est plein de chausse-trapes, d'agendas cachés dont il n'a pas la moindre idée. Quels sont les rapports du juge avec son avocat et celui de la Couronne? Les policiers ont-ils effectué des dépenses exagérées pour amasser la preuve et doivent-ils à tout prix livrer un coupable pour éviter un blâme? Ou, au contraire, leur a-t-on donné le signal que « Assez, c'est assez... » À quelles tractations se livrent les avocats? Effectuent-ils des échanges qui font référence à des causes totalement étrangères à la sienne? On a souvent l'impression que, ce qui importe vraiment, c'est sauver la face du système, qu'il y ait apparence de justice, apparence que ce système marche et que tous ses serviteurs pourront continuer à en tirer leur subsistance.

Et on te passe des messages – parfois finement, d'autres fois avec moins de subtilité. « Collabore. Fais un effort. Plaide au moins coupable sur un chef... » Nuance, pour plaider coupable, pour ne pas tromper la cour, il faut être, à tout le moins, coupable de quelque chose, ne serait-ce que de peccadilles. Mais il ne semble pas que l'on donne la moindre importance à la relation de cause à effet.

Comme s'il ne s'agissait que d'une simple formalité! Plaider coupable pour acheter la paix? Pour reprendre une vie normale? Alors qu'on sait, au plus profond de soi, n'être coupable en rien? Ça ressemble étrangement à des manœuvres mafieuses. Cette voix et cette voie de la raison me répugnent...

Ce fut le jour le plus honteux de ma vie, moi qui suis sévère envers les victimes qui sanctionnent l'exaction en lui cédant...

Chapitre 18
Délinquant

Mercredi 17 novembre 1999. Ce matin, et depuis lundi, je suis officiellement coupable. De quoi? À quel point? Je l'ignore. J'ai fraudé pour 1 200 $, 2 500 $, 25 000 $, un million?... Je me le demande encore et, semble-t-il, ça n'a pas d'importance. Des millions selon Julien Duchesne, pour le plus grand soulagement de mes anciens associés. Après cinq heures d'âpres négociations, j'ai dû plaider coupable à deux chefs d'accusation de fraude pour un montant de plus de 1 000 $. Deux chefs sur sept. Le juge et les avocats sont satisfaits. Le système a prélevé sa juste part sur le crédit sociétal de Pierre Lajoie; pour les gens de l'appareil, justice est faite.

On tourne la page. Et tout va pour le mieux dans le meilleur des mondes. Si vous m'aviez rencontré après cette admission de culpabilité, vous ne l'auriez peut-être pas remarqué, mais je purgeais une peine : dix-huit mois dans la société et autres considérants : ne pas consommer d'alcool – pour ceux qui me connaissent, c'est à mourir de rire : je n'en ai jamais bu une seule goutte! –, me rapporter à un agent correctionnel et, surtout, interdiction de faire des déclarations à la presse, de parler de l'entente, de publier.

Bien évidemment, il faut qu'un substitut du procureur ait le pouvoir de signifier des mises en accusation, sinon, il n'y aurait pas de processus d'apparence de justice. Aussi, lorsque ces mises en accusation touchent les habitués du système, des citoyens de l'inviolable zone grise, les personnes peuvent toujours ironiser et se consoler en disant que le compte est 1 à 20, 30, 50... en leur faveur. Par contre, ce pouvoir si dévastateur d'accuser ne devrait pas être exercé à la légère contre des gens qui n'ont rien à voir avec la zone grise. Le substitut du procureur vous accuse, les journaux et les médias claironnent votre culpabilité et la société se pourlèche en attendant votre exécution, le tout dans la même petite journée. Si vous échappez à l'exécution, les gens penseront qu'il y a quand même anguille sous roche. Oui, nous constituons vraiment une société civilisée. Le pouvoir de porter des accusations devrait tout de même être mieux encadré.

De toute façon, m'interdire une publication constituait et constitue une violation éhontée d'un de mes droits constitutionnels, le droit d'expression, et mon avocat, Me Jean-Marc Fradette, a bien l'intention de suivre les éventuelles représailles. Des assassins publient leur biographie de derrière les barreaux, pourquoi n'aurais-je pas le droit de raconter mon histoire? D'ailleurs, Me Roy, pour qui cette non-publication représentait une condition sine qua non, s'est empressé de livrer d'amples commentaires aux médias dès sa sortie de la salle d'audiences... Je dois également garder la paix, me conduire en bon citoyen. Lorsque j'ai apposé mon paraphe au bas de ce document, au-dessus de la mention délinquant, j'ai souri.

Si l'on veut, en plaidant coupable, dans notre société d'apparence de justice, je venais de m'acheter du soulagement. N'est-ce pas que j'aurais dû me sentir libéré d'un fardeau... Eh bien non! Je n'arrivais absolument pas à faire taire la voix de ma conscience qui hurlait, qui me traitait de lâche, très lâche d'avoir cédé.

L'humour a vraiment sa place partout et il fait du bien : le corps policier qui avait fait intrusion à mon bureau, à ma résidence et à mon chalet, ce même corps policier qui, pendant dix-huit mois, avait enquêté, me décerne en 1998 un certificat d'honneur où on peut lire : « Collaboration exceptionnelle à la mission de la Sûreté du Québec... »

J'avais tenté de sauver la vie d'une personne qui se suicidait en mettant le feu à sa résidence avec l'intention d'y brûler vive. J'ai en main la photo qui a paru dans plusieurs médias. Un officier de police me remet le document en question dans le même édifice où on avait pris mes empreintes digitales au début de ma saga judiciaire... Assez ironique, merci!

Aujourd'hui, il me reste ce livre à terminer et à publier pour que tous sachent que se battre contre le système judiciaire ou le système fiscal est une quasi-impossibilité pour un simple citoyen; pour que nos responsables politiques comprennent que le système de justice, lorsqu'il s'acharne contre un individu, que ce soit monsieur Lizotte, Pierre Lajoie ou un autre, se transforme en système d'iniquité.

Très peu de personnes ont les ressources financières, physiologiques ou psychologiques pour supporter une telle pression pendant plusieurs années et en sortir indemnes. Pour ma part, j'ai l'impression d'avoir essuyé une maudite

raclée à coups de madrier. Lorsque je regarde ma famille, mes proches, j'ai peur de l'avenir. J'ai peur de toute cette énergie négative que nous avons accumulée au cours de ces dernières années. Selon la psychologie des groupes, nous pourrions la retourner contre nous-mêmes, alors que la menace extérieure s'est envolée mais que nous avons toujours à vivre avec les séquelles de ce drame. Car c'est un drame. Nous ne le répéterons jamais assez.

Combien de vies ont été ainsi broyées par ces appareils judiciaires et bureaucratiques sans entrailles, dont les serviteurs, qu'ils aient raison ou tort en bout de course, retournent toujours chez eux le soir en parfaite sécurité, une paye assurée, alors que leurs victimes grincent des dents, font de l'angoisse, pourrissent leurs relations avec leurs proches, sont montrées du doigt et attendent un verdict salvateur. Verdict, et ça pèse lourd, que le procureur de la Couronne peut toujours contester et porter en appel... Et le calvaire recommence! Pas étonnant que, las, poussés à bout de forces par cette moderne Inquisition, plusieurs décident de plaider coupables: tout comme les accusés à l'époque de Staline ou des autres régimes totalitaires étaient prêts à avouer n'importe quoi pour que cesse la torture.

Il est indubitable que s'il m'était resté quelques énergies et surtout des ressources financières, j'aurais opté pour le deuxième procès au lieu de céder. Après l'acquittement, qui ne fait aucun doute dans mon esprit compte tenu de la frivolité de la preuve, j'aurais aussi poursuivi pour procédure abusive et injustifiée. Faute de ressources financières, j'ai été contraint à subir cette humiliation. Ensuite, le mieux que j'avais à faire était d'utiliser l'énergie qu'il me restait pour simplement continuer et me reconstruire.

Chapitre 19
Les leçons du système de justice

J'ai un dossier criminel et je ne peux plus aller aux États-Unis pour brasser des affaires. Et Dieu sait si j'aurais besoin d'y aller; je suis obligé d'y dépêcher des délégués. Ce système a vraiment tenté de m'abattre. Moi et ma famille en portons les cicatrices. Ce dérapage a coûté très cher au trésor public. Le système de justice ne peut pas vraiment être plus parfait que la société dont il représente une facette. Vous me permettrez donc de porter à votre attention les leçons qui s'en dégagent.

Tout le long cheminement évolutif des systèmes de justice a été induit, forcé par la pression populaire, les révolutions et les autres réactions de ras-le-bol des citoyens. Rarement par les acteurs du système de justice et encore moins par les pouvoirs législatifs. Ainsi, la meilleure manière d'initier un jour le changement consiste à en parler, à convaincre une masse critique de personnes et à cerner distinctement les ratés.

J'ai été presque assassiné gratuitement par le système judiciaire; les moyens financiers, le temps et l'énergie m'ont fait défaut pour me défendre à armes égales. Il est évident que j'en suis ressorti avec une nouvelle vision de la vie – candeur en moins; aussi, très souvent je philosophe à savoir quelle différence il y a entre moi et une personnes de la rue qui n'a jamais eu affaire au système judiciaire.

Cette différence tient à peu de choses; ces personnes de la rue répondent de façon non équivoque aux sondages relatifs à leur manque de confiance dans le système de justice en général, et moi, j'en suis une preuve encore vivante. En ce sens, il est utile que je raconte mon expérience pour apporter ma goutte d'eau qui contribuera à augmenter le niveau du liquide dans le verre... Lorsque nous serons vraiment dégoûtés, nous amorcerons des changements.

Pour l'instant, nous sommes encore passifs en espérant que ce ne sera pas nous qui serons agressés par des truands, arnaqueurs et autres dépravés impunis, ou qui serons victimes d'un dérapage du système judiciaire. Je suis celui qui a gagné à la loterie, à une loterie double, devrais-je préciser; j'ai été victime de fraude et j'ai été victime d'un dérapage du système. Mais, attention, il s'agit d'une loterie sélective, elle n'a rien d'aléatoire. Il faut que le supplicié ait une certaine gueule, qu'il puisse servir d'exemple sur la place publique.

La première fausseté :
tout le monde est égal devant la loi

Si mes considérations se faisaient dans un cadre religieux, je dirais que cette affirmation est un sacrilège. Nous savons tous que des organisations criminelles ont des chartes corporatives, ont pignon sur rue et peuvent exercer leurs activités, c'est-à-dire tuer, voler, arnaquer sans être importunées par la justice. Des individus identifiables agissent de même au vu et au su de la société et peuvent être assurés de jouir d'une retraite paisible. On nous brandira l'exemple de tel ou tel criminel qui a été condamné à une peine de prison. Premièrement, vous pouvez être assuré qu'il réussira à ne purger que le quart de sa peine et, selon son statut dans le crime organisé, il jouira d'un traitement de faveur dans le système carcéral. L'exemple du condamné n'est pas pertinent, car il s'agit d'une exception et non de la règle.

Les gens de l'appareil judiciaire et ceux des différents corps policiers ne s'attaquent pas au crime organisé, parce qu'ils sont intimidés. Certains juges italiens ou corses ont appris à leurs dépens qu'il est périlleux de s'y frotter. Il est plus facile de choisir des cibles inoffensives pour faire la manchette des journaux et éventuellement prendre du galon.

La deuxième fausseté :
innocent jusqu'à preuve du contraire
Maintenant, presque tous les jouets sont à piles. Il y a quelques années, plusieurs jouets avaient des mécanismes à ressort qu'il fallait monter à l'aide d'une clef papillon, par exemple, dans le dos du personnage. Faites l'expérience suivante : imaginez que le petit personnage est un magistrat ou un procureur, que vous montez son ressort dans le dos; déposez-le sur une table et faites-lui la remarque que bien des criminels notoires s'en tirent trop facilement à travers l'appareil judiciaire. Ce sera encore mieux s'il porte sa toge. Il s'activera, vous fera un discours pour vous émouvoir : « ... Mieux vaut des coupables en liberté que des innocents en prison. Augmenter les peines ne dissuade pas les criminels... Il ne faut pas revenir à la justice du Far West où la vindicte populaire lynchait les voleurs de bétail... Même les criminels ont la présomption de l'innocence... » Remettez votre jouet dans sa boîte lorsque le ressort sera débandé et fermez le couvercle.

Peut-être que les peines ne dissuadent pas, mais les arnaqueurs et violeurs font moins de victimes lorsqu'ils séjournent derrière les barreaux.

« ... Les criminels ont la présomption de l'innocence... » Peut-être devrais-je y voir la preuve que je ne suis pas un criminel. En effet, je n'ai jamais senti que je bénéficiais de cette présomption d'innocence; j'ai été coupable depuis le début. Les médias avaient décidé que j'étais coupable, mes associés avaient décidé que j'étais coupable, les coquerelles de palais de justice qui se délectent de tous les procès avaient décidé que j'étais coupable, les tribunes téléphoniques avaient décidé que j'étais coupable. Plus d'un demi-million de dollars des ressources de la société ont même été investis pour étayer une preuve, afin de démontrer que j'étais coupable. Cela, dans un contexte où il n'y a plus assez de ressources pour les infirmières, les médecins, l'éducation et les affaires sociales... Saine administration de la justice!

Je ne comprends toujours pas comment il se fait que nous ayons un déficit... Ni pourquoi les pauvres procureurs n'ont pas d'ordinateur...

Il n'y a rien de plus facile pour des experts comptables que de retracer des sommes subtilisées ou détournées. Ceux de la Gendarmerie royale n'ont rien trouvé qui justifie une seule accusation. Force m'est de croire que plusieurs de mes poursuivants acharnés étaient à la salle de bains lorsque le gros bons sens a été distribué : comment peut-on détourner ne serait-ce que 5 % du chiffre d'affaires d'une entreprise qui brasse pour 30 millions de contrats. De plus, 30 millions de contrats ne signifient pas du tout 30 millions de profit... et c'est du profit, de l'argent libre, de l'argent du fonds de roulement qu'il faut détourner... à ce qu'il me semble.

La troisième fausseté :
accès égal à une défense pleine et entière

Dans le quadrilatère du quartier des affaires, il y a de grands hôtels. Nous devrions tous prendre exemple sur leur approche universelle. Ces établissements sont des modèles de l'universalisme auquel nous devrions tendre dans les décades à venir pour jeter les bases de notre village global sans préjugé. Leurs établissements sont ouverts à toutes les cultures, croyances, religions, couleurs, habillements ou autres caractéristiques, pourvu que, quelque part, dans le rituel de courtoisie de l'accueil, la personne exhibe nonchalamment son petit rectangle de plastique AMX ou VISA. La chaleur de l'accueil monte d'un cran... Les porteurs se bousculent, on vous interdit de porter vos valises... vous êtes chez vous, bienvenu à leur table qui est la vôtre. Vous vous sentez réconforté par cette chaleur humaine; quelqu'un, même, s'occupera des loisirs et du confort de votre toutou. Ces établissements ne refusent personne, tout comme l'appareil judiciaire, pour peu que l'on respecte le protocole.

Si vous avez des beaux dollars à profusion ou, mieux encore, si vous êtes un criminel professionnel et que l'État paie vos avocats, alors, pour vous, le tapis rouge de l'appareil judiciaire est déroulé en permanence à partir des portes de la bâtisse, sur le parvis, dans les somptueuses marches à paliers faites de granit rose ou de granit noir de Milot. Ce tapis passe sur le trottoir et descend d'environ cinquante centimètres dans la rue, c'est-à-dire sous votre voiture. Tous sont les bienvenus et c'est peu dire. Ne vous laissez cependant pas méduser par le bon accueil au point d'oublier le petit rituel de la carte rectangulaire. Pour ma part, c'est le fourgon cellulaire qui m'a ramené vers la prison.

Plusieurs d'entre nous sommes des parents qui ont élevé une famille et, dans bien des cas, contracté une hypothèque pour mettre un toit sur la tête de nos enfants. Il vous a fallu 25 années pour payer l'hypothèque de 40 000 $ contractée aux environs de 1970 et ce, à travers les autres obligations financières de la vie de famille. Aujourd'hui, votre maison vaut 100 000 $, mais le courtier vous mentionne que, sur un marché libre, vous ne pourriez pas en tirer plus de 60 000 $; elle est d'une autre époque et requiert des réparations. Quoi qu'il en soit, il s'agit de votre seul capital, à part quelque 50 000 $ de Régimes enregistrés d'épargne action. Vous avez entre 50 et 60 ans et vous n'avez plus d'employeur.

Maintenant, accompagnez-moi, si vous le voulez bien, dans le bureau d'un avocat fictif. Vous n'avez attendu que vingt minutes dans l'antichambre. Vous retenez votre souffle en vous enfonçant dans la moquette. Une décoratrice a sûrement donné libre cours à son talent dans ce bureau qui est un écrin d'harmonie de couleurs, de meubles et d'accessoires, le tout baignant dans une lumière diffuse et chatoyante. La bibliothèque impressionne par le nombre de livres reliés en cuir; elle ne vient pas de chez IKEA. Le diplôme des disciples de Thémis, somptueusement encadré de métal luisant et exhibé au mur, vous rappelle que vous avez un diplôme froissé quelque part dans le fond d'un tiroir. Quelques piles de dossiers jonchent dans un certain ordre le dessus du bureau, mais l'avocat les a tassés du revers de la main pour vous signifier qu'il est disposé à vous écouter. Vous êtes rassuré, il prend des notes, il vous pose quelques questions.

Vous lui exposez vos infortunes. Vous déblatérez pendant plus d'une heure. Il vous écoute. À peine quelques petites questions anodines. Vous concluez en lui demandant : « Qu'est-ce que vous en pensez ? » Il manipule les deux pages de papier jaune ligné sur lesquelles il a griffonné des notes. Il s'éclaircit la voix en toussotant.

« Vous avez une bonne cause, quoiqu'elle ne soit pas facile. Vous avez une pente à remonter. Mais c'est faisable. »

Il vient de vous enlever un poids des épaules. Vous vous sentez soulagé. Vous expirez une grande bouffée d'air. Vous vous décontractez. Vous décroisez les jambes; vous avez presque envie de le serrer dans vos bras, de le remercier... de vous comprendre, de prendre pour vous, de vous croire.

Mais attention, votre dîner âgé de deux heures est sur le point de vous rappeler sa présence.

L'avocat, avec le même visage sympathique, continue : « Ce sera 10 000 $ pour ouvrir le dossier et environ 100 000 $ pour la première phase du procès et ce, dans la mesure où nous sommes acquittés et où il n'y aura pas d'appel. Un autre 100 000 $ si...

— Arrête!

— Arrête...!

— Je paie comment, Ô Maître?

— C'est facile : tes RÉER, tes économies, une hypothèque sur ta maison ou, encore plus simple, cède-moi ta maison et je t'établis un crédit d'environ 60 000 $. »

Et qui plus est, le mandat en est un d'essai, et non de résultat. C'est comme un entrepreneur qui accepte d'essayer de vous construire une maison; le prix est le même qu'il réussisse à construire ou non.

« Je ne peux pas prendre un mandat de résultat, je ne contrôle pas tout dans l'appareil judiciaire; ta cause est bonne, mais on peut tomber sur un juge particulier ou un jury borné. Non, je ne peux pas prendre de mandat de résultat. » J'ai survécu à la lessive et admettons que je ne suis pas parmi les plus misérables de la société, mais je vous invite à vous mettre à la place d'un travailleur de scierie qui gagne quatre cents utilisables par semaine sur une année de huit mois de travail et qui a deux enfants. Soudain, il est aux prises avec une compagnie d'assurances qui veut se défiler de ses obligations. Il y aura des lunatiques pour lui conseiller d'intenter une poursuite à la compagnie d'assurances avec l'aide d'un bon avocat. Oui, à condition qu'il gagne à la 6/49.

Ainsi donc, la prochaine fois que vous entendrez un hurluberlu se gargariser avec une semblable affirmation : « Accès égal à une défense pleine et entière », vous pourrez vous marrer. Faites votre choix. Ce personnage vient d'une autre planète, ou bien il est plein d'une substance brune, ou bien il est tout simplement diplômé de l'École nationale de théâtre.

Un instant, Lajoie : tu as oublié l'accès à l'Assistance juridique. Oui, mais c'est comme s'habiller dans un marché aux puces. Ça fait tout de même quelque chose à se mettre sur le dos. Le résultat n'est cependant pas garanti, un peu comme lorsque vous embauchez un peintre à rabais. Ce n'est pas un hasard s'il travaille à rabais. Les bons peintres sont des entrepreneurs, ou bien ils travaillent pour des entrepreneurs efficaces. Mais c'est quand même mieux que rien.

Enfin, je ne vous ai pas dévoilé de secrets industriels en vous exposant ces quelques faits. D'autres diront que ce sont des demi-vérités. Comment se fait-il que rien ne soit fait pour remédier à la situation ? Une situation que tout le monde déplore. Nous sommes tout de même une société affluante du début du troisième millénaire ; il y a un quart de siècle – petite bière – nous sommes allés sur la lune, nos scientifiques sont à la veille d'extirper tous leurs secrets à la matière et à l'énergie, et les maladies sont sur le point d'être vaincues. Comble de l'ironie, nous ne pouvons même pas nous débarrasser de quelques criminels appartenant à de puissantes organisations à charte et à pignon sur rue, et qui pratiquent impunément leurs exactions. Ces criminels jouissent de l'immunité totale et absolue. Même que l'État leur paie les avocats les plus performants pour les défendre.

N'est-ce pas que c'est la goutte qui fait déborder le vase ? Un vice confirmé et apparent ne vient que rarement seul, il est accompagné de vices encore plus profonds. Les ratés du système auraient tout de même pu suffire. Non, il a fallu ajouter la perversion, la dépravation en payant les avocats des criminels. Non, ce ne sera pas la goutte qui fera déborder le vase... le peuple dort devant son téléviseur.

« Lajoie, le problème est dans ta tête, trouve-toi une autre cause, le problème n'est pas dans le système de justice!

— Possible, mais où est-il? »

Je me souviens qu'au cours secondaire j'ai été franchement impressionné lorsque l'on nous expliquait la distinction et le cloisonnement entre les systèmes législatif, exécutif et judiciaire. Tout semblait d'une telle transparence, d'une telle limpidité. Il s'agissait d'un aboutissement de la progression des civilisations. J'avais presque hâte d'atteindre l'âge adulte pour vivre dans une telle société idyllique... Aujourd'hui, je vous propose une mise à niveau gratuite de la disquette : le judiciaire et l'exécutif sont deux culs dans la même chemise, et le législatif est paralysé par la peur, les autochtones, les syndicats, les éventuels sondages... et la charte des droits et libertés des criminels.

Sans doute, le devis d'origine est-il toujours aussi pur et limpide, mais il est possible que ce soit dans l'application que les choses se gâtent. Nous avons souvent vu des édifices dont les plans d'origine étaient conformes aux normes de l'industrie, mais dont la situation se détériorait entre les systèmes internes. Les plans d'origine n'étaient donc pas en cause. Quelqu'un avait faussé délibérément les mécanismes internes; on avait faussé l'harmonie entre les systèmes, ce qui envoyait des vagues de dysfonctionnement en cascade.

Pour ce qui est de l'appareil judiciaire, le diagnostic suivant peut être proposé.

La zone grise

La présomption d'innocence garantie à tous les criminels crée une frontière artificielle dans laquelle ils jouissent, dans les faits, d'une immunité totale. Il s'agit d'une zone grise qui a des frontières non géographiques, mais bien réelles. La zone grise crée une surface à l'intérieur de la vie sociale d'une nation. Cette zone grise attire par choix, par vocation, tous les types de criminels. Ils y prolifèrent impunément comme des cancrelats sous une machine distributrice de boissons gazeuses. Ces bestioles, comme les criminels, y vivent parce que les conditions nécessaires à leur survie sont offertes sur un plateau d'argent; il y a immunité aux frais de la majorité silencieuse. Les différents corps policiers et les protagonistes de l'appareil judiciaire rebroussent tous chemin à la frontière de cette zone grise, et les criminels leur font un doigt d'honneur, à eux et à la société.

Des disciples de Thémis, souvent un ministre de la Justice, la gueule en cul de poule, condescendent à expliquer aux bandes d'ignares, à travers les médias à large diffusion, que cette situation est la contrepartie des libertés civiques. Ils ont bien raison, ces chers disciples de Thémis, non sur le fond mais sur la forme; nous sommes en effet ignares et naïfs. Même que nous mériterions plusieurs nominations et remporterions plusieurs oscars au Gala des Cons.

Imaginez le coloré et populaire botaniste Ronald Leduc ou encore Jean-Claude Vigor qui s'amènerait à une de ses émissions de grande écoute pour dire aux gens qu'il ne faut pas enlever les mauvaises herbes des plates-bandes ou des potagers pour ne pas perturber la croissance des plantes ornementales ou des légumes... Un tel sophisme, s'il avait été appliqué, aurait rendu impossible l'apparition de l'agriculture qui a été la mère des civilisations. Certains disciples de Thémis, eux, nous affirment avec un aplomb imperturbable que cette zone grise est la culmination de toutes les civilisations. Pour ceux qui se demandent sincèrement pourquoi nos civilisations piétinent, continuez de vous le demander. Il y a une loi de la vie et elle s'énonce comme suit : la zone grise prend de l'expansion en surface et elle siphonne une part toujours plus grande des ressources collectives.

Écoutons les confidences d'un habitué de la zone grise :

« Voilà, chère société, un petit doigt d'honneur; je conduis des autos de luxe, je profite du système de la santé, même que vous me paierez une pension de vieillesse, je n'ai jamais eu aucun travail régulier – quelle horreur – et je vis du crime et de l'arnaque justement dans la zone grise que vous m'avez aménagée; mes droits sont bien protégés, et mes Cerbères sont, devinez qui? Des disciples de Thémis ! Ramassez vos boîtes à lunch et allez, allez, allez travailler dans des usines; moi, je vais au tennis et au casino. »

Maintenant, un autre volet plus cru et plus brutal qui explique en partie pourquoi les réformes ne viendront jamais des acteurs du système judiciaire. Les législateurs s'exécuteront lorsque les masses populaires en furie leur mettront de la pression pour que ces réformes soient légiférées. Pour l'instant, il n'y aura aucune réforme autre que cosmétique, nous sommes trop occupés à regarder la télévision.

On ne demande pas à un jardinier de laisser ses terres ou d'accepter une diminution de sa surface en culture. Il s'agit de son gagne-pain, de son garde-manger. Non seulement il ne veut pas perdre ce qu'il possède déjà, mais il souhaiterait avoir davantage. Il en va de même de la zone grise, elle est le gagne-pain de tous les intervenants de l'appareil judiciaire. Ils y puisent leur subsistance. Il n'y a pas à s'inquiéter, il y aura toujours un payeur passif, la société.

Les acteurs du système judiciaire gagnent leur vie à

l'intérieur de leur corral qu'est la zone grise. Ils se repaissent de la misère humaine, la manipulent, la triturent, l'analysent, la brandissent et obtiennent en bout de piste une paye. Pour les acteurs du système, ils doivent s'y acclimater et faire taire leur jugement; sinon, ils n'ont qu'à aller travailler comme livreurs de pizza ou comme poinçonneurs de nuit ou de jour dans une usine. Cette zone grise n'a pas vraiment à changer et encore moins à disparaître; elle doit même s'accroître...

Demandons à des fonctionnaires comment il se fait qu'ils ne militent pas pour la décroissance de la taille de la fonction publique. Pourtant, je suis persuadé que la plupart de ces fonctionnaires vous avoueront bien candidement qu'ils sont conscients que plusieurs des postes de la fonction publique sont totalement artificiels et carrément inutiles... Comment se fait-il que l'ensemble des juges et des avocats ne se révoltent pas pour que l'on commence à éliminer cette zone grise qui garantit l'immunité à des hordes de criminels et à des tortionnaires de tout acabit? Un fou dans une poche! Assez fou pour saborder son gagne-pain!

Que se passerait-il si les criminels d'habitude et de carrière étaient immédiatement reconnus coupables à leur deuxième ou troisième apparition devant l'appareil judiciaire? Ils n'auraient plus le loisir de faire engloutir les ressources financières de l'État dans de coûteux procès. Y aurait-il vraiment plus d'innocents derrière les barreaux? Moins de récidivistes revenus en affaires?

Quelle infamie, quelle barbarie! diront les juristes et défenseurs de la zone grise. Avez-vous encore des doutes sur leurs motifs. Le cynique, c'est le violeur ou le pédophile qui vous regarde dans les yeux, avec un sourire moqueur, parce que le système de justice à été trop idiot pour le mettre à l'ombre. Les acteurs du système font montre du même cynisme lorsqu'ils montent aux barricades pour défendre le système de la vindicte des esprits obtus aux mains calleuses qui doivent travailler dans les usines... pour les nourrir, eux tous, les criminels et les intervenants du système judiciaire.

Il y a une question qui hante les masses populaires, vous savez, ces viles populaces que l'on a écartées du processus pour créer une profession exclusive plus transparente et plus cristalline de la justice. De temps à autre, on les fait jouer « au juré » dans un procès. Avec les recommandations du juge sur la décision qu'ils devront prendre, n'auraient-ils pas été aussi bien de rester chez eux? Ils ne sont qu'accessoires.

Cette situation, comme plusieurs autres, indigne les masses populaires. Lorsqu'elles posent la question, on leur sert quelques âneries comme réponse. Ces âneries sont en fait un langage codé et cynique qui veut dire qu'il ne faut pas toucher à la zone grise où prolifèrent les criminels et, surtout, d'où ils tirent leur gagne-pain.

C'est tout comme les syndicats qui en arrivent à défendre des postes bidon et complètement inutiles. Comment une collectivité d'acteurs du système de la justice en arrive-t-elle à justifier le paiement des frais des avocats des criminels de carrière par le trésor public?

Voici une partie de la réponse : plusieurs disciples de Thémis partagent certains gènes déficients; vous savez, ces gènes qui incitent, en échange de beaux dollars, à défendre avec brio les criminels les plus notoires au nom des principes les plus édifiants. Attention, pas les criminels qui n'ont pas d'argent. Pas de sous, adieu les principes édifiants. Les criminels cassés devront se contenter des avocats de bas calibre et en panne de clients. Des juges sont issus des rangs de cette profession; même le ministre de la Justice. Avant d'accéder à la magistrature, il n'est point requis de subir l'ablation de ces gènes. Plusieurs les camouflent, mais tous n'ont pas cette rigueur. Même qu'il y en a qui ont le nez poudré...

À partir de cette position TOUT, TOUT, TOUT ET N'IMPORTE QUOI se justifient dans le merveilleux monde de la justice. Tassés dans un coin par des arguments du gros bons sens – ceux-là, ils les détestent – ils brandissent des sophismes, des demi-vérités, ils jonglent avec des portions de vérité. L'empilage de demi-vérités ne fera jamais un lot de vérités. L'adage populaire suggère : « Mentez, mentez, il en restera bien un peu. » Jeudi, ils auront leur chèque de paye; en passant, les procureurs de l'Ontario gagnent plus qu'eux...

Les thanatologues font le commerce de la mort, mais ils n'ont pas le cynisme d'aller prétendre le contraire sur la place publique... Bien sûr, nous sommes tous égaux devant la mort, mais ils font quand même des traitements de faveur à ceux qui ont plus de sous, les coquins... qui l'eût cru?

Lajoie, tu as déjà eu une leçon et tu ne sembles pas avoir appris que toute vérité n'est pas forcément bonne à dire. L'appareil judiciaire a encore des atouts en réserve et il a accès à des moyens financiers considérables... Il a aussi des amis qui ont le bras long. Souviens-toi de l'opéra *Carmen* : « Prends garde à toi... »

Maintenant je ferai bien attention! Mais attention à vous, vous aussi : à mesure que l'on avance en âge, on est de moins en mois terrorisé par les menaces. On a moins peur de froisser, par ses opinions, les gens bien pensants, à plus forte raison ceux qui ont essayé de vous détruire délibérément...

Plusieurs d'entre vous ont sans doute remarqué que je n'ai pas encore parlé de justice, j'ai parlé de l'appareil judiciaire. L'accès à l'appareil judiciaire ne garantit pas la justice, pas plus que l'institution du mariage ne procure à coup sûr l'amour, pas plus que l'accès au système de la santé ne procure la santé du jour au lendemain. Je n'ai pas parlé de justice parce que nos sociétés sont tellement disloquées qu'il n'y a même plus d'unanimité sur le concept de justice. Je suis passé à travers le système et je sais ce qu'est la justice dont ce système parle. J'ai mes convictions, mes cicatrices, je n'entre même pas dans le débat. Chose certaine, la veuve et l'orphelin sont peut-être mieux de subir leur sort en silence... et de ne pas brouiller l'eau...

Plusieurs acteurs du système de la justice, tout comme les politiciens, se désolent du manque de confiance, du manque de respect de la plèbe envers l'Institution. Peut-être que l'Institution pourrait s'aider un peu!

La tenue vestimentaire

La société est en mouvance, tout bouge, bien des choses progressent; il faut être de son temps. La magistrature n'a pas encore compris qu'il est venu le temps d'abandonner le costume du Moyen Âge pour exercer de l'emprise sur les masses d'incultes. Même les différents clergés ont compris; la magistrature, pas encore. Que les policiers, les militaires, les clowns et les infirmiers conservent leur costume peut toujours passer parce qu'il s'agit d'un costume utilitaire. Je ne pense pas que les frusques ridicules et injustifiées effacent le cynisme des arguments, ni n'inspirent le respect.

Vétusté du Code criminel

Depuis 1900, nous avons progressé, évolué, nous pensons nous être projetés vers l'avant: nous avons connu l'avènement de l'auto, du train, de l'avion, des vols supersoniques, de la radio, du rayon X, du téléphone, du bélinographe, de l'ordinateur, du digitaliseur, du téléphone cellulaire, des disques compacts, de la réalité virtuelle, des appareils numériques, de l'Internet et de bien d'autres choses encore.

Dans cette même société en évolution, nos braves juristes chérissent tendrement un Code criminel qui date des années 1890. Ce code avait lui-même été emprunté de l'Angleterre à une époque où les nobles avaient des cravaches pour corriger leurs valets, pouvaient violer impunément leurs servantes; les ouvriers poussaient les charrettes la nuit et les femmes accouchaient dans des maisons insalubres avec des sages-femmes. Ce code devait sûrement être le reflet de la société.

Le Code criminel a été un peu reprisé vers les années 1950 et, comme pour les conventions collectives du secteur public, des pages ont toujours et sans cesse été ajoutées. Depuis, la réforme du Code criminel a fait la première priorité de tous les ministres de la Justice qui se sont succédé.

Braves réformateurs, ne perdez pas votre temps à le réformer si, en bout de course, vous recréez une nouvelle zone grise, une nouvelle terre d'asile pour la prolifération des criminels plus modernes. Ne vous tirez pas dans le pied, la zone grise actuelle vous sert déjà très bien.

Le nouveau Code criminel ne devrait-il pas être conçu par des comités de citoyens?

Plusieurs parmi ceux qui ont bricolé les dernières réformes dans les années 1980 avaient fait des stages de jongleurs dans des cirques. Jongler avec trois ou quatre demi-vérités ne produira jamais des articles de code limpides comme ceux des dix commandements. Ces gens avaient en horreur la concision, la simplicité, la pertinence et la clarté.

Toute définition de droits et de libertés pour des criminels s'étant eux-mêmes mis au ban de la société ne sera jamais qu'un porte-à-faux lorsque les droits de la majorité se comportant selon le code du gros bon sens sont continuellement érodés, violés et transgressés.

Comme il est facile de se gargariser avec les notions de droits et libertés en omettant de parler des contrepoids que sont les devoirs et responsabilités. Ces personnes qui ont rapiécé le Code criminel, ce cher vieux vêtement emprunté à la hâte dans une friperie du XIXe siècle, ont pris sur eux de réformer la société en y introduisant de nouveaux principes plus humains.

Dérives! Vous n'aviez pas reçu ce mandat. Adeptes de l'innovateur principe selon lequel la crainte des sanctions ne modifiera pas le comportement des déviants, on s'en reparlera lorsque votre fille aura été violée par un récidiviste. Un criminel qui purge sa sentence ne braque pas de banque. Il serait plus sage de vous en tenir à identifier et à châtier les criminels. Après des âges et des décennies, la société vous donnera le signal d'introduire de nouvelles accommodations. Essayez plutôt d'être efficaces dans votre mandat de base pour l'instant. Sortez vos chronomètres : êtes-vous prêts pour une gageure? Ce n'est qu'une question de minutes avant que l'on nous dépêche un redresseur de pensée, un disciple de vous savez quelle glorieuse confrérie. Il nous révélera que l'on peut faire beaucoup plus avec la miséricorde et la compassion qu'avec la répression.

Dérives encore! La miséricorde et la compassion sont sûrement les plus nobles attributs de Dieu notre Père. Par contre, la miséricorde et la compassion sur terre sont l'émanation de l'état d'avancement spirituel d'un peuple et non un tremplin vers l'Histoire pour un vieux juge gâteux atteint sévèrement de la bactérie *Dilapidus Repentia*©. Système de justice, je sais maintenant de quoi sont faites tes entrailles.

Langage grandiloquent

Rien dans la pièce de théâtre – je m'excuse de profaner le mot théâtre, car il s'agit d'un art noble, mais aucun autre mot ne me vient à l'esprit – n'égale le langage pompeux des cabotins de la justice; on se croirait dans une représentation de *Tartuffe*. « Maître », « Votre Seigneurie », « Votre Honneur », « distingué confrère », « Votre Sainteté » peut-être? Alors que le vrai langage à voix basse est du très, très, très bas registre vernaculaire. Non, vraiment rien pour inspirer le respect.

Effet « Chute de prix Tall-Wart »

« Le Code prévoit dix ans d'emprisonnement, je t'en donne cinq. » L'avocat de la défense fait un effet de toge, il s'indigne de la sévérité de la sentence, alors qu'il a peine à contrôler son fou rire, qu'il aurait envie de se rouler par terre. Son cher client finira par avoir dix-huit mois dans la société et il enfreindra les conditions de sa libération le premier soir en se saoulant dans un bar. Dans quelques semaines, il tuera quelqu'un en riant à belles dents. Il en est à son quatrième meurtre. « Il faut de la sérénité dans la cour », comme dirait un Très Honorable Juge...

Effet « Compétition »

« Nous défions la compétition, nos prix sont les meilleurs; nous sommes 5 % moins cher que notre plus proche concurrent. Nous en prenons l'engagement sur la place publique. Vous êtes condamné à huit ans fermes de pénitencier. »

Effet de toge de l'avocat de la défense

« Votre Seigneurie, l'Honorable Juge Batman de l'Alberta a donné trois ans à monsieur Joker pour une cause semblable.

— Vous avez raison, Ô Maître; 5 % de trois ans donne 1,8 mois.

— Votre Très Honorable et Omnipotente Seigneurie, de rétorquer l'avocat de la défense, mon client a suivi une thérapie de deux jours pour déviants sexuels et Votre Éminent et Honorable confrère Popeye de Terre-Neuve a donné une sentence de deux mois dans la société pour ce genre de peccadille.

— Ô, cher Maître, Super Distingué Confrère, vous allez me faire perdre ma sérénité : vous allez redonner sa cagoule et son 38 à votre &%* de client et vous allez bien lui faire comprendre que je ne veux plus voir son #%$* de face dans ma cour. »

Non, vraiment pas; les distingués membres du sélect Bar « Haut » ne s'aident vraiment pas pour faire rejaillir le respect sur l'Institution.

La sagesse populaire, n'en déplaise aux éminents académiciens trop souvent moralistes, véhicule les vérités les plus percutantes, les plus simples, les plus universelles. À titre d'exemple, on dit que quelqu'un qui travaille dans un garage sent l'huile, quelqu'un qui travaille dans une brasserie sent la levure, quelqu'un qui travaille dans un comptoir de produits cosmétiques sent le parfum. Ces gens ne se sentent plus eux-mêmes. L'odeur peut toujours aller mais, très souvent, le milieu déteint sur leur raisonnement.

La même dynamique fonctionne pour ceux qui ramassent les ordures ménagères, celles que nous produisons, vous et moi. Et que dire des gens de l'appareil judiciaire. Écoutons parler un des chefs; il ne « sent » peut-être pas, mais il raisonne...

En effet un cher juge de la Cour suprême du Canada, à la veille de prendre sa retraite, assistait à un banquet en son honneur.

« Pas un soir, je ne me couche sans penser que quelque part au Canada, un innocent est en prison. » Je ne sais pas s'il faut vraiment croire qu'il est insomniaque dans son beau lit douillet; mais moi, j'ai couché en prison plusieurs soirs. Je suis d'un naturel naïf, je m'en excuse, mais de là à croire que j'ai perturbé son sommeil, minute.

Le digestif aidant, n'aurait-il pas montré plus de compassion s'il avait dit quelque chose comme : « Je suis triste à l'idée que, dans l'année qui vient, X femmes vont se faire battre, X autres vont se faire tuer, on va abuser sexuellement de X enfants, des personnes âgées vont se faire arnaquer par des truands, X personnes honnêtes vont se faire détrousser par des escrocs, des congrégations religieuses vont se faire voler leurs économies, des hommes d'affaires honnêtes vont se faire escroquer, des caisses de retraite de travailleurs vont se faire piller par des récidivistes, des criminels en libération conditionnelle précoce, des citoyens de cette zone grise qui nous permet de gagner notre vie et à laquelle il ne faut pas toucher au nom de la Charte des droits et libertés. »

N'est-ce pas que l'adage populaire recèle beaucoup de vrai? Il ne sent peut-être pas, mais il raisonne comme...

Conclusion

Il m'arrive parfois de tomber sur le canal qui présente les combats de lutte de la WWF : pas édifiant. Les protagonistes sont entraînés et les coups vicieux de leurs adversaires ne peuvent les surprendre outre mesure. Je m'imagine être projeté soudain, sans préparation, dans un de ces combats... Voilà comment je me sentais pendant ces procès. Je n'avais aucun entraînement à ces situations. Et, qui plus est, je ne souhaitais même pas développer cette compétence...

Mon entraînement à moi a toujours été de jouer les chefs d'orchestre avec des gens volontaires pour, ensemble, nous dépasser, pour distiller, pour créer des résultats extraordinaires à partir des ressources et situations ordinaires de la vie. Nous avons réussi dans une très large mesure. Merci à tous nos anciens employés d'avoir mis leurs talents au service de nos entreprises. Ce n'est qu'une question de temps, notre orchestre est en train de se reconstituer... En bon philosophe, je me dis qu'il est possible que nous recrutions un autre Judas ; il ne faut tout de même pas s'empêcher de repartir. Nous jouerons encore des partitions grandioses et utiles pour la région, pour la société. Mais, souvenez-vous, il n'y a que le cheval qui court qui soulève de la poussière...

Mon récit est essentiellement anecdotique. Je me fais l'effet de quelqu'un qui, parti cueillir paisiblement des bleuets, a été poursuivi et griffé par un ours ou un « troll des montagnes ». Il revient au camp pour faire panser ses éraflures dégoulinantes. Il perd des mois de travail. Ses blessures guériront et il portera quelques cicatrices. Il n'est pas mort, mais il l'a échappé belle. Il s'empresse de raconter son aventure à tous ceux qui veulent bien l'entendre, mais rien de plus. Plusieurs parmi ceux qui l'écouteront ne le croiront qu'à demi, estimant qu'une telle mésaventure ne peut pas leur arriver à eux... Je ne suis pas candidat au statut de martyr.

Je suis fort conscient que les épreuves de la vie dépouillent bien des personnes beaucoup plus violemment et totalement que moi pour les laisser malades, abandonnées, seules, un peu vieilles, endettées, sans travail et sans espoir de se reconstruire un tant soit peu.

Non, je n'ai récolté que quelques balafres. On m'a ruiné financièrement, et puis après? N'est-ce pas que je suis né nu, sans ressources financières! Je peux recommencer. Je n'en ai pas honte. Je continuerai à regarder les gens droit dans les yeux, privilège de ceux qui n'ont rien à se reprocher.

On ne refait pas sa vie, elle continue d'elle-même, différente. Les activités professionnelles sont de plus en plus gratifiantes, et pour moi, et pour les gens de l'orchestre. Je savoure la vie familiale avec plus d'intensité chaque jour, chaque minute, chaque instant... Je me laisse aussi envelopper, comme dans un édredon, par le bonheur à la fois calme et bruyant de voir grandir nos petits-enfants... que nous avons vus naître, qui sont venus faire certains de leurs premiers pas dans notre résidence familiale.

Un dernier message

Gens du troisième âge, pouvoir Gris, trop jeunes retraités au faîte de toutes les compétences et potentiels humains, abandonnez vos « gratteux dans les centres commerciaux »: joignez-vous à moi, nos régions ont maladivement besoin de nos compétences pour contribuer à créer un dynamisme économique enivrant. Ce pouvoir est entre nos mains, parce que nous avons des capitaux précieux : le temps et les meilleures compétences qui soient. Nous pouvons contribuer à changer la mentalité de défaitisme de notre environnement humain. Devenons des semeurs d'espoir, de positivisme, engageons-nous dans des actions qui créeront des réactions en chaîne pour engendrer le dynamisme économique qui retiendra, le moment venu, nos petits-enfants dans la région. Faisons une séance de brasse-méninges, dressons-nous un plan d'action, divisons-nous en comités, engageons l'action. Faisons équipe avec des classes d'entreprenariat dans les écoles. Rencontrons les associations d'étudiants pour discuter. Nous avons encore le goût d'une vie pleine, active, utile et prometteuse. Joignez-vous à notre orchestre. Nos membres sont distribués dans toutes les tranches d'âge, leur contact est stimulant, ils ont tous un éclat dans le regard...

Il est toujours possible de faire le bien; vous serez surpris de votre capacité d'influer positivement sur l'avenir de vos petits-enfants. Pour vos enfants, il est minuit moins le quart...

Bienvenue à tous.

Annexe 1

Description de la fraude de Julien Duchesne selon le rapport du vérificateur externe. Les pages qui suivent présentent le texte original du vérificateur.

Il s'agit du montant fraudé pour lequel il y avait des traces dans la comptabilité de l'entreprise. Il nous est impossible d'évaluer le montant des sommes pour lesquelles aucun document comptable n'avait été produit et qui n'ont pas laissé de traces.

Édifice Trust Général
255, rue Racine est, bureau 800
Chicoutimi, Québec G7H 7L2
Tél.: (418) 549-4142
FAX: (418) 549-3961

RAYMOND, CHABOT,
MARTIN, PARE

Comptables agrees

Chicoutimi, le 5 février 1992

Le Groupe LMB
3639, boul. Harvey
Jonquière (Québec)
G7X 3B2

A l'attention de M. Pierre Lajoie, Président

Monsieur,

Suite au mandat que vous nous avez confié, nous avons examiné les différents documents et pièces justificatives qui ont mené votre entreprise à demander une reconnaissance de dette de la part de Monsieur Julien Duchesne, le 3 septembre 1991.

Le présent rapport veut présenter, sous une forme succincte, le travail que nous avons effectué et les résultats obtenus.

1) **Nature et étendue du mandat**:

A partir des documents préparés par le personnel de votre entreprise, nous avons vérifié, les documents et pièces justificatives disponibles pour les années financières terminées les 31 janvier 1989, 1990 et 1991 et pour la période de février à juillet 1991 inclusivement, en regard à la reconnaissance de dette. Notre travail de vérification a été fait à partir des renseignements préparés par votre personnel, et donc nous ne pouvons nous assurer si d'autres montants pourraient être ajoutés à la reconnaissance de dette. Notre travail de vérification a été effectué au niveau des sociétés suivantes:

159684 Canada Inc.
Le Groupe LMB Experts Conseils Inc.
Consortium UQAC - LMB

2) **Eléments composants la reconnaissance de dette**:

L'examen général des documents supportant la reconnaissance de dette fait ressortir la composition des différents éléments suivants:

Bureaux dans les principales villes du Québec
Représentation au Canada et dans plus de 60 pays

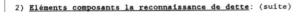

2) <u>Eléments composants la reconnaissance de dette</u>: (suite)

a) Comptes de dépenses de Monsieur Julien Duchesne;

b) Chèques faits à l'ordre des institutions financières;

c) Comptes de dépenses d'employés;

d) Crédits remboursés par Voyages Saguenay Inc.;

e) Chèques fournisseurs;

f) Intérêts.

Nous allons traiter de chacun de ces différents éléments dans les paragraphes qui suivent, sauf en ce qui a trait aux intérêts chargés sur la reconnaissance de dette, ces intérêts ayant été calculés par les aviseurs légaux des compagnies du groupe.

A) **Comptes de dépenses de Monsieur Julien Duchesne:**

A chaque période de paie, un rapport de dépenses doit être produit par les employés. Le paiement de ce rapport de dépenses est effectué par dépôt direct au compte de chaque employé. Pour les années concernées, nous avons vérifié à partir de l'historique de paie tous les montants de dépenses remboursés à Monsieur Julien Duchesne. L'annexe I indique les renseignements suivants:

-   Au cours de la période vérifiée, un montant total de 596 510 $ a été versé au compte personnel de Monsieur Duchesne à titre de remboursement de dépenses par les compagnies Le Groupe LMB Experts Conseil Inc. et 159684 Canada Inc.. De ce total, nous avons été en mesure de retracer des rapports de dépenses pour 103 056 $. De ces rapports de dépenses, un montant de 61 676 $ était supporté par des pièces justificatives. Nous n'avons pu retracer de rapport de dépenses pour un montant de 493 454 $.

-   Des rapports de dépenses que nous avons examinés, seulement sept (7) rapports totalisant des montants de 21 382 $ portaient une initiale d'autorisation (voir annexe II).

Les montants provenant du remboursement de dépenses qui ne sont pas supportés par des documents ou pièces justificatives se détaillent comme suit:

A) Comptes de dépenses de Monsieur Julien Duchesne: (suite)

	$
Sommes versées sans qu'il soit possible de retracer les rapports de dépenses	493 454
Sommes versées à même les rapports de dépenses produits et n'étant pas supportées par des pièces justificatives	41 380
	534 834

B) Chèques faits à l'ordre des institutions financières:

Au cours de la période vérifiée, certains chèques ont été émis par Le Groupe LMB Experts Conseils Inc. et la compagnie 159684 Canada Inc. à l'ordre d'institutions financières. Les chèques qui sont indiqués aux annexes III, IV et V ont été endossés par Monsieur Julien Duchesne et soit encaissés ou déposés dans un compte bancaire appartenant à Monsieur Duchesne.

Nous avons vérifié ces chèques, leur endossement ainsi que le dépôt au compte de Monsieur Duchesne, lorsque cela était possible. Ces chèques étaient comptabilisés aux livres sous différents comptes d'imputation.

Le sommaire des chèques fait à l'ordre des institutions financières se résume comme suit:

	$
Chèques faits à l'ordre de la Banque Royale du Canada, endossés par Monsieur Julien Duchesne et déposés au compte # 508-728-3	73 676
Chèques faits à l'ordre de la Banque Royale du Canada, endossés par Monsieur Julien Duchesne dont on ne peut retracer la destination	189 753
Chèque * fait à l'ordre de la Caisse Populaire de Kénogami et Monsieur Julien Duchesne, endossé par Monsieur Julien Duchesne et dont on ne peut retracer la destination	16 000
	279 429

* La copie du chèque conservée est faite à l'ordre de la Caisse Populaire de Kénogami.

C) **Comptes de dépenses des employés:**

Des rapports de dépenses présentés par certains employés ont fait l'objet d'autorisation écrite de la part de Monsieur Julien Duchesne. Certains de ces rapports de dépenses ne présentaient pas toutes les pièces justificatives à l'appui de la demande. Ceux-ci ont quand même été autorisés par Monsieur Duchesne. De plus, nous n'avons pas été en mesure de retracer certains rapports de dépenses, bien que les employés aient reçu un paiement. Les annexes VI, VII et VIII nous présentent le détail des sommes reçues par ces employés. Nous avons reçu confirmation des sommes reçues de deux employés sur trois. Pour le troisième, le responsable des transferts bancaires nous a confirmé que les sommes avaient bien été versées au compte de l'employé.

Le total des sommes perçues par ces employés, sans pièces à l'appui, est le suivant:

	$
Sommes versées sans qu'il soit possible de retracer les rapports de dépenses (9 071 $ + 40 639 $ + 22 121 $)	71 831
Sommes versées à même les rapports de dépenses et n'étant pas supportées de pièces justificatives (14 375 $ + 7 376 $ + 30 893 $)	52 644
	124 475

D) **Crédits remboursés par Voyages Saguenay Inc.:**

L'examen de notes de crédit provenant de l'agence "Les Voyages Saguenay Inc." totalisant 16 718 $ a démontré que celles-ci n'ont pas été comptabilisées et qu'elles ont été remboursées par chèques à l'ordre de Monsieur Julien Duchesne. Nous avons examiné les photocopies de chèques de l'agence et leur endossement pour constater que ceux-ci avaient été faits à l'ordre de Monsieur Julien Duchesne et endossés par ce dernier. Un chèque de 4 644 $ fait référence à des crédits au nom de la compagnie "Le Groupe LMB Experts Conseils Inc. et trois chèques totalisant 12 074 $ font référence à des crédits au nom du "Consortium UQAC - LMB (voir annexe IX).

E)   Chèques fournisseurs:

Nous avons examiné des chèques faits à l'ordre de Monsieur Julien Duchesne par la compagnie "Le Groupe LMB Experts Conseils Inc." pour un montant total de 70 072 $. Nous n'avons pu retracer aucune pièce justificative faisant référence à ces paiements.

De plus, nous avons constaté que la plupart des imputations aux livres touchaient différents comptes (voir annexe X). Nous avons vérifié également que tous ces chèques avaient été endossés par Monsieur Julien Duchesne.

CONCLUSION

Suite aux différents travaux que nous avons effectués et des vérifications que nous avons pu faire avec les documents qui nous ont été fournis, nous pouvons résumer ainsi les montants de réclamations faites à Monsieur Julien Duchesne:

		$
A)	Comptes de dépenses de Monsieur Julien Duchesne	534 834
B)	Chèques faits à l'ordre des institutions financières	279 429
C)	Comptes de dépenses des employés	124 475
D)	Crédits remboursés par Voyages Saguenay Inc.	16 718
E)	Chèques fournisseurs	70 072
		1 025 528

A ces montants, qui ont fait l'objet de notre vérification, il faut ajouter les intérêts calculés par les aviseurs légaux des compagnies.

Espérant que ces informations répondent à vos attentes, nous demeurons disponibles pour tout renseignement additionnel dont vous pourriez avoir besoin. Veuillez accepter, Monsieur, l'expression de nos sentiments les meilleurs.

Raymond, Chabot, Martin, Paré
Raymond, Chabot, Martin, Paré
Comptables Agréés

AG/lm

p.j.

Annexe 2

Liste des chefs d'accusation
formulés contre Pierre Lajoie, le 25 avril 1994.

1. Entre les années 1986 et 1991, à Jonquière, district de Chicoutimi, par la supercherie, le mensonge ou autre moyen dolosif, a frustré le Groupe LMB Experts Conseils inc., 159684 Canada inc. et la Société LMBDS-Sidam d'une somme supérieure à 1 000 $, commettant ainsi l'acte criminel prévu à l'article 380(1)a) du Code criminel.

2. Entre les années 1986 et 1991, à Jonquière, district de Chicoutimi, a volé du Groupe LMB Experts Conseils inc., 159684 Canada Inc. et La Société Sidam une somme supérieure à 1 000 $, commettant ainsi l'acte crimininel prévu à l'article 334a) du Code criminel.

3. Entre les mois d'avril 1989 et août 1991, à Jonquière, district de Chicoutimi, par la supercherie, le mensonge ou autre moyen dolosif, a frustré l'UQAC, le Groupe LMB Experts Conseils inc., 159684 Canada inc. et l'ACDI d'une somme de plus de 1 000 $, commettant ainsi l'acte criminel prévu à l'article 380(1)a) du Code criminel.

4. Entre les mois d'avril 1989 et août 1991, à Jonquière, district de Chicoutimi, a volé une somme supérieure à 1 000 $ dans laquelle l'UQAC, le Groupe LMB Experts Conseils inc., 159684 Canada inc. et l'ACDI ont un intérêt spécial, commettant ainsi l'acte criminel prévu à l'article 334a) du Code criminel.

5. Au cours de l'année 1990, à Jonquière, district de Chicoutimi, par la supercherie, le mensonge et autre moyen dolosif, a frustré la Banque Royale du Canada, d'une somme de plus de 1 000 $, commettant ainsi l'acte criminel prévu à l'article 380(1)a) du Code criminel.

6. Entre juillet 1991 et décembre 1991, à Jonquière, district de Chicoutimi, par la supercherie, le mensonge et autre moyen dolosif, a illégalement frustré le Groupe LMB Experts Conseils inc., 159684 Canada inc. (Équi-gestion) d'une somme supérieure à 1 000 $, commettant ainsi l'acte criminel prévu à l'article 380(1)a) du Code criminel.

7. Entre juillet 1991 et décembre 1991, à Jonquière, district de Chicoutimi, par la supercherie, le mensonge ou autre moyen dolosif, a volé une somme supérieure à 1 000 $ dans laquelle le Groupe LMB Experts Conseils inc., 159684 Canada inc. (Équi-gestion) ont intérêt spécial, commettant ainsi l'acte criminel prévu à l'article 334a) du Code criminel.

Annexe 3

Les deux tableaux qui suivent sont extraits d'un article de monsieur Sergiegh F. Moussally, économiste au département des Sciences économiques et administratives à l'Université du Québec à Chicoutimi.

Un levier principal au développement régional :
L'autonomie décisionnelle et fiscale

Depuis plus de 25 ans, monsieur Moussally brosse des tableaux de l'économie régionale, il analyse, fait des recoupements, indique des pistes de développement, de reprise en main par les régionaux de leur destin, etc. Il a été un des précurseurs dans la tâche de sensibiliser les gens de la région aux concepts élargis du développement du Moyen Nord.

Parler de concepts est une chose, mais encore faut-il les quantifier. Monsieur Moussally a été le premier dans la région à présenter des thèses critériées, c'est-à-dire étayées par des données financières provenant de sources fiables.

Il démontre, entre autres, que la ponction du Gouvernement Provincial est de 1,9118 milliard de dollars, que le retour est de 1,6070 milliard, soit un déficit de 303,8 millions de dollars.

Le Fédéral, notre appartenance au fédéralisme canadien, nous coûte environ 70 millions de dollars, année après année.

Prière de vous en souvenir lorsqu'un député vous apportera triomphalement une broutille de 20 000 $ en insistant sur le fait que son parti, contrairement à d'autres, est généreux et sensibilisé aux besoin des régionaux...

TABLEAU 4
Les recettes fiscales et parafiscales du gouvernement du Québec
au Saguenay—Lac-St-Jean
(Exercice 1999-2000 en M de $)

	Total du Québec		Saguenay—Lac-St-Jean
Impôts des particuliers [a]	15 979 G$	(x 3,9 % x 0.90)	560.8 M$
Cotisation au Fonds de santé	4 208 G$		147.7 M$
Taxes sur la consommation	8 931 G$		315.5 M$
Sous total	<u>29 118 G$</u>		<u>1 022 G$</u>
Impôts des sociétés	3 575 G$	(x 3,9 % x 2.00)	278.9 M$
Droits et permis	1 341 G$	(x 3,9 % x 1.00)	52.3 M$
Revenus fiscaux divers	1 172 G$		45.7 M$
Revenus entreprises publiques	3 742 G$		145.9 M$
Revenus organismes publics	1 729 G$		67.4 M$
Total	<u>40 677 G$</u>		<u>1 612.2 G$</u>
Quote-part région 02 des transferts du fédéral (6284 x 3,9 %)			245.1 M$
Total			<u>1 857.2 G$</u>
Ajustement des redevances sur les ressources (54.6$)			1 911.8 G$
(Redevances imputées au ratio 3,9 % = 339 x 3,9 % = 13.2 $)			
(Redevances au prorata réel de la région = 339 x 20% = 67.8 $)			
(Ajustement des recettes fiscales = 54.6 $)			
Total des recettes fiscales ajustées du Québec			<u>**1 911.8 G$**</u>

a. En $ courants. M : million de $. G : milliard de $.
Base de l'estimé : les recettes fiscales et parafiscales du Québec : 40 677 000 000$ majorées des transferts fédéraux 6 284 000 000 $.
Coefficient de régionalisation : ratio poids relatif de la population de la région 02 en 1999 : 3,90 %.
Indice de pondération : indice mesurant l'écart entre le niveau d'activité de la région 02 par rapport de l'ensemble de l'économie selon le différentiel entre le revenu personnel par habitant de la région (en $ de 1995) et le revenu personnel moyen : 0.90.
Indice spécifique de pondération = 2.00 attribuable aux impôts payés au Québec par les entreprises régionales ayant leur siège fiscal hors de la région 02 (Alcan, Price, Consol, Cascade, etc.).
Source : ISQ.

TABLEAU 5
Les injections du gouvernement du Québec dans la région 02 en 1999-2000

Santé et services sociaux	(14 051 x 3,9 %)	548.0 M$ [a]
Éducation et culture	(10 051 x 3,9 %)	392.0 M$
Soutien aux personnes	(4 736 x 3,9 %)	184.7 M$
Économie et environnement	(4 894 x 3,9 %)	190.8 M$
Gouverne et justice	(3 143 x 3,9 %)	122.6 M$
Amortissement et immobilisations	(718 x 3,9 %)	28.0 M$
Total des dépenses en 1999		<u>1 466.1 G$</u>
Moins l'ajustement du sous financement en Santé		(28.0) M$
Moins l'ajustement du sous financement investissement		(119.3) M$
Plus la quote-part de la région au service de la dette (3,9 %)		288.6 M$
<u>Total des injections dans la région 02</u> [b]		<u>1 607.0 G$</u>
Différentiel entre les recettes et les injections en 1999	1 911.8 G$ - 1 607 G$ =	**303.8 M$** (annuellement)

a. En millions de $. M : million de $. G : milliard de $.
b. Les prestations de la RRQ versées dans la région en 1999 et estimées à 160 M $ sont considérées équivalentes à la
    quote-part de la région du surplus réalisé en 1999 par la Caisse de dépôt et de placement du Québec.
Composition des injections :   les dépenses des opérations courantes et des programmes
                                les transferts et subventions
                                les investissements en immobilisations et équipements
                                l'ajustement : + 288.6 M$, quote-part de la région au service de la dette
                                de 7.4 milliards $.
Coefficient de régionalisation
des injections :   3,9 % poids relatif de la région.
Ajustements spécifiques :   Sous financement de la Santé et Services sociaux
                                dépense selon le ratio 3,9 % = 548 M $
                                dépense effective région 02 = 520 M $
                                sous financement = 28 M $
                                Sous financement des investissements et immobilisations
                                investissements selon le ratio 3,9 % =   257   M $
                                investissement réalisé (2,18% du total) 137.7 M $
                                ajustement de l'écart =   119.3 M $
Source : Ministère des finances, Budget 1999-2000.

Pour procéder à la vérification des résultats obtenus et afin de tester la consistance des données
recueillies par la méthode des ratios, nous avons procédé à un estimé des recettes et des injections en se
basant sur le rapport entre le revenu disponible et trois sources principales des recettes fiscales au
Québec et dans la région du Saguenay—Lac-St-Jean :

- Les impôts et les revenus des particuliers
- Les cotisations au Fonds de santé
- Les taxes à la consommation

Les résultats obtenus par cette méthode sont confrontés à ceux de la méthode des ratios.

Le Québec doit plus de 175 milliards

MICHEL HÉBERT
Presse Canadienne

Les Québécois ont emprunté des sommes considérables pour construire des barrages, des routes, des écoles, des hôpitaux et pour payer la retraite des fonctionnaires.

Tous ces emprunts, c'est-à-dire la dette globale accumulée, totalisent maintenant 176,5 milliards $, indiquent des documents consultés par la Presse canadienne.

On chiffre habituellement la dette du Québec à quelque 105 milliards $, en additionnant la dette « directe » du gouvernement et celle imputable aux fonds de pension des fonctionnaires. C'est d'ailleurs le chiffre avancé dans le dernier budget Marois.

Mais les Québécois doivent beaucoup plus que cela à leurs créanciers. Chaque année, Québec fournit un rapport à la Securities and Exchange commission (SEC) des États-Unis. Ce document, le formulaire 18 K, sert de référence aux investisseurs de Wall Street.

Le plus récent montre que la dette du Québec, la « funded debt of public sector », est de 130,4 milliards $, soit la somme

dettes du gouvernement, des sociétés publiques et parapubliques, des réseaux de la santé et de l'éducation, et des municipalités.

On y précise que la dette est ainsi répartie :

> Gouvernement du Québec : 63 milliards $,
> Hydro-Québec : 40,6 milliards $,
> Municipalités : 13,5 milliards $,
> Entreprises du gouvernement (Société d'habitation du Québec, Société immobilière du Québec, Corporation d'hébergement du Québec, Société québécoise d'assainissement des eaux, etc.) : 7,75 milliards $,
> Hôpitaux et universités : 5,6 milliards $.

À ces 130,4 milliards $ dûs au 31 mars 2001 s'ajouteront, l'an prochain, les emprunts de 3 milliards $ destinés aux travaux publics prévus dans le dernier budget Marois.

Il faut encore ajouter les 46,1 milliards $ destinés au financement des revenus des fonctionnaires déjà à la retraite et à celle à venir de 506 000 employés de l'État. Québec porte toutefois cette somme à 39 milliards $, en retranchant les 7,1 milliards $ versés par le gouvernement au Fonds d'amortissement

---

On chiffre habituellement la dette à 105 milliards $, en additionnant la dette « directe » de Québec et celle imputable aux fonds de pension.

---

des régimes de retraite. La dette accumulée totalise donc 176,5 milliards $.

La ministre des Finances, Pauline Marois, a répété la semaine dernière à l'Assemblée nationale qu'il fallait tenir compte des « actifs » dans le calcul de la dette. Mais en soustrayant la valeur de ce qu'ont procuré tous les emprunts, on n'abaisse la dette qu'en apparence, puisque, de toute manière, on doit rembourser les sommes empruntées, et non uniquement celles imputées au passif.

Par exemple, on considère généralement qu'Hydro-Québec « autofinance » sa dette, puisque ses emprunts servent à construire des installations qui génèrent ensuite des revenus. Mais si les routes, les écoles ou les hôpitaux ont une valeur aux livres, ils ne sont pas des sources de revenus pour le gouvernement. Mais Québec tient quand même compte de leur valeur pour réduire le total de sa dette.

Selon le dernier budget Marois, la dette nette représenterait que 34 pour cent du Produit intérieur brut du Québec. Le formulaire transmis aux investisseurs américains indique pourtant que l'endettement représente 60 pour cent de notre PIB et 71,1 pour cent du revenu personnel des Québécois.

Annexe 5

Les clonables

Qui crée la richesse dans une société capitaliste? Les entreprises sous l'impulsion des entrepreneurs. Qui d'autre? Personne – et sûrement pas les différents gouvernements qui dilapident une trop grande proportion de la richesse créée par les entrepreneurs sous prétexte de la redistribuer.

L'objectif de cette annexe est modeste. Je me propose de prendre quelques entreprises dans chacune des régions et demande qu'elles soient clonées. Il est bien évident que toutes les entreprises méritantes n'ont pas pu être jointes à cette liste. Ces entreprises qui ont des racines profondes dans leurs régions d'appartenance. Des entrepreneurs qui créent de la richesse chez eux, autour d'eux, pour eux et pour leurs voisins, à partir des ressouces disponibles dans leur région. Des entrepreneurs qui n'hésitent pas à aller à l'extérieur de leur région pour y rapporter des dollars nouveaux. Des entrepreneurs qui s'aventurent à l'extérieur du pays pour prospecter, glaner, cultiver et entretenir des relations d'affaires.

Questions pertinentes

• Quelle serait la résultante pour l'économie des régions si nous parvenions à cloner les entreprises et entrepreneurs qui figurent sur la liste qui suit?

• Que se serait-il passé s'ils n'avaient pas décidé « d'entreprendre » et de créer de la richesse?

• Que pourrions-nous faire en tant que société pour susciter davantage de vocations d'entrepreneur?

Plusieurs des noms qui suivent nous ont été communiqués par Le Groupement des chefs d'entreprises du Québec que nous remercions.

Abitibi

Air Boréal inc. – M. Jean-Marie Arseneault et sa famille
AMBS inc. – M. Laurent Lebeau
Atelier Daniel Richard inc. – M. Daniel Richard
Blais et Langlois – Les Langlois père et fils
Bradley Brothers inc. – La famille Bradley
Camionnage Landirenne inc. – M. Rémi Veillette
Ferabi inc. – M. Raynald Gonthier
Industries Beroma inc. – M. Laurent Bérubé
Lanoix Larouche – M. Denis Belzile
Legault Métal inc. – M. Gérard Legault
Location Amos inc. – M. Michel Millaire
Pyrobec inc. – M. Claude Létourneau
Thibeault Automobiles inc. – M. Jean-Guy Thibeault
Transport René Blanchette inc. – M. René Blanchette
Transport Sigoin inc. – M. Luc Sigoin
Usinage Gin Roy inc. – M. Normand Roy
Usinage U-M – M. René Morin
Zuritt inc. – M. Ménard Turgeon

Côte-Nord

Boisaco inc. – M. Guy Deschesnes
Bouchard et Blanchette Marine ltée – M. Vincent Bouchard
Boulangerie Au Petit Four inc. – M. Christian Bérubé
Centre Sylvicole de Forestville inc.
Fransi Construction inc. – M. Gérard Sirois
Fortin et Lévesque – M. Claude Lévesque
Le Groupe Porlier inc. – M. Marcel Porlier
Portes & Moulures Ouellet inc. – M. Gaston Ouellet

Gaspésie

AMT inc. – M. Robert Tremblay
Atkins et Frères inc. – M. James Atkins
Cèdres Chic-Chocs inc. – M. Guildo Deschesnes
Construction L.F.G. inc. – M. Gilles Arseneault
Cuirs Fins de la mer inc. – Mme Claudette Garnier
Les Chantiers maritimes Verreault inc. – Mme Denise Verreault
Prelco inc. – Roger Lavoie
Premier Tech inc. – M. Jean Bélanger
Spiello Gaming inc. – M. Gaston Dubé
Tourbière Berger inc. – M. Claudet Berger

Lac-Saint-Jean

Bleuets de Mistassini ltée – M. Lucien Fortin et sa famille
Cambo inc. – M. Denis Girard
Construction Proco inc. – M. Michel Toupin
Ferlac et autres compagnies – M. Bertrand Fradet et filles
Ferme Éliro et Moulin A. Coutu – Rodrigue et Étiennette
Tremblay
Ferme Olofée inc. – M. Bernard Lepage et Mme
Bergerette Tremblay et la famille
Gemofor inc. – M. Mario Gauthier et Michel St-Pierre
Le groupe des entreprises appartenant aux Lamontagne
de Saint-Prime
Les Produits Alba inc. de Dolbeau. – Grenon & Frères inc.
Les Entreprises Gaston Morin de Sainte-Jeanne-D'Arc et
sa famille
Location de camp Mobile inc. – M. Réal Lavoie
Laval Fortin inc. – M. Laval Fortin
Les Bétons du Lac inc. – M. André Bouchard
Pan-O-Star inc. – Mme Suzie Auclair et Christian Perron
Scierie Thomas-Louis Tremblay inc. – M. Jean-Paul
Tremblay – Troisième génération
Senco inc. – M. Jean-Eudes Senville

Mauricie

Avant-Garde Technologies inc. – M. Éric Bélanger
Gestion Rémabec – M. Réjean Paré, M. Roger Tremblay,
M. Camil Tremblay
La Cité de l'Énergie inc. – M. Robert Trudel
Le Meubleur inc. – M. Jean Spain
Laperrière et Verreault inc. – Laurent Verreault
Les Entreprises Charles Morissette inc. – M. Charles
Morissette
Les Entreprises Distribec inc. – M. Normand Bélanger
Les Industries Pro-Tac inc. – Mme Francine Clermont
Télécom inc. – M. Gaétan Doucet

Nord du Québec

Les Entreprises Claude Morin inc. – M. Claude Morin
Compagnie de Construction Chee Bee inc. – M. Georges
Pachanos
Pourvoierie de l'aigle pêcheur inc. – M. Ilijah Awashish
Jos Ste-Croix et Fils inc. – M. Marius Ste-Croix (fils)
Constructions Polaires, CCM inc. – M. Laurent Levasseur
Équipement JVC inc. – M. Roger Migneault

Saguenay

Autocars Jasmin inc. – M. Jasmin Gilbert
Concept Air inc. – MM. Michel Montmigny, Benoît
Tremblay
Chlorophylle Haute Technologie – M. Gilles Couët
Cycles Devinci inc. – M. Félix Gauthier
Fonderie Saguenay ltée – M. Réjean Dubuc
Groupe Gagnon Frères inc. – M. Frédéric Gagnon –
Troisième génération
Groupe Gilbert inc. – M. Réjean Gilbert
Groupe Giroux Maçonnex inc. – M. Yves Desforges
Groupe Jules Savard inc. – M. Jules Savard

Hydraulique Hydrep inc. – M. Yvon C. Desjardins
Les Industries en mécanique ltée – M. Carol Mercier
Métal Fergus inc. – M. Jocelyn Simard
Opti-Soins inc. – Mme Lyne Desgagné
Pluri-Capital inc. – M. Adam Lapointe
Spectube inc. – M. Jean Paré
Systèmes médicaux Imagem inc. – M. Jacques Gagnon
Trioniq Saguenay (1998) inc. – M. Daniel Bintly et Mme
Mireille Jean

Témiscamingue
Beurrerie Lafrenière inc. – Père et fils
Ferme Lunick inc. – Père et fils – Fernand Baril et Jean-
Luc Baril
J. Drolet & Fils inc. – MM. Jules, Jean-Luc et Martin Drolet
Les Entreprises W. Sirard – Père et fils
Menuiserie Syrica inc. – M. Émile Jolette

Dernière question

Que se passerait-il si, en tant que société, nous arrivions à reconnaître pleinement le rôle de ces entrepreneurs et que nous créions un climat pour permettre à tous les autres entrepreneurs potentiels, à commencer par ceux sur les bancs des écoles, de libérer leur génie créatif?

Merci à tous ces créateurs de richesse. Nous souhaitons vous cloner. Nous allons transmettre cette liste à Raël...

DISTRIBUTEURS EXCLUSIFS

Distributeur pour le Canada et les États-Unis
LES MESSAGERIES ADP
MONTRÉAL (Canada)
Téléphone : (514) 523-1182 ou 1 800 361-4806
Télécopieur : (514) 521-4434

Distributeur pour la Suisse
TRANSAT S.A.
GENÈVE
Téléphone : 022/342 77 40
Télécopieur : 022/343 46 46

Distributeur pour la France et les autres pays européens
HISTOIRE ET DOCUMENTS
CHENNEVIÈRES-SUR-MARNE (France)
Téléphone : 01 45 76 77 41
Télécopieur : 01 45 93 34 70
histoire.et.document@wanadoo.fr

Dépôts légaux
2ᵉ trimestre 2003
Bibliothèque nationale du Canada
Bibliothèque nationale du Québec